K. Brundiers / G. Fleischhauer

Die Weser

Hannoversch-Münden–Bremerhaven
mit Aller, Lesum, Wümme,
Hamme, Hunte, Küstenkanal,
Elbe-Weser-Weg

Edition Maritim

Inhalt

Vorwort

Mit diesem Weser-Handbuch für die Sportschiff-fahrt schließen die Autoren Brundiers/Fleisch-hauer eine weitere Lücke in den Publikationen über die Deutschen Binnenwasserstraßen.

Während die Mittelweser vielfach nur als „Durcheilstrecke" von Binnen zur Nordsee oder von der Nordsee zum Rhein und weiter zum Mittelmeer genutzt wird, steht die Oberweser mit ihrem verschlungenen Verlauf durch die reizvolle Landschaft des Weserberglandes, den zahlreichen sehenswerten alten Städten, Dör-fern und Gemeinden, den vielen Herrensitzen aus vergangenen Zeiten, etwas im Hintergrund. Ein Großteil der Revierscheu mag darin liegen, daß über die Fahrwasserverhältnisse die aben-teuerlichsten Gerüchte umhergehen.

Mit diesem Handbuch zollen die Autoren einem Revier Respekt, das wie für den Wasser-sport geschaffen ist und bisher überwiegend von Kanuten und Ruderern erschlossen wurde.

Selbstverständlich haben tiefgehende Boote auf der Oberweserstrecke nur wenig Chancen des Durchkommens, und die Skipper müssen – falls sie den Törn von Minden nach Münden und wie-der zurück antreten – die nicht gerade einfachen Fahrverhältnisse wie Wasserstände, Fahrwasser-engen und Riffstrecken berücksichtigen. Dieses Weser-Handbuch gibt dazu viele Hinweise und öffnet durch entsprechende Informationen den Weg zu einem der interessantesten Wassersport-reviere der Bundesrepublik.

Die Mittelweser, durch die Teil–Kanalisierung für die Sportschiffahrt recht unproblematisch geworden, wird als Erholungsgebiet viel zu wenig genutzt, obwohl die Norddeutsche Tief-ebene in ihrer landschaftlichen Melancholie ebenso sehens- und bereisenswert ist wie der südliche Oberlauf. Zahlreiche Sportboothäfen, teils in einsamen Altarmen oder ehemaligen Kiesgruben, teils in der Nähe von kleineren oder größeren Ansiedlungen gelegen, laden den Skip-per zum Verweilen ein.

Unterhalb Bremens weht einem schon der Salz-wasserduft um die Nase, der Tidenkalender wird zu einem wichtigen nautischen Utensil, und die BSH-Seekarten ergänzen dieses Weser-Hand-buch. Wenn die Unterweser auch in diesem Band aufgenommen wurde, so, um das gesamte Revier aufzuzeigen. Bei der Fahrt auf der Unter-weser sollten alle gesetzlich vorgeschriebenen und nautischen Unterlagen an Bord vorhanden sein.

Gerd Fleischhauer

Der Verlag dankt in erster Linie den Bearbeitern Friedrich-Wilhelm Brandt, Syke, Jürgen Straß-burger, Hamburg und Arno Brückner, Bremen für ihre ausführlichen Hinweise zu Korrekturen und Ergänzungen für die 2. Auflage.

Darüber hinaus haben dankenswerterweise viele Informationen aus den Reihen der akti-ven Wassersportler und aus den Wasser-sportvereinen an der Weser zum Gelingen dieser Ausgabe beigetragen.

Für die umfassenden Korrekturen der nun vorliegenden 3. Auflage dankt der Verlag insbe-sondere Herrn Andreas Saal.

Mai 1996
Der Verlag

Einleitung

„Wo Werra sich und Fulda küssen, sie ihren Namen büßen müssen. Und hier entsteht durch diesen Kuß, deutsch bis zum Meer, der Weserfluß". Diesem in Stein gemeißelten und bei Münden zu bewundernden Spruch folgend, besitzt die Weser keine eigene Quelle. Da aber jeder Bach, jeder Fluß und jeder Strom eine Quelle als sprudelnden Ursprung vorweisen kann, fragt sich, welcher der beiden bei Münden sich verbindenden Flüsse ist der eigentliche Quellfluß?

Die Weser-Altvorderen wußten das besser als der Verseschmied des „treuteutschen" Vierzeilers. In frühen Urkunden hat dieses Gewässer von der Quelle im Thüringischen Walde bis zur Einmündung in die Nordsee nur einen Namen vorzuweisen: Wisura. Um einen sprachlichen Unterschied zwischen der nichtbefahrbaren und schiffbaren Weser zu machen, benannten die damaligen Anwohner den schiffigen Weserteil „Wisuraha". Cornelius Tacitus, römischer Historiker, liefert in seiner Germania noch eine lateinische Version: „visurgis".

Stammesspezifische Dialekte – immerhin durcheilt der Fluß Thüringen, Hessen und Niedersachsen – brachten das Namensgefüge gänzlich durcheinander. In einer Urkunde aus dem 11. Jahrhundert wird das Gewässer als Wisuhara oder Wirraha bezeichnet. Das Kloster Bursfelde lag nach Aufzeichnungen des Gründungsdokumentes aus dem 11. Jahrhundert an der Wirra. Noch bis ins tiefe Mittelalter waren die verschiedenen Bezeichnungen im Gebrauch. Im Laufe der letzten Jahrhunderte klärte man das Durcheinander, zog in Münden einen Schlußstrich unter die weserische Sprachverwirrung und heraus kamen für einen Fluß zwei Namen: Werra und Weser.

Sollte der Weserreisende an der Unterweser bei dialektsprechenden Einheimischen noch den Ausdruck „Werser" vernehmen, ist das kein „lapsus linguae", sondern eine regionalbezogene Bezeichnung. Um dieses Durcheinander noch etwas bunter zu gestalten: Der Sportschiffer trifft unterhalb von Bad Oeynhausen, bei Rehme, auf die linksseitig in die Weser einmündende Werre. Das ist wiederum die westfälische oder lippische Werra.

Der linke Weserzufluß, die Fulda, entspringt auf der Wasserkoppe in der Hohen Rhön und legt bis zur Werraverbindung 218 km zurück. Der größte Fuldanebenfluß ist die aus dem Rothaargebirge kommende, 177 Kilometer lange Eder. Ihr Lauf geht durch die 202 Millionen cbm fassende Edertalsperre bei Hemfurt.

Mit einer Länge von 293 Kilometer übertrumpft die Werra die Fulda um 75 Kilometer. Zwischen Fulda und Werra liegt das Werrabergland mit dem Meißner und Kaufunger Wald als ein Teil des Hessischen Berglandes. Nachdem beide Flüsse bei Münden zur Weser werden, durcheilt diese das Bergland zwischen Münden und Minden, welches auch ihren Namen trägt.

Bei Bad Karlshafen wird ihr Wasserhaushalt durch die ebenfalls aus dem Rothaargebirge herabfließende Diemel angereichert. Die 20 Millionen cbm aufnehmende Diemel-Talsperre stoppt kurzfristig den Lauf dieses Nebenflusses und dient in Niedrigwasserzeiten der Weser auch als Reservoir.

Nach dem Durchbruch an der Porta Westfalica verwandelt sich die Weser in einen Flachlandfluß. Sie teilt das norddeutsche Tiefland, nimmt bei Verden die aus Richtung Magdeburg kommende, 260 km lange Aller auf und mündet schließlich in die Nordsee.

Frühe Zeugnisse der Weserschiffahrt

Als die ersten Siedler in grauer Vorzeit an den Ufern der Weser ihre Laubhütten bauten, kamen sie alsbald auf die Idee, mittels Flößen oder behauener Bäume eine Art von Schiffahrt zu betreiben, sei es, um trockenen Fußes auf die gegenüberliegende Uferseite zu gelangen, sei es, um irgendwelche Produkte oder Baumaterialien statt durch die undurchdringlichen Wälder per Wasser zu anderen Orten zu transportieren, sei es, um weitere Gebiete zu erforschen und zu annektieren. Funde von Einbäumen oder Fragmenten dieser frühen Wasserfahrzeugformen, Reste von Flößen, Bootsbauwerkzeuge oder ähnliches bestätigen Vermutungen der Historiker über eine lebhafte frühgeschichtliche Weserschiffahrt.

„Navigare necesse est" behaupteten die Römer, eroberten unter Zuhilfenahme ihrer Flotten das Mittelmeer, fuhren per „naves actuariae" über die Rhône und Saône gen Norden, erreichten zu Fuß die Mosel, gründeten allerorten ihre Niederlassungen und bauten auf Neckar, Main, Mosel, Lahn und Rhein ein Schiffahrtsverkehrsnetz auf. Das Flevomeer (Vorgänger des Ijsselmeeres) ermöglichte ihnen die Verbindung vom Rhein zum Wattenmeer. Auf diese Weise gelangte Tiberius Claudius Nero, römischer Kaiser (42 v. Chr. – 37 n. Chr.), mit seinen Legionen im Jahre 5 zur Elbe, um die Langobarden zu bekriegen. Ob die Römer die Weser- und Elbe-Regionen mit ihren „Biremen" oder „Triremen" flußauf erkundet haben, ist nicht nachweisbar. Ob die Funde römischer Waffen und Hausgüter von den Römern selbst auf den Abfall geworfen wurden, aus germanischem Beutegut stammten oder durch Händler in die Gegend kamen, bleibt für immer unbekannt.

Es folgen die Zeiten, in denen ganze Völkerstämme von Norden nach Süden wanderten. Abschnitte, in denen das Urkundentum nur den weltlichen oder kirchlichen Fürsten und das Schreiben von Chroniken wenigen Schriftkünstlern und Gelehrten vorbehalten war. Hier sind die Historiker auf die Archäologen angewiesen, die bei verschiedenen Weserorten Holzkonstruktionen von Schiffsanlegestellen aus dem 1. Jahrtausend freilegen konnten.

Vermutlich wird die Weserschiffahrt um diese Zeit sehr rege gewesen sein. Im Gegensatz zu den von den Römern über mehrere Jahrhunderte besetzten Gebieten Ober- und Niedergermaniens mit den vielen gepflasterten Verkehrswegen, die kreuz und quer durch das Imperium verliefen, gab es in Norddeutschland keine ausgebauten Handelsstraßen. Also blieben für den Warentransport nur die Wasserwege mit ihren wechselnden Wasserständen, Untiefen sowie ständigen Fahrrinnenveränderungen.

Hochwasser und Fluten

Wie die Chronisten zu berichten wissen, hat die Weser die an ihren Ufern wohnenden Menschen oft und heftig drangsaliert. Die früheste überkommene Meldung eines Hochwassers stammt aus dem Jahre 987. Seeseitig bearbeitete die Julianenflut vom 17. Februar 1164 das Weser-Mündungsgebiet. Im 1291er Hochwasser verschwand das Dorf Stoltenburg – unmittelbar bei Nienburg gelegen – restlos von der Bildfläche. Die Clemensflut (23. November 1334) legte den Grundstein zum späteren Jadebusen und verschaffte der Weser zwei Mündungsarme. Im Juli 1342 zerstörten die reißenden Fluten des bis heute höchsten Weserhochwassers in Münden zahlreiche Häuser. Menschen und Vieh wurden ein Opfer der Wassermassen. Die zu Tal brausende Hochwasserwelle kostete einige Tage später über 70 Bodenwerderer Bürgern das Leben. In der Stadt Hameln konnte die Versorgung nur noch mittels in den Straßen verkehrender Boote aufrecht erhalten werden.

Einen dritten Mündungsarm erhielt die Weser am 16. Januar 1362, als die Marcellusflut weite Teile des norddeutschen Küstenbereiches in die tosende See riß. Nach Abflauen der Stürme und Betrachtung der entstandenen Schäden stellten die Butjardinger Bewohner fest, daß sie nunmehr auf einer Insel wohnten.

Das Hochwasser von 1491 schlägt – genau wie 200 Jahre zuvor – im Raume Nienburg wiederum mit aller Kraft zu: Das Dorf Stavern ist nach Rückgang der Wassermassen nicht mehr vorhanden.

Hameln meldete am 6. Januar 1643 ein Hochwasser, das bis auf 8 Zentimeter an das von 1342 heranreichte. Das Hochwasser des Jahres 1374 präsentierte der Stadt Hameln eine völlig neue Weserlandschaft. Nach ablaufendem Wasser gab es vier Weserarme. Der Winter von 1635 brachte den Weseranliegern einen Eisstau, der weit über die Ufer ging und die in Ufernähe liegenden Äcker und Felder so bedeckte, daß eine Frühjahrsbestellung ausfiel.

1655 ging die Bremer Weserbrücke in den Fluten unter. Die Brücken von Höxter und Rinteln konnten 1658 den zerstörerischen Kräften nicht standhalten. Hochwasser und Eisgang fügten dem Hamelner Wehr im Januar 1682 beträchtliche Schäden zu, und der Wasserstand erreichte am 17. des Monats bis auf 40 Zentimeter den Stand von 1342. Die Mündener Lagerhäuser wurden zum 1. Januar 1764 von den Wassermassen leergeräumt: Öl, Butter, Fisch, Tabak,

Hannoversch-Münden: Hier fließen Werra und Fulda zur Weser zusammen.

Leinentuche usw. verschwanden irgendwohin. 1795 stürzte die „Bunte Brücke" von Minden in die hochwasserführende Weser, ihr folgte 1799 die Hamelner Brücke.

Das Februarhochwasser von 1946 brachte der Unterweser soviel Wasser, daß die Fluttiden, die normalerweise bei ca. 3,00 Meter lagen, nicht mehr erkennbar waren. Bremen besaß nach dem Hochwasser von 1947 keine funktionsfähige Brücke mehr.

Das Sommerhochwasser von 1956 unterbrach die Kanalisierungsarbeiten der Mittelweser, und der Schaden ging in die Millionen. Im Frühjahr 1988 standen trotz Abdeichungen weite Teile der Weserlandschaft wiederum unter Wasser.

Ein anderes Extrem zeigt die Weser in Punkto Niedrigwasser. Wenn auch die Chroniken darüber nur spärlich berichten, so zeugen doch die verschiedenen „Hungersteine" von Kleinwassernöten. Der Würgassener Hungerstein zeigt eingemeißelte Wasserstandsdaten von 1800, 1840, 1842, 1847, 1850, 1857, 1858, 1865, 1874, 1876, 1881, 1911, 1922, 1934, 1959. Um die Zahlen an einem Beispiel zu verdeutlichen: 1911 betrug der Wasserstand bei Hameln 30 Zentimeter.

Die wasserbautechnische Entwicklung

Keine der deutschen Binnenwasserstraßen ist so vielfältig in wasserbautechnische Planungen einbezogen worden wie die Weser. Nicht nur Deichprojekte und Schiffbarmachungspläne geistern durch die Jahrhunderte, sondern auch – wohl durch die geografisch zentrale Lage – zahllose ausgetüftelte Ideen zu Kanalverbindungen zwischen der Weser und anderen Flüssen. Sie füllen Archive.

Schon um 1000 bestand bei Hameln eine Wehranlage, die bis in die zweite Hälfte des 14. Jahrhunderts getreulich ihren Dienst versah. Eine weitere kam um 1314 hinzu. Diese Bauwerke und zahlreiche ortsfeste Wassermühlen behinderten aber eine durchgehende Schiffahrt. Schiffer und Mühlenbesitzer lagen in ständigem Streit. Dazu mußten die Schiffer noch die schlechten Fahrwasserverhältnisse in den Griff bekommen. Hier konnten nur die Landesoberen auf Grund ihrer alles beherrschenden Rechte Abhilfe schaffen. Einige der Fürsten besaßen ein Herz für die Schiffer und versuchten immer wieder, mit schiffahrtfreundlichen Anordnungen und stellenweisen Korrekturen des Fahrwassers die Verhältnisse zu bessern.

Die Gründe hierzu lagen klar auf der Hand: das hessische Hinterland mit seinen Handwerksbetrieben brauchte den Anschluß an den Seehafen Bremen. Von Werra und Fulda fuhren die Schiffe mit Gütern jeglicher Art zu Tal. Von Bremen traten Überseeprodukte den Weg zu Berg an. Dem Landgrafen Moritz von Hessen (1572 – 1632) gebührt der Verdienst einer Fulda-Schiffbarmachung in den Jahren 1602 bis 1613. Dazu gehörte die Einrichtung von Leinpfaden und die Errichtung mehrerer Wehranlagen mit Schiffsdurchlässen.

Die schlechte Wasserführung der Ober- und Mittelweser kostete die alte Handelsstadt Bremen den Hafen. Die Fahrwasserverhältnisse der Unterweser erlaubten nur noch kleineren Seeschiffen das Anlaufen der Umschlagsanlagen. Da ein Ausbau der Fahrrinne mit den damaligen Mitteln nicht möglich war, fanden die Herren von Bremen eine Lösung. Zwischen 1619 und 1623 entstand der Hafen Vegesack. Zu der neugeschaffenen Anlage gehörte auch ein Schutzbecken für Winterlieger – das erste in Deutschland erbaute künstliche Hafenbecken. Dieser Bau brachte den bremischen Seehandel wieder auf die Beine.

Erfolg erzeugt Neider. Der Seehandel Bremens mit seiner führenden Position war den umliegenden Landesfürsten sowie auch einem wirtschaftlich interessierten, dem Rat der Stadt wenig geneigten Bremer Erzbischof ein Dorn im Auge. 1639 beschloß dieser bei dem an der Unterweser liegenden Geestendorf eine Hafenneugründung, der alsbald auch eine Stadt folgen sollte. Diese erzbischöfliche Idee kam wenig später zu Fall und verschwand zur Freude der Bremer in irgendwelchen Schubladen.

Nach langem Gerangel und auf ständiges Bitten der Schiffer baute die Stadt Hameln 1634 ein neues Wehr mit modernem Schiffsdurchlaß. Die Passage über diese Rutschbahn muß so gefährlich gewesen sein, daß die Schiffer, bevor sie die Fahrt antraten, zum Abendmahl gingen. Hatten sie das Unternehmen geschafft, spendeten sie für die Armenkasse. Bremer Schiffer traten Mitte des 17. Jahrhunderts mit einem Gesuch an den Landesfürsten heran und wünschten den Bau einer Kammerschleuse.

Daraus wurde nichts. Dafür überraschte um 1650 ein anderer Landesherr, Herzog Ernst der Fromme von Sachsen-Gotha-Altenberg (1601 – 1675), seine Untertanen mit der Idee zu einer Verbindung zwischen Werra und Main.

Die Bremer Handelsherren werden einen schönen Schrecken bekommen haben, als König Karl XI. von Schweden (1655 – 1697), zu dessen Herrschaftsbereich das Geestegebiet zählte, erneut den Gedanken eines Hafens an der Unterweser aufnahm. Nachdem er zunächst eine Burg bauen ließ – an ihrer Stelle liegt jetzt Bremerhaven –, proklamierte er 1674 einen Aufruf zur Ansiedlung in seiner noch auf dem Papier stehenden Hafenstadt. Er versprach den eventuellen Neusiedlern goldene Berge. Diese Gründung verlief – zur großen Erleichterung der Bremer – im Sande des Weserstrandes.

Die Porta Westfalica („Westfälische Pforte") mit dem Kaiser-Wilhelm-Denkmal

11

Landgraf Carl von Hessen (1670 – 1730) kam um 1700 auf die Idee, die in seinem Herrschaftsbereich liegenden Flüsse wie Diemel, Fulda, Eder, Schwalm und Lahn auszubauen, um somit eine Querverbindung zum Rhein zu schaffen. Der Ausbau der Diemelstrecke erfolgte bis Schönberg, und als der Fürst 1730 die Augen schloß, gab es keinen Erben, der das angeblich auf 470 000 Taler kalkulierte Projekt weiter verfolgte. Nach langen Kämpfen mit der Obrigkeit hatten die Schiffer endlich ein Ziel erreicht. Für 80 000 Taler und nach einer Bauzeit von zwei Jahren nahm am 25. September 1734 die erste Weser-Kammerschleuse bei Hameln ihre Arbeit auf. Gegen Ende des 18. Jahrhunderts bekamen die Bremer Ärger mit dem Hafen Vegesack – er versandete. Auf der Suche nach einem neuen Weserumschlagplatz steuerten die Großsegler mit Bestimmungsort Bremen als Ersatz den unter Oldenburgischer Herrschaft stehenden Hafen Brake an. Bremens Hafenvorherrschaft war bis auf weiteres zu Ende.

1806 verkündete der französische König von Westfalen, Jérôme Bonaparte (1784 – 1860), jüngerer Bruder Napoleons I., in Kassel, daß er eine Kanalverbindung von der Fulda zum Main für sehr zweckmäßig halte. Die napoleonischen Kriege sowie die bis auf November 1813 begrenzte Herrschaft des „Bruder Lustik" vereitelten wiederum eine Nord-Süd-Verbindung.

Binnenschiffer waren es, welche den ersten künstlichen Stadthafen Bremens forderten. Die Ratsherren erfüllten das Begehren: 1818 stand der Oberländische Hafen für die Schiffahrt bereit. Mit der Bürgermeister-Smidt-Brücke gedenkt Bremen eines Mannes, dessen Weitsicht das Fundament für das Bremen des 20. Jahrhunderts legte. Er ist auch der „Vater" Bremerhavens. Die unzureichenden Techniken des frühen 19. Jahrhunderts verhinderten eine Fahrwasservertiefung zwischen Bremen und der Nordsee. Bremen benötigte aber einen Überseehafen, und der lag an der Geestemündung. Am 11. Januar 1827 erwarb Johann Smidt (1773 – 1857) dort ein 89 Hektar großes Gelände. Am 12. September 1830 lief ein amerikanischer Segler als erstes Schiff durch die Seeschleuse in den Hafen ein. 1842 konnte das zweite Hafenbecken Bremens, der Sicherheitshafen, seinen Dienst aufnehmen. Wintertags suchten in ihm die Schiffe Schutz gegen die jahreszeitlich bedingten Unbilden, und im Sommer lagen an den Kais die Auswandererschiffe in Richtung Amerika.

Kein Geringerer als der Planer und Ingenieur des 1845 fertiggestellten Ludwigkanals vom Main zur Donau, Freiherr Heinrich von Pechmann, übernahm die Idee einer Werra-Main-Verbindung und versuchte seine zaghaften Zeitgenossen von diesem Projekt zu überzeugen. Aber auch er, der als Kanalbauer europäischen Ruf besaß, stieß auf taube Ohren.

In Bremerhaven konnte 1851 der neue Hafen eingeweiht werden. 1859, nach zweijähriger Bauzeit, übergaben in Bremen die Stadtväter den „Weserbahnhof"- eine vorbildliche Schiff-Eisen-bahn-Kombination - der Öffentlichkeit. 1865 begann die erste erfolgversprechende Unterweservertiefung.

Trotz einer wirtschaftlich desolaten Weserschiffahrt beschlossen die Techniker den Neubau der Hamelner Schleuse. Ihren Dienst nahm sie 1871 auf. 1876 waren die Arbeiten am Bremerhavener Kaiserhafen I abgeschlossen. 1877 liefen mit der Flut erstmalig 2,00 m Tiefgang aufweisende Schiffe die Bremischen Häfen an. Ab 1883 gingen, nach intensiven vorausgehenden Planungen, die Unterweserkorrektionen unter der Leitung von Oberbaudirektor Ludwig Franzius (1832 – 1903) weiter. Für die Bremer Bürgerschaft muß es ein erhebender Anblick gewesen sein, als 1892 der NDL-Dampfer „Hannover" unter Maschine und ohne Bugsierhilfe in den schon 1888 fertiggestellten Europahafen einlief.

Die alte Herzog-Stadt Celle hatte am 22. Mai 1907 Grund zu feiern. Der neue Hafen war fertig. Nur, die vier Allerschleusen, die eine Anfahrt des Celler Hafens mit größeren Schiffseinheiten ermöglichen sollten, lagen noch auf den Tischen der Planer. Sechs Jahre benötigten die Wasserbauer bis zum Abschluß des Projektes: Oldau 1910, Bannetze 1912, Marklendorf 1915, Hademsdorf 1916.

Weitere Hafen- und Schiffahrtsanlagen gingen der Vollendung entgegen. In Bremen: der Holz- und Fabrikhafen, der Getreidehafen und der Hafen A; in Bremerhaven: die große Kaiserschleuse sowie die Kaiserhäfen II und III. Die Bremer Weserschleuse schloß am 9. Januar 1912 zum ersten Male ihre Tore. 1913 nahm die Schachtschleuse Minden den Betrieb auf, und die Verbindung von Bremen bis zu den Häfen an Ruhr und Rhein war Wirklichkeit geworden. Einer der letzten, mit dem Gedanken einer Werra-Main-Verbindung spielenden Fürsten war König Ludwig III. von Bayern (1845 – 1921). 1893, 1905 sowie 1910 trat er mit seinen Ansichten zu dieser Wasserstraßenverbindung vor die Öffentlichkeit, aber seine Worte erreichten nicht die Ohren der norddeutschen Wasserbauer. Wenn auch Krieg und Revolutionen den Adelsstand hinwegfegten, die Pläne zu einem

Die Schachtschleuse in Minden

13

Schiffahrtsweg zwischen Bremen und Bamberg führten ein zähes Eigenleben. In den zwanziger Jahren fanden heftige wortreiche Fehden zwischen den Anhängern eines Werra-Main-Kanales und den Verfechtern eines Fulda-Kinzig-Main-Wasserweges statt. Dabei gab es weitaus wichtigere Projekte: Weiterer Ausbau der Unter- und Außenweser, die Kanalisierung der Mittelweser in Verbindung mit dem Weiterbau des Mittellandkanals in Richtung Berlin sowie der Hunteausbau mit der Küstenkanal-Verbindung zum Dortmund-Ems-Kanal (ein Wasserweg, der schon 1844 in Oldenburg zur Diskussion stand).

Wenn auch die Regierung in Berlin noch Anfang der zwanziger Jahre der Weser-Main-Verbindung nicht ablehnend gegenüberstand, verlor sie doch im Laufe der Jahre das Interesse. Bescheidene Zeugen eines Anfangs sind die Schleusen auf Werra und Fulda. Wasserbautechnische Anachronismen, denen das gleiche Schicksal beschieden wurde wie dem alten Ludwig-Kanal vom Main zur Donau: Am Tage der Eröffnung waren sie durch die Schiffbauentwicklung überholt.

Das letzte große Bauwerk auf der Oberweser war die 1933 fertiggestellte Schleppzugschleuse in Hameln. Die 221,00 m lange und 11,00 m breite Anlage ist die einzige gebogene Schleuse Deutschlands: Radius = 1500 m. Der Krieg beendete 1942 den Mittelweserausbau. Bis 1952 standen zwischen Petershagen und Langwedel Bauruinen in der Landschaft. Der Weiterbau geschah nur auf Drängen der Schiffer und Weseranlieger. Als erste Schleuse nahm die bei Petershagen am 17. Oktober 1953 die Arbeit auf. Noch sieben Jahre verstrichen, bis 1960 die Strecke von Minden nach Bremen-Hemelingen der Berufsschiffahrt vollschiffig zur Verfügung stand.

Die verheerende Sturmflut von 1962, deren zerstörerische Kraft Hunte-bergwärts bis nach Oldenburg reichte, war mit ein ausschlaggebender Faktor, ein Huntesperrwerk bei Elsfleth zu errichten. 1979 trat das mächtige, weithin sichtbare Wehr seine Funktion als Hochwasserbollwerk an. Parallel dazu erhielt die Lesum oberhalb Vegesack und die verlegte Ochtummündung auf dem linken Ufer einen ähnlichen, den Fluß bei Wassernot sperrenden Riegel.

Um der Schiffahrt mit ihren tiefgehenden Fahrzeugen ein besseres Anfahren der Bremischen Häfen zu garantieren, beginnen 1981 erneute Baumaßnahmen auf der Unterweser. Die Fahrrinnenvertiefung von 9,00 auf 12,00 m bedeutete auch den Umbau von Buhnen und Uferanlagen.

Die Geschichte der Weserschiffahrt

Daß die Steine zum Bau der Klöster Fulda und Hersfeld hauptsächlich per Schiff zu den Baustellen gelangten, ist sicher. Nach Hinweisen in Urkunden des 8. und 9. Jahrhunderts müssen die Fahrverhältnisse zwischen Münden und Hameln sehr schlecht gewesen sein.

Weiteres Zeugnis einer Weserschiffahrt gibt ein Erlaß Kaiser Lothars I. (795 – 855) von 850: Der zugunsten des Klosters Fulda bestehende Zoll für Warentransporte auf der Weser wird aufgehoben. Bremische Urkunden aus dem 11. Jahrhundert berichten über Schiffsverbindungen zur Werra und Fulda. 1225 wird in Celle eine Zollstation genannt. Im Jahre 1227 erneuert Herzog Otto I. von Braunschweig (1204 – 1252) das Recht der freien Schiffahrt zwischen Bremen und Braunschweig, welches schon sein Großvater Herzog Heinrich der Löwe (1129 – 1195) ausgesprochen hatte.

Münden erhält zum 4. Februar 1247 das Stapelrecht. Graf Heinrich II. von Hoya stellt 1271 die Schiffer unter seinen Schutz. Einen Umschlagplatz – in der Wesersprache „Schlagd" oder „Schlacht" genannt – vermelden die Hamelner Urkunden zum Jahre 1314. Celle war um diese

14

Idylle bei Weser-km 341

Zeit die bedeutendste Kornverladestelle Niedersachsens. Per Planwagen kamen die Lieferungen von Hildesheim, Magdeburg und Braunschweig. An einem Allerarm, dort wo heute das Oberlandesgericht residiert, und an der Mühlenstraße standen riesige, teilweise in den Fluß ragende Kornspeicher, von denen das Getreide direkt in die Schiffe verladen wurde. Bremen sowie die Häfen der Niederlande standen auf den Lieferlisten der Celler Kornschiffer. 1348 errichteten zwei Celler Bürger, Heynecke Hunger und Hennecke Fischer, an der Mühlenstraße am Alleruffer eine zweite Mühle, die später als Ratsmühle in den Besitz der Stadt überging. 1464 verlieh der Landesfürst Herzog Otto den Celler Kornschiffern das Privileg der alleinigen Kornschiffahrt auf der Aller. Nach einer urkundlichen Erwähnung lagen an manchen Tagen bis zu 30 Schiffe zur Beladung an den Speichern. Die Binnenschiffe dieser Zeit entsprachen den flußspezifischen Gegebenheiten. Fahrzeuge von Fulda, Werra und Oberweser besaßen andere Bauformen als die von Aller und der

Unteren Weser. Der ganz besondere Unterschied bestand bei den langen, fast kistenförmig gebauten und wenig Tiefgang besitzenden Transportern in der Ladekapazität. Während diese auf der Weser um das Jahr 1500 bis 30 Tonnen betrug, konnten die Schiffe von Aller und Leine zwischen 50 und 70 Tonnen transportieren. Nach zeitgenössischen Berichten erreichten die Unterweserschiffe im Laufe der nächsten 200 Jahre ebenfalls ein Fassungsvermögen von 70 Tonnen, während an der Oberweser schon Fahrzeuge mit über 100 Tonnen von den Werften liefen.

Gegen Ende des 18. Jahrhunderts entwickelten die Schiffer einen Schleppverband, welcher teilweise noch bis in die Zeit der Dampfschleppschiffahrt beibehalten wurde. Dieser bestand aus dem mit einem Mast ausgerüsteten Bock, dem Hinterhang und Bullen. Der Bock war das Zugschiff, da von seinem Mast die Treidelanlage zum Land hinüberging, der Hinterhang diente als reines Lastschiff, und der Bulle, der kaum Ladung trug, hatte auf der Fahrt vielfach spezielle Aufgaben zu erfüllen. Mußten die Leinenzieher, wenn der Leinpfad zum gegenüberliegenden Ufer wechselte, übergesetzt werden, war das die Aufgabe des Bullen. Lief einer der Transporter auf Grund, kam der Einsatz des Bullen als Leichterschiff, das heißt, er übernahm so viel Ladung, bis das festgefahrene Schiff wieder aufschwamm.

Die Weserschiffer bezeichneten diese Art von Schleppzug als „Mast". Im Schnitt transportierte eine Mast rund 200 Tonnen Fracht. Um einen solchen Zug zu Berg zu schleppen, benötigten die Schiffer bis zu 40 Leinenzieher. Die auf anderen Flüssen übliche Treidelmethode mit Pferden scheiterte an der Weser über Jahrhunderte am Widerstand der Uferbesitzer. Wie auch an Rhein, Neckar, Main und Mosel – die Anwohner registrierten die Ankunft eines Treidelzuges mit Angst und Schrecken. Die Treidelknechte und Leinenzieher hatten wegen ihrer Grobheit, ihrer Trunksucht und ihres Hanges, mit den Fäusten zu reden, an allen Ufern einen üblen Ruf.

Nach den Schiffsregistereintragungen von 1610 fuhren 36 Seeschiffe unter bremischer Flagge. Das größte von ihnen besaß eine Ladekapazität von 160 Tonnen, während die kleinsten Einheiten 40 Tonnen verfrachten konnten. Aus den Unterlagen wird auch ersichtlich, daß nicht alle Schiffe in Bremen vom Stapel liefen, sondern vielfach in den Niederlanden gebaut wurden, obwohl die Werften von Bremen und Vegesack als Konkurrenten zu den Nordseewerften an der deutschen, niederländischen und englischen Küste galten. Weitere Schiffswerften an der Unterweser nahmen zum Ende des 18. Jahrhunderts in Vegesack und Brake die Arbeit auf. Auch entlang der Weser und Aller entstanden schon frühe Werftbetriebe für den Binnenschiffbau, wie zum Beispiel bei Münden, Höxter, Holzminden, Bodenwerder, Hameln, Vlotho, Minden und Hoya.

Fast aus jeder Weserortschaft kamen die Schiffer, so unter anderem: Münden, Bodenfelde, Karlshafen, Holzminden, Heinsen, Bodenwerder, Erder, Vlotho, Minden, Petershagen und Hoya. Durch eine teilweise verfehlte Verkehrspolitik der Landesfürsten wurden die Fahrwasserverhältnisse auf der Weser immer schlechter, und dies ging zu Lasten der Schiffer. Beispielsweise gab es Mitte des 17. Jahrhunderts in Münden ca. 70 selbständige Schiffer mit diversen eigenen Fahrzeugen – Ende des 18. Jahrhunderts waren es nur noch 10.

Als Denis Papin (geboren 1647, verschollen 1712), französischer Arzt und Naturforscher, 1695 von Marburg – an deren Universität er seit 1688 als Professor der Mathematik lehrte – nach Kassel zog, konnte er nicht ahnen, welch eine Niederlage ihn 1707 erwartete. Er arbeitete seit 1690 an einer Dampfmaschine, die insbeson-

An der Personen-Hochseilfähre in Wehrden bei Weser-km 60,19

16

dere zum Antrieb von Schiffen gedacht war. 1707 erhielt er mit Hilfe des deutschen Mathematikers und Philosophen Gottfried Wilhelm Freiherr von Leibnitz (1646 – 1716) die fürstliche Genehmigung, auf dem Schiff eines Mündeners Schiffers ein von Hand betriebenes Schaufelradsystem zu installieren, um damit von Kassel nach Münden zu fahren. Dieser Versuch sollte das Problem des Antriebs lösen. Auf der Fahrt traten keine technischen Schwierigkeiten auf, nur die Mündener Schiffer, die ihr Privileg, als einzige Schiffsführer Schiffe von der Fulda zur Weser führen zu dürfen, angetastet sahen, fingen das Schiff mit Papin und dem Schiffer ab, zogen es aufs Ufer und machten Kleinholz aus dem Gefährt. Die Papinsche Dampfmaschine ist nie gebaut worden.

Am 6. Mai 1817 legte in Vegesack das Dampfschiff „Die Weser" mit 150 geladenen Gästen zu einer Fahrt nach Bremen ab. Damit begann nach Rhein, Elbe und Havel die Dampfschiffahrt auf der Weser. Initiator war der Kaufmann Friedrich Schröder, der am 18. Juni 1816 das „Bremer Dampfschiffahrtsprivileg" erhielt. Das 23,72 m lange, 6,94 m breite Schiff besaß eine Boulton, Watt & Co-Dampfmaschine mit 14 PS. Maschine, Rumpf-Mittelteil und Schaufelräder kamen aus Großbritannien, den Rest baute Schiffbaumeister Johann Lange in Grohn darumherum (diese Werft war der Vorgänger der 1893 gegründeten Bremer Vulkanwerft). Außer einer Fahrt nach Verden am 10. Mai 1817 blieb das Fahrgebiet der „Weser" die Unterweser. 1833 fanden die Fahrten ein Ende, und das Schiff kam auf den Schrott.

Zwei Jahre nach der historischen ersten „meilenweiten" Dampferfahrt startete im März 1819 ab Bremen die „Herzog von Cambridge" zu

Fischtreppe am Schleusenkanal in Landesbergen

Das Münchhausenschloß Bevern

einem wagemutigen Unternehmen. Das vermutlich als Heckraddampfer konzipierte Schiff (über dieses Fahrzeug existieren keine exakten Daten) erreichte nach 121 Stunden Bergfahrt die Stadt Münden. Auf der Talfahrt bis Bremen benötigte es 31 Stunden. Auch dieses Fahrzeug fuhr dann nur noch auf der Unterweser.

In Minden erblickte 1835 die „Oberweser Dampfschiffahrts-Aktien-Gesellschaft" das Licht der Welt. Der erste Dampfer der Gesellschaft lief in Duisburg vom Stapel. Über Rhein, Niederlande und Wattenmeer ging die Fahrt in Richtung Weser. Als die „Friedrich Wilhelm III." mit einem Anhang von Minden nach Nienburg fahren sollte, schwand ihr die Kraft. Die Maschine war zu schwach. Die „Gesellschaft für Dampfschiffahrt" unternahm neuerliche Versuche zur Einführung der Schleppschiffahrt. Mit dem 1839 erbauten 70 PS starken „Roland" konnte nach Beseitigung etlicher strombedingter Schiffahrtshindernisse eine erfolgreiche Schleppschiffahrt eingeführt werden.

Die nächsten drei Personendampfer, die 1843 auf der Weser den Betrieb aufnahmen, hatten einen weiten Weg zu ihrem zukünftigen Revier zurückzulegen. Die „Germania" und „Hermann" waren eine Schöpfung der französischen Werft Gâche et Frères in Paris. Der dritte bestellte Dampfer, die „Wittekind", stammte aus Großbritannien. Auftraggeber der Raddampfer war die 1842 gegründete „Vereinigte Weser-Dampfschiffahrts-Gesellschaft" in Hameln. Ein viertes Schiff mit dem Namen „Blücher" nahm wenig später für die Vereinigte die Fahrt auf.

Diese Gesellschaft entdeckte 1844 eine Marktlücke: den Transport von Auswanderern aus dem Oberweserraum zu den Kajen der Amerikasegler in Bremen und Bremerhaven. 1844 transportierten sie 1390 Personen, 1846 stieg die Zahl auf 2770, und 1854 wagten 7950 Mutige den Weg. Die dann aufkommende Eisenbahn brachte der Personenbeförderung zu Wasser den Garaus.

Oberbergrat Carl Anton Henschel nebst Sohn Carl aus Kassel sowie Eduard Wüstenfeld aus Münden starteten ein gemeinsames Projekt. Das Ergebnis war der erste an der Oberweser gebaute und für die dortigen Fahrwasserverhältnisse geschaffene Raddampfer namens „Eduard". Unter der Leitung des Kapitäns Winkelmann traten die Schöpfer am 3. September 1843 um 5.15 Uhr ab Münden die Jungfernfahrt an. Nach einigen Schwierigkeiten – unter anderem trieb das Schiff gegen die sehr enge Brücke von Hoya und ein Radkasten erlitt diverse Schäden – konnte am 12. September in Bremen festgemacht werden. Bürgermeister Smidt und weitere Honoratioren bereiteten den Pionieren einen königlichen Empfang.

Unter der Regie des Schiffbaumeisters Heinrich Hagemann erbaute 1844 Schlossermeister Heinrich Döhring aus Münden das erste komplett eiserne Weser-Dampfschiff, die „Herzog Wilhelm". Wiederum lieferte Henschel in Kassel die Maschinenanlage.

Mitte des 19. Jahrhunderts planten die Schiffs-

Die Burg Petershagen – ein ehemaliges Bischofsexil

bauer an der Weser besondere Typen von eisernen Schleppkähnen. Und hier zeigten die Weserwerften Einfallsreichtum. Als sie den 600 Tonnen Fracht tragenden Kahn entwickelten, legten sie den Grundstein zu den später bekannten „Bockschiffen": Tiefgang leer 0,35 m und bei voller Ladung maximal 1,70 m. Nur im Wesergebiet werden die Lastkähne bis heute in Anlehnung an den „Bock" Bockschiffe genannt.

1852 erschien auf der Weser der Schlepper „Der kleine Roland". Der Schiffer Georg Rolffs aus Minden hatte dieses Schiff als Wrack mit dem Namen „Einigkeit" gekauft, zur Gänze überholen lassen und stieg damit in das Schleppschiffahrtsgeschäft ein, um den Bremer Reedereien auf der Oberweserstrecke das Geschäft streitig zu machen. Er war mit den Machenschaften der Bremer gar nicht einverstanden. Das Schiff, das 1866 in Minden zum letzten Mal registriert wurde, war die ehemalige „Herzog Wilhelm" aus Münden.

Kaufleute aus Minden gründeten 1852 die „Weser-Dampfschleppschiffahrts-Aktiengesellschaft" und nahmen mit der „Prinz Adelbert" und „Präsident Peters" Versuche zu einer kontinuierlichen Schleppschiffahrt auf. Sicherlich waren die Ergebnisse positiv: Die Bremer, nie untätig, wenn es um Reederei- und Schiffahrtsgeschäfte ging, machten den Mindenern ab 1854 mit der „Gesellschaft für eine Dampfschlepp-Schiffahrt auf der Oberweser" Konkurrenz.

Die Hamelner Personenschiffahrt krebste bis 1858 dahin, und schließlich stellten die Verantwortlichen ihre Unternehmungen ein. Schleppraddampfer bestimmten nunmehr das Flußbild. Für den Norddeutschen Lloyd, der den Auswandererverkehr zwischen Deutschland und Amerika beherrschte, war es eine Sternstunde, als die „Vereinte Weser-Dampfschiffahrts-Gesellschaft" aus wirtschaftlichen Gründen das Handtuch warf. Der NDL kaufte die Personendampfer auf, um somit den gesamten Auswanderermarkt zu kontrollieren. Noch bis 1873 war er im Binnenschiffahrtsgeschäft, dann löste er die Abteilung auf. Die „Germania" und „Armin" (ex „Hermann") gingen in den Besitz der 1874 gegründeten „Oberweserdampfschiffahrts-Gesellschaft" über. Dieses Unternehmen scheiterte an den miserablen Wasserverhältnissen der Weser.

Lang andauernde, über Jahre auftretende Niedrigwasserzeiten vereitelten eine kontinuierliche Dampfschiffahrt, und die Daten der letzten Bilanz führten zum Konkurs. Eine „Neue Oberweserdampfschiffahrts-Gesellschaft" gab die als Schleppdampfer konzipierte und später zum Salondampfer umgebaute „Fürst Bismarck" in Auftrag. 1877 begann diese mit einem mehr oder weniger regelmäßigen Verkehr zwischen Karlshafen und Hameln. Auch diese Linienfahrt lohnte nicht. Die Gesellschaft gab auf.

Am 19. Mai 1883 nahm die „Fürst Bismarck" wieder regelmäßige Fahrten zwischen Münden und Hameln auf. Der Großmühlenbesitzer Senator Meyer aus Hameln war der wagemutige Unternehmer und Betreiber des Personendampfers. Aus diesen ersten Anfängen entstand die bis 1964 existierende „Oberweser-Dampfschiffahrts-Gesellschaft F. W. Meyer", Hameln. Ihre Nachfolge trat die „Oberweser Dampfschiffahrt GmbH", Hameln, an.

Mannigfach waren die Antriebsformen der alten Weser-Dampfschiffe, Seitenrad-Dampfer (wobei die Radkästen in der Mitte oder achterlich angebracht waren), Heckrad-Dampfer und ab 1892 Schiffe mit Schraubenantrieb. Eines war all den Weser-Schiffen gemein, der geringe Tiefgang. Nachfolgend einige Beispiele:

„Michael Orban" / Schlepp- und Personendampfer / Baujahr 1843 / Tiefgang 0,43 m.

„Wittekind" / Schleppdampfer / Baujahr 1844 / Tiefgang 0,43 m.

„Stolzenau" / Schleppdampfer / Baujahr 1881 / Tiefgang 0,60 m.

„Germania" / Personendampfer / Baujahr 1884 / Tiefgang 0,57 m.

„Fürst Bismarck" / Personendampfer / Baujahr 1870 / Tiefgang 0,40 m.

„Deutschland" / Schleppdampfer / Baujahr 1878 / Tiefgang 0,52 m.

„Schaumburg" / Schleppdampfer / Baujahr 1881 / Tiefgang 0,82 m.

„Borussia" / Schleppdampfer / Baujahr 1882 / Tiefgang 0,60 m.

„Hameln" / Bereisungsdampfer / Baujahr 1885 / Tiefgang 0,48 m.

„Victoria" / Schleppdampfer / Baujahr 1887 / Tiefgang 0,61 m.

„Fulda" / Schleppdampfer / Baujahr 1888 / Tiefgang 0,50 m.

„Westfalen" / Schleppdampfer / Baujahr 1892 / Tiefgang 0,60 m.

„Wittekind" / Schleppdampfer / Baujahr 1896 / Tiefgang 0,85 m.

„Baurat Lange" / Schleppdampfer / Baujahr 1897 / Tiefgang 0,53 m.

„Bremen" / Schleppdampfer / Baujahr 1897 / Tiefgang 0,85 m.

„Kaiser Wilhelm" / Personendampfer / Baujahr 1899 / Tiefgang 0,60 m.

„Roland" / Schleppdampfer / Baujahr 1899 / Tiefgang 0,85 m.

Im Vergleich dazu: Der durchschnittliche Tiefgang der Schlepp- und Personendampfer auf dem Rhein lag bei 1,50 m.

Versuche, in den 80er Jahren des 19. Jahrhunderts eine Kettenschiffahrt wie auf Neckar, Main, Rhein, Elbe usw. einzuführen, schlugen fehl. Auch die Versuche der „Celler Schleppschiffahrts-Gesellschaft", in den Jahren nach der Jahrhundertwende mit den Schleppschiffen „Aller I" und „Niedersachsen" eine Wiederaufnahme der Aller-Schiffahrt zwischen Celle und der Weser zu erreichen, scheiterten. Selbst der Bau von Allerschleusen und die damit verbundenen Fahrwasserbereinigungen konnten die Allerschiffahrt langfristig nicht wieder auf die Füße stellen.

Ungeachtet technischer Neuerungen durchfurchten die Raddampfer das Wasser der Weser. 1925 und 1928 erschienen die ersten dieselbetriebenen Schlepper. Damit war der Untergang der majestätischen Dampfschiffe eingeläutet. Bis zum Jahre 1970 teilten sich Dampf- und Dieselschiffe die Strecke. Dann kam der große wirtschaftliche Niedergang der Oberweserschiffahrt. Während die Mittelweser durch ihre Anknüpfung an das deutsche Binnenwasserstraßennetz zu einem wichtigen Schiffahrtsweg zwischen Nord und West avancierte, verschwand auf der Oberweser die Berufsschiffahrt gänzlich. Gelegentlich konnten noch Einzelfahrer auf dem Weg zu den Werften nach Bodenwerder beobachtet werden. Aber da diese 1988 ihre Tore schlossen, beherrschen jetzt nur noch publikumswirksame Fahrgastschiffe zwischen Münden und Minden die Wellen der Weser.

Der einzige übriggebliebene Dampfveteran, die „Kaiser Wilhelm" (erbaut 1899 in Dresden), legte am 23. Oktober 1970 von Hameln ab, um zu seinem neuen Heimathafen Lauenburg auszulaufen. Dort wird er von Idealisten gepflegt und macht auch noch gelegentliche, von der Fachpresse aufmerksam beobachtete Sonderfahrten.

Blick ins Wesertal bei Brevörde

Historische Städte

Hannoversch-Münden

Gimundin nannten die Zeitgenossen Karls des Großen das Dorf am Flußdreieck Werra, Fulda, Weser. Archäologien und Historiker vermuten als Ausgangspunkt zu der erstmalig 786 erwähnten Ansiedlung einen karolingischen Königshof. 1070 wird dort eine Burg des Grafen Otto von Northeim erwähnt. 1170 verlieh Heinrich der Löwe Münden die Stadtrechte. Zum Ende des 12. Jahrhunderts begannen die Mündener mit dem Bau der St.-Blasii-Kirche auf den Fundamenten einer früheren romanischen Basilika. 1246 übernahmen die Herzöge von Braunschweig-Lüneburg die Stadt; sie zogen in das 1247 fertiggestellte Schloß am Werraufer. Im gleichen Jahre erhielt Münden das Stapelrecht, die Basis zum Wohlstand. (Stapelrecht: Das einzelnen Städten verliehene Recht, von den durchziehenden Kaufleuten verlangen zu dürfen, die Waren für bestimmte Zeit zum Verkauf anzubieten.)

1329 konnte die zu den ältesten Steinbrücken Deutschlands zählende Werrabrücke dem „Verkehr" übergeben werden. Auf das Jahr 1404 geht das in der Sydekumstraße gelegene gotische Lagerhaus, „Ochsenkopf" genannt, zurück. Erich I. von Calenberg ließ 1500 am Schloß Erweiterungsarbeiten vornehmen und machte den renovierten Bau zu seiner Residenz. Der Nordflügel versank 1561 in einem Flammenmeer und brannte bis auf die Grundmauern nieder. Die Fürsten schufen ein Neubauprogramm, und gleichzeitig mit dem Wiederaufbau des nördlichen Traktes entstand auch der Ostflügel. Der frühere Reichtum der Mündener Bürger ist an den noch vorhandenen Häusern erkennbar. Als hervorragendes Beispiel soll das aus dem 12. Jahrhundert stammende, zwischen 1603 und

1618 auf Weserrenaissance umgestaltete Rathaus dienen.

Einen Tag nach dem Pfingstfest des Jahres 1626 stand der Feldherr Graf Johann Tserclaes Tilly vor den Toren der mit Türmen und Mauern bewehrten Stadt. Nach der am gleichen Tage erfolgten Eroberung zogen die Tillyschen Söldner raubend und sengend durch die Handelsmetropole. Zu den Opfern dieses Sturmes zählte auch die St.-Ägidien-Kirche. Die Explosion eines in unmittelbarer Nähe stehenden Pulverturmes vernichtete einen großen Teil des Gotteshauses. 1684 war der Wiederaufbau abgeschlossen.

1727 fand in dieser Kirche der 1663 in der Oberpfalz geborene „Königl. Grosbritanischr und Churfürstl Braunschw Lüneb brivilegirte Landartzt wie auch Königl breußische Raht und Hofoculiste der weiland hochedle, hocherfah-

Werrawehr und Schloß in Hannoversch-Münden

rene, weltberühmte Herr Joh. Andreas Eisenbart" seine letzte Ruhestätte. Im Gegensatz zur oft besungenen, landläufig negativen Meinung haben neueste Forschungen ergeben, daß Eisenbart ein vorzüglicher Chirurg, Erfinder einer Reihe chirurgischer Instrumente und ein gewissenhafter Arzt gewesen sein muß, dem sogar Könige und Fürsten ihre Hochachtung zollten. Nach dem 30jährigen Krieg standen die Mündener vor einem bau- und wirtschaftlichen Trümmerhaufen. Alle Versuche, Handel und Wandel wieder auf die Beine zu stellen, schlugen fehl. Erst ab Mitte des 18. Jahrhunderts ging es langsam bergauf. 1753 begann die Hansteinsche Fayencenmanufaktur mit der Produktion. Weitere kleine Unternehmen folgten. Mit der Verabschiedung der „Weserakte" im Jahre 1823 verlor Münden das letzte Privileg aus seiner städtischen Frühzeit: das Stapelrecht.

Ein Verweilen in Münden lohnt. Moderne Geschäfte, einladende Cafés und die vielen alten bewundernswerten Fachwerkhäuser verleiten zum Bummeln. Auch sind durch die zentrale Lage Ausflüge in die nähere Umgebung gut durchführbar.

Stadtinformation:
Verkehrsverein Naturpark Münden e.V., Rathaus, 34346 Hann. Münden 1; Telefon 05541/7 53 13; Liegeplätze siehe S. 65.

Bramburg
Auf den Höhen des Bramwaldes, an der Weser-Engstelle Bramburg-RU, ragen die Überreste eines Bergfriedes ins Land. Graue Mauerreste sind die Überbleibsel der 1060 durch Graf Otto von Northeim zum Schutze des Klosters Bursfelde errichteten Burganlage. 398 Jahre später, 1458, zerstörte Herzog Wilhelm von Braunschweig-Lüneburg das Bauwerk. Grund: die Burgherren von Stockhusen. Die findigen Edel-

leute gingen einem für sie ertragreichen Nebenerwerb nach. Sie zogen quer über die Weser ein Seil, welches mit einer Glocke in der Burg verbunden war. Sobald ein Fahrzeug durch Berührung des Seiles die Glocke in Bewegung setzte, donnerten die adeligen Räuber auf ihren Pferden ans Weserufer und plünderten das Schiff aus.

Bursfelde
Im Jahre 1093 stiftete Graf Heinrich der Dicke von Northeim das Kloster Bursfelde. Bauleitung und weitere Verwaltung übernahmen die Benediktiner des Klosters Corvey. 1440 reformierte Abt Johannes Hagen mit der „Bursfelder Kongregation", der fast 100 Benediktinerklöster beitraten, das Klosterleben, da im Laufe der Zeit bei Deutschlands Vertretern des St. Benediktus liederliche Sitten eingerissen waren. Auch verfaßte er für seine heruntergekommenen Klostergenossen ein Handbuch über Tischsitten. Nach den gezielten Anweisungen zu urteilen, müssen die tafelnden Mönche keinerlei Essensmanieren besessen haben. Die Vereinigung bestand bis 1803. Von der ehemaligen Klosteranlage ist als sehenswerter Rest nur die Klosterkirche übriggeblieben.

Klosterkirche in Bursfelde

Blick auf Bad Karlshafen an der Diemelmündung

Bad Karlshafen

Der Landgraf Carl von Hessen-Kassel war nicht nur ein schiffahrtsfördernder Landesherr, sondern auch ein Schlitzohr. Ihm lag schon seit Jahren das Mündener Stapelrecht im Magen. Also kam er auf den Gedanken, zur Umgehung des ungeliebten Stapelortes die Diemel für die Schiffahrt auszubauen und mit einem Kanal nach Kassel zu verbinden. Die Notlage der aus Frankreich vertriebenen Hugenotten ausnutzend, holte er diese ins Land und siedelte sie an der Diemelmündung an. Mit deren Arbeitskraft entstand dort ab 1699 eine neue, schachbrettartig um den Hafen herum gruppierte Stadt.

Bis 1717 führte die Hugenottensiedlung den Namen Sieburg. Zu Ehren des Landesherren erfolgte eine Umtaufe in Karlshafen. Eine 1731 entdeckte Solequelle beförderte Karlshafen zum Heilbad. Zu den besonderen Sehenswürdigkeiten zählen das älteste Haus von 1699, direkt am Hafen gelegen, das von 1704 bis 1718 errichtete Invalidenhaus und das Rathaus von 1718.

Stadtinformation:
Städtische Kurverwaltung, Hafenplatz 8, 34385 Bad Karlshafen 1; Telefon 05672/99 99 24. Liegeplätze siehe S. 73.

24

Höxter/Corvey

Höxter und Kloster Corvey sind seit ihrem Bestehen eng miteinander verbunden. Als das 816 gegründete Kloster sechs Jahre später zu der Stelle verlegt wurde, wo heute das 1716 fertiggestellte barocke Schloß steht, verzeichnen die Annalen einen direkt danebenliegenden Ort mit dem Namen Huxori. Im Gegensatz zu den anderen, zum Klosterbesitz zählenden Dörfern entwickelte Höxter erfolgreiche Eigeninitiative, wurde Marktflecken, und mit Hilfe des Bischofs von Paderborn, der das Kloster und seine Insassen nicht schätzte, erreichte der aufstrebende Ort eine gewisse Klosterunabhängigkeit.

1265 schritt der vorgenannte Bischof zur Tat. Die Klosterstadt, welche rund 400 Jahre das geistige und religiöse Zentrum Norddeutschlands war, lag in Trümmern. Die Corveyer Äbte verwandelten das Restkloster in ein Schloß. Trotz des Niederganges des im Range einer Reichsabtei stehenden Corveys konnten die Äbte noch bis zur Säkularisation im Jahre 1802 ihre Position als Reichsfürsten sowie ihren kleinen, 16 Dörfer umfassenden Staat mit der Hauptstadt Höxter aufrecht erhalten.

1834 übernahm Prinz Viktor von Hohenlohe-Schillingsfürst das Schloß, brachte seine umfangreiche Bibliothek dort unter und bestellte 1860 den Dichter August Heinrich Hoffmann von Fallersleben zum Bibliothekar. Dieses Amt hatte dieser bis zu seinem Lebensende inne. 1874 wurde er in Corvey begraben. Höxter, zunächst im Schatten von Corvey stehend, nahm stetig den Weg zur erfolgreichen Handelsstadt. Im 12. Jahrhundert erhielt der Ort die Stadtrechte. Die Stadtbefestigungen entstanden, und es wurde mit dem Bau der Kiliani-Kirche begonnen. 1295 trat Höxter der Städtehanse bei. 1320 konnten die Minoriten die Marienkirche weihen.

Zahlreiche erhaltene, architektonisch bedeutsame Häuser zeugen vom Reichtum der Höx-teraner Bürger: Haus Hottensen (1537), Dechanei (1561), Küsterhaus (1565), Stadtschenke Litto (1565), Haus Hütte (1565), Hotel Corveyer Hof (1597), Tilly-Haus (1598 – in dem 1631 der Feldherr sein Quartier nahm) oder das zwischen 1610 und 1613 errichtete Rathaus.

Mehrfach bekam Höxter die Widrigkeiten des 30jährigen Krieges zu spüren, besonders aber nach einem Angriff des kaiserlichen Generals von Gleen im Jahre 1634. Die vormals blühende Stadt mit 5000 Bewohnern sank bis auf wenige Gebäude in Schutt und Asche. Die restlichen 1500 Einwohner betrieben mühselig den Wiederaufbau. 1673 hatte Höxter nochmals schlechte Karten und als Gegenspieler den französischen Marschall Henri de Latour d'Auvergne, Vicomte de Turenne. Dem Angriff fiel unter anderem die im 12. Jahrhundert entstandene Weserbrücke zum Opfer.

1674 – widerrief der Bischof Christoph Bernhard von Galen alle Privilegien Höxters, und nach 414jähriger Selbständigkeit schwangen wieder

Schloß und Kloster Corvey

25

die Äbte von Corvey das Zepter. Ab 1803 stand Höxter mit Corvey unter der Verwaltung des Fürstenhauses Nassau-Oranien. 1807 gründete Napoleon I. das Königreich Westfalen, und die Höxteraner hatten abermals einen neuen Herrn. Nach dem Abzug der französischen Truppen und Verwaltungen erhielt 1815 Preußen einen Gebietsteil an der Weser, und dazu zählte ebenfalls Höxter.

Stadtinformation: Fremdenverkehrs- und Kulturamt, Weserstr. 11, 37671 Höxter ; Telefon 05271/96 34 31; Liegeplätze siehe S. 79.

Polle mit Burgruine und der stark frequentierten Hochseilfähre

Holzminden

Die Grafen von Everstein, an deren Burg ein mächtiger Rundturm neben der Jugendherberge erinnert, ernannten 1245 die seit 832 bestehende Ansiedlung zur Stadt. 1410 heiratete Elisabeth von Everstein den Herzog Otto von Braunschweig, und zu der Eversteinschen Mitgift zählte unter anderem Holzminden. 1609 brannte die Tillysche Soldateska den Ort restlos nieder.

Wenig ist noch von der mittelalterlichen Bausubstanz erhalten. Zahlreiche weserländische Fachwerkhäuser, teilweise zurückgehend auf die Wiederaufbauphase nach dem 30jährigen Krieg, geben dem bunten Altstadtbild einen

26

besonderen Reiz. Ecke Karl- und Halbmondstraße erinnert ein Wilhelm-Raabe-Brunnen an die von dem Dichter in Holzminden verbrachte Jugendzeit.

Am Holzmindener Weserufer kann in voller restaurierter Schönheit die 1937 vom Stapel gelaufene „Stör" besucht werden. Das 1982 außer Dienst gestellte Weser-Personenschiff dient heute als Schiffahrtsmuseum und bietet interessante Einblicke in den Bereich der Passagierschiffahrt auf deutschen Flüssen.

Stadtinformation/Kulturamt, Obere Str. 30, 37603 Holzminden; Telefon 05531/93 64 11; Liegeplätze siehe S. 81.

Bodenwerder

Bodenwerder und Münchhausen – zwei untrennbare Begriffe. Dabei steht der nach einem Bodo genannten und von diesem auf einem Werder (Werder = Insel) um 960 gegründeten Siedlung weitaus mehr Recht auf geschichtliches Eigenleben zu, als nur die Heimstatt eines phantasievollen Landadeligen zu sein. Stadtrecht bekam der Ort im Jahre 1287. In ihren Mauern lebten um 1300 schon über 2000 Menschen, eine für die damalige Zeit beachtliche Größenordnung. Eine Brücke verband einen wichtigen Handelsweg von Osten nach Westen.

Vor dem 30jährigen Krieg errichtete der Baumeister Johann Hundertossen das Stadthaus derer von Münchhausen. In diesem Gebäude erblickte Carl Friedrich Hieronymus, Freiherr von Münchhausen, am 11. Mai 1720 das Licht des Weserberglandes. Nach zeitgenössischen Zeugnissen soll der ansonsten gutmütige Münchhausen 1781 fuchsteufelswild durch sein Haus getobt sein. Es war ihm zu Ohren gekommen, daß seine Geschichten „wie er dieselben bey der Flasche im Cirkel seiner Freunde selbst zu erzählen pflegt" in einem „Vade Mecum für

lustige Leute" erschienen waren (Verlag August Mylius, Berlin 1781).

Er konnte nach der damaligen Rechtssituation nichts dagegen unternehmen. 1797 erhielt er seine letzte Ruhestätte in der St.-Marien-Klosterkirche, dem Überbleibsel des um 960 gegenüber von Bodenwerder gegründeten Kloster Kemnade. Im Münchhausenschen Hause residiert seit 1935 der Rat der Stadt Bodenwerder.

Stadtinformation: Verkehrsamt, Weserstr. 3, 37619 Bodenwerder; Telefon 05533/40 541; Liegeplätze siehe S. 85.

Hameln

Hamelns touristische Berühmtheiten, der Rattenfänger und das Rattenfängerhaus, haben nur eines gemeinsam: sie tragen die Gattungsbezeichnung für ein nicht gerade geliebtes Haustier. Als der Rattenfänger um 1284 in Hameln sein Unwesen trieb, konnte die an einer wichtigen Weserfurt gelegene Ortschaft auf eine Vergangenheit von 530 Jahren sowie auf 84 Jahre Stadtrechte zurückblicken.

Aus dem von den Fuldaer Mönchen um 800 angelegten nördlichen Klostervorposten und dem im 9. Jahrhundert erstmalig erwähnten Fischerdorf Hamala entwickelten die geistlichen und weltlichen Anwohner ein reges Gemeinwesen, welches sie „Quernhamele" (Mühlen-Hameln) nannten. Wehrhafte Mauern schützen Handel, Mühlen, Mühlsteinbearbeiter und das Stapelrecht – die Fundamente zum Reichtum der Hamelner.

Man trat im 13. Jahrhundert der Städtehanse bei, wurde übermütig und zog im Jahre 1259 wegen nicht erwünschter kirchlicher Hoheitsansprüche des Bischofs Wedekind von Minden gegen denselben zu Felde. Hamelns kaufmännische Fähigkeiten waren weithin berühmt, die kriegerischen dagegen eher kläglich. Man verlor die Auseinandersetzung mit dem Kirchenfürsten.

Hameln: Stiftsherrenhaus und Leisthaus

1284 kam der Rattenfänger und machte Hameln in Märchenkreisen berühmt. Leider haben die Stadtchronisten es verabsäumt, das Geschehnis aufzuschreiben. Eine Inschrift in der Osterstraße, angebracht hoch oben am Rattenfängerhaus verkündet: „Anno 1248 am Dage Johannis et Pauli War der 26. Junii Dorch einen Piper mit allerlei Farve bekledet gewesen CXXX Kinder verledet Binnen Hamelen gebon To Calvarie bi den Koppen verloren“.

Neben dem Rattenfängerhaus – diese Hausbezeichnung entstand erst im vorigen Jahrhundert – sind eine Reihe weiterer Gebäude aus dem 16. und 17. Jahrhundert erhalten. Sie geben ein beredtes Zeugnis vom Wohlstand der Handels- und Hansestadt. Oft mußte der Rat seinen Bürgern wegen zu prunkvoller Gewänder und verschwenderischen Lebensstils die Leviten lesen. Die Folgen des 30jährigen Krieges und die Auswirkungen einer Pestepidemie ließen die

Hamelner Handelsherren und Bürger schnell auf den Boden der Tatsachen zurückfinden: Sie waren verarmt.

Mitte des 17. Jahrhunderts bauten die Hannoveranischen Fürsten Hameln zur wehrhaften Grenzfestung aus. 1757 – zu der Zeit, als Friedrich der Große sieben Jahre lang mit anderen europäischen Staaten in Fehde lag – übernahmen die Franzosen für einige Wochen die Stadtverwaltung. Graf Wilhelm von Bückeburg ließ 1760 eine Verstärkung und Vergrößerung der Festung vornehmen. Dieser Umbau war eine Fehlinvestition – sie kam niemals zum Einsatz. Zu Jena siegte am 14. Oktober 1806 Kaiser Napoleon I. über König Friedrich Wilhelm III. von Preußen. Kurz darauf marschierten die französischen Truppen kampflos in Hameln ein. Im Auftrage des französischen Herrschers verschwand 1808 die Umwallung.

Mit Hannover kam Hameln 1866 zu Preußen. Die Mühlentradition fortsetzend, gründeten weitblickende Industrielle 1886 die Wesermühle, eine der ersten Großmühlenanlagen Deutschlands.

Die wohl berühmteste Stadt an der Weser muß besucht werden. An den vielen sehenswerten Dingen wie der Bonifatiuskirche, der Marktkirche, dem Marktplatz, dem Dempterhaus oder dem Hochzeitshaus kann man nicht so ohne weiteres vorbeifahren!

Stadtinformation: Verkehrsverein, Deisterallee 3, 31785 Hameln; Telefon 05151/20 26 17/8; Liegeplätze siehe S. 89.

Rinteln

Graf Adolf IV. von Schaumburg gründete etwa 1230 diesen Ort mit seinem planmäßig angelegten Grundriß auf dem linken Weserufer, gegenüber dem 1158 zuerst genannten Dorf Rinteln am rechten Ufer.

Befestigungsanlagen entstanden am Flußufer zum Schutz des rasch einsetzenden Handelsverkehrs über die Weser. Die im 16. Jahrhundert erbauten Fachwerkhäuser zeugen vom Reichtum seiner Bürger, erlangt durch den regen Warenumschlag.

An der Weser in Rinteln

1621 wurde Rinteln Universitätsstadt und gelangt 1647 politisch zu Hessen. 1810 wird zu Ostern die Universität wieder geschlossen.

Der Besucher findet hier viele Zeugnisse der Weserrenaissance: Das im Stil der Lemgoer Weserrenaissance gebaute Rathaus sowie das zum Münchhausenhof gehörende Archivhäuschen in der Ritterstraße.

Die Wallanlagen aus dem 17. Jahrhundert umschließen eine Altstadt mit gepflegten Fachwerkhäusern. Sehenswert ist auch die St. Nicolaikirche aus dem 13. Jahrhundert. Stadtinformation: Tourist Information, Klosterstr. 20, 31737 Rinteln; Telefon 05751/40 31 62.

Liegeplätze siehe S. 95 und 97.

Vlotho

Ihren 800. Geburtstag konnte diese als Vlothowe gegründete Siedlung 1985 feiern. 10 km südlich von der Porta Westfalica an der Mündung des Forellenbaches in die Weser gelegen, birgt diese kleine Stadt auf dem Amtshausberg die Reste einer wohl 2000 Jahre alten germanischen Wallburg. Vor dem Zweiten Weltkrieg legte man hier Teile eines karolingischen Königshofes frei.

1258 konnte in der aufgegebenen Wasserburg Schune ein Zisterzienserinnenkloster gegründet werden. Die alten Herren, das Geschlecht der Grafen von Ravensberg, zog in die neuerrichtete Höhenburg um.

Die regierenden Häuser wechselten häufig, der Dreißigjährige Krieg und die Belagerung durch den Fürstbischof von Münster 1673 lassen den Ort nicht zur Ruhe kommen.

Die Bürger aber bleiben trotz aller Kriegsschäden rege in Handel und Schiffahrt: 1669 wird eine Schiffergilde gegründet, die bald die Schiffer von Hannoversch-Münden in arge Bedrängnis bringt. 1719 erhält Vlotho die Stadtrechte erneut verliehen. Bis zum Ersten Weltkrieg bleibt Vlotho bedeutendster Weserhafen für Lippe und Ravensberg.

Der Luftkurort bietet heute mit seinen modernen Einrichtungen insbesondere bei rheumatischen und orthopädischen Beschwerden Linderung und Hilfe. Die liebevoll restaurierten Fach

Blick auf Vlotho mit Sportbootanlage

werkhäuser, eine Innenstadt ohne Durchgangs-verkehr und das waldreiche Lippische Hügel-land geben dem Besucher Ruhe und Erholung. Stadtinformation: Verkehrsamt der Stadt Vlo-tho, Lange Str. 60, 32602 Vlotho; Telefon 05733/ 9 24 04 92. Liegeplätze siehe S. 99.

Minden

Man vermutet, daß schon in vorsächsischer Zeit dort eine Fischersiedlung bestand, wo heute noch die Fischerstadt liegt. Karl der Große tagte nach dem Siege über die Sachsen 798 in Minden. Bevor er weiter durch die Lande zog, bestimmte er die Einrichtung eines Bischofsitzes. Mit der kirchlichen Institution wuchs auch im Laufe der nächsten Jahrhunderte das Handelszentrum zu beachtlicher Größe heran. Aber noch hatte die Kurie das Sagen. Neben dem auf das 9. Jahrhun-dert zurückgehenden Dom ließen die Kirchen-fürsten weitere Gotteshäuser errichten: die Marienkirche sowie die Martini-Kirche im 12. Jahrhundert, die Simeonskirche und Mauritius-kirche im 13. Jahrhundert.

Die Kaufleute wählten 1231 den ersten Rat und machten damit dem bisher über die Stadt regie-renden Bischof klar, daß er ihnen in weltliche Dinge nicht mehr hineinzureden hätte. Rund um den Markt lag das Handelszentrum, und 1250 bauten die neuen Stadtherren das Rathaus – übrigens eines der ältesten in Deutschland. Ende des 13. Jahrhunderts trat Minden der Städtehanse bei.

Im 30jährigen Krieg erlosch der Handel. Min-den zog ein neues Kleid über und avancierte zu einer der wichtigsten Festungen im Weserraum. Als die Schweden 1634 einzogen, richteten sie in dem aus dem 11. Jahrhundert stammenden, heute unter dem Namen „Schwedenschänke" bekannten Haus eine Art von Landsknecht-kneipe ein.

1648 wurde das Bistum Minden aufgelöst und dieses, wie die Stadt, den Preußen zugespro-chen. Die Brandenburger bauten die Festung weiter aus und erklärten die Stadt zum Verwal-tungszentrum für die westlichen Teile des preu-ßischen Landes. 1679 versuchten die Truppen Ludwigs XIV. von Frankreich, die Stadt zu stür-men. Im siebenjährigen Krieg des Alten Fritz gelang es Herzog Ferdinand von Braunschweig, in der Mindener Heide eine Entscheidungs-schlacht zu führen. Er brachte den beiden fran-zösischen Heerführern Marquis Louis de Con-tades und Victor Herzog von Broglie am 1. August 1759 eine für die weitere erfolgreiche Politik der Alliierten (Großbritannien und Preußen) entscheidende Niederlage bei.

1763 gab Friedrich II. von Preußen den Befehl zum Abriß der Festungsanlagen. In nachnapo-leonischer Zeit erhielt Minden neue Festungs-wälle, die bis zum Jahre 1873 mehr oder weniger nutzlos in der Gegend herumstanden.

Aus der alten Festung ist eine quicklebendige moderne Stadt geworden, in der sich jeder Besu-cher wohl fühlt und in der beim Bummel durch die Einkaufsstraßen die Stunden wie im Fluge vergehen. Für Minden muß man etwas Zeit mit-bringen, um Stadt und Sehenswürdigkeit genie-ßen zu können.

Beeindruckend ist die Gesamtanlage der Schachtschleuse. Gleich daneben steht ein klei-nes Museum mit zahlreichen Modellen und Schautafeln, welche Bau und Betrieb des Was-serbauwerkes hervorragend demonstrieren. Die alte Fischerstadt, die vielen schmalen Gas-sen, in denen unter der Woche reges Leben herrscht, der bunte Marktplatz, der mächtige Dom oder ein Spaziergang über die Mittelland-kanalbrücke – das sind nur eine kleine Auswahl von den Attributen, die Minden für seinen Besu-cher bereit hält.

Stadtinformation: Verkehrs- und Werbeamt, Großer Domhof 3, 32423 Minden; Telefon 0571/ 893 85 / 8 94 00; Liegeplätze siehe S. 103-104.

Nienburg

Die ersten Zeugnisse von Nienburg, der „neuen Burg", stammen aus dem Jahr 1025. 1215 von den Grafen von Hoya erworben, erhielt Nienburg 1235 die Stadtrechte verliehen.

Von der strategisch günstig angelegten Burganlage am Weserbogen zeugt heute der noch erhaltene Stockturm, ein Wohnturm aus dem 16. Jahrhundert. Drei von den zur Burg gehörenden Burgmannenhöfen sind erhalten geblieben: Der Fresenhof in der Leinstraße, der Posthof in der Georgstraße (heute Stadtbibliothek) und der von Hasbergsche Hof am Weserwall.

Das Stadtbild wird u. a. geprägt von der dreischiffigen Kirche St. Martin (1441) und dem Rathaus aus dem 16. Jahrhundert mit seinem Treppengiebel.

Sehenswerte Bürgerhäuser findet man bei einem Gang durch die Lange Straße: Haus Nr. 34 wurde 1549 errichtet, und gegenüber steht Nr. 41, ein 1547 gebautes Fachwerkhaus mit einer sehenswerten Giebelfront.

Wer mehr über Nienburg erfahren möchte,

Der Stockturm, eines der Wahrzeichen von Nienburg, ist Rest der einstigen Wasserburg

lenke seine Schritte in die Leinstraße 4, zum Museum für die Grafschaften Hoya, Diepholz und Wölpe. Neben umfangreichen Sammlungen zur Heimatgeschichte wird dort ein Rauchhaus aus dem Jahr 1633 gezeigt.

Stadtinformation: Kulturamt, Lange Str. 18, 31582 Nienburg, Telefon: 05021/873 55; Liegeplätze siehe S. 117.

Verden

Hätte es Karl den Großen, das 782 stattgefundene Verdener Blutgericht und den Hofchronisten Einhardt nicht gegeben, würde Verden nur in heimatkundlichen Schulbüchern genannt. Über die Allerufer hinaus wäre die Stadt für alle anderen bundesdeutschen Schüler uninteressant. Aber dieses Strafgericht ist nun mal geschichtliche Wirklichkeit und bis vor 100 Jahren galt die Zahl der 4500 hingerichteten Sachsen als gottgegebene Tatsache. Dann kamen die Zweifler: Gegenüberstellungen von Gesamtzahl des Sachsenstammes zu der Zahl der Umgekommenen, Vergleiche der fränkischen Texte in bezug auf Schreib- oder Übertragungsfehler oder gar Studien über die Schreibweise der römischen Zahl 4500 – alles dies wurde unter die Lupe genommen. Der Theorien sind viele, und alle daran Beteiligten kommen, jeder auf seine Art, zu dem vernünftig klingenden Ergebnis, daß die Zahl der Bestraften – falls es in den Urkunden nicht zu einer Wortverwechslung zwischen Hinrichten und Umsiedeln gekommen ist – näher bei 45 liegt.

Bekannt ist für das Jahr 786 die Gründung eines Klosters durch die Mönche der in Amorbach (Odenwald) gelegenen Benediktinerabtei. Zweck dieser Einrichtung war die Christianisierung des Ostens. Vermutlich trafen die Missionare auf eine schon weitaus länger am Ufer der Aller bestehende Fischersiedlung. Mit der Einrichtung der Klosteranlage entstand im Laufe der nächsten Jahrhunderte ein Kuriosum, unabhängig voneinander entwickelten sich zwei direkt nebeneinandergelegene Ansiedlungen zu selbständigen mittelalterlichen Städten.

Mit dem Dombau im Stiftsbezirk des Siedlungsbezirks Süderende hatten die Gottesdiener wahrlich kein Glück. Der erste um 850 erbaute Dom wurde vor 950 ein Raub der Flammen, 950 entstand das zweite Bauwerk. Zu Beginn des 11. Jahrhunderts ging auch dieses im Feuer unter. Ihm folgte ein drittes, welches bis zum Ende des 12. Jahrhunderts existierte. Ein weiteres Gotteshaus und ein Benediktinerkloster wurden 1268 durch eine Feuersbrunst zu Asche. 1290 legten die Kirchenfürsten den Grundstein zu dem noch heute existierenden Bauwerk.

Unter Bischof Erpo entwickelte die Norderstadt ihre eigenen Aktivitäten. Dort, an dem alten Handelsweg Nienburg-Bremen, saßen im Schutze einer im 10. Jahrhundert aufgerichteten Burg die Kaufleute. Kaiser Otto III. verlieh 985 dem Bischof das Bannrecht sowie das Markt-, Münz- und Zollwesen. 1192 erhält die Norderstadt das Stadtrecht, und unter Bischof Yso entsteht 1210 die Umwallung der Norderstadt. Yso muß ein förderlicher Bauherr gewesen sein. An Stelle einer früheren Vorgängerin läßt er 1220 für seine Kanoniker in Süderende, gleich neben dem Dom, die St. Andreaskirche bauen. Auch überspannt – auf Geheiß des Bischofs errichtet – die erste Brücke den Allerfluß. Den Brückenzoll dürfen die Kanoniker von St. Andreas kassieren.

Verden: Im Bild links oben mündet die Aller in die Weser

Damit die Kaufleute aus der Norderstadt nicht zu weit zum Gottesdienst laufen müssen, erhalten sie die um 1200 begonnene und 1292 erstmals urkundlich erwähnte St. Johanniskirche von Yso als Stadtkirche zugewiesen. 1330 ziehen die Norderstädter in ihr neues Rathaus ein. Das Süderende wird 1371 ebenfalls mit einer Mauer umgeben. Zwischen 1521 und 1523 erscheint Verden (Norderstadt) in der Liste der Freien Reichsstädte. Der zwei Jahre dauernde Höhenflug der Stadtväter endet in einer Pleite: Sie können die Beiträge nicht aufbringen, und die Schulden aus dieser Zeit sind nie bezahlt worden.

Die Stadtannalen berichten für das Jahr 1602 erstmalig über die Störtebecker-Spende. Elf Jahre später, am 17. März 1613, erging die älteste bekannte Ankündigung zu diesem nicht erklärbaren Vorgang:

„Zuwißen, daß ein Erbar Raht dero Stadt Verden, Morgen Montagk vmb 8 Uhren Altem herkommen zufolge, Abermahl die Spende vndt Allmosen Außtheilen laßen wolle, Derowegen wirdt sich ein jeder, wehr deroselben bedürfftig ist, vmb die Zeit sich dahin zuuerfügen, vnd mit danckehmigen gemuthe dieselbige aufzunehmen wissen."

Mannigfache Geschichten und historische Untersuchungen haben die Störtebecker-Spende zur Basis. Aber in keiner wird eine einleuchtende Erklärung abgegeben. Der Seeräuber soll einerseits in Verden geboren sein (Streitpunkt von mindestens 20 Orten und Ländern), andererseits soll er bei Verden einige Besitztümer sein eigen genannt haben, und darüber hinaus galt er als Stifter von sieben Fenstern für den Verdener Dom. Eines ist jedenfalls sicher: Nach dem 20. Oktober 1401 (das Datum ist nicht exakt feststellbar) beförderte auf dem Hamburger Graasbrook Meister Rosenfeld mit dem Richtschwert 73 Personen ins Jenseits. Der Abdecker, der 73 kopflose Seeräuber weg-

räumen mußte, erhielt als Entlohnung aus der Kämmereikasse „3 Pfund lübisch". Und Chef dieser „personas vitaliensis" war Klaus Störtebecker.

Im Oktober 1625 besetzten die Dänen die Stadt. Feldherr Tilly folgte am 23. September 1626 als nächster und vertrieb die Dänen. Dann wechselte die Stadt oftmals die Besatzungen: Kaiserliche Truppen, als Vertreter der katholischen Partei, schwedische Truppen als Vertreter der lutherischen Partei. Wenn zu dieser Zeit an irgendeinem Tage die Verdener Bürger aus den Federn stiegen, wußten sie nicht, ob sie nun protestantisch oder katholisch waren. 1643 übernahmen die Schweden das Bistum Verden als Kriegsentschädigung.

Christina, Königin von Schweden, verlieh dem Süderende 1651 die Stadtrechte. Somit lagen zwei selbständige Städte, getrennt durch eine Mauer, nebeneinander. Selbst die Schweden erkannten im Laufe der Jahre, daß dieses seltsame Gebilde keinen Nutzen brachte. Unter dem Datum vom 19. Juli 1667 kam die königliche Order zur Stadtvereinigung. Noch bis 1712

Die Aller in Verden

bestand die schwedische Verwaltung, dann übernahmen die Dänen für zwei Jahre das Regiment. König Georg I. von England kaufte am 17. Juli 1715 für 6 Tonnen Gold das Territorium. Damit kam Verden zu Hannover.

Einige Jahre später mußten die Verdener feststellen, daß ihr Rathaus in den rund 400 Jahren seiner Existenz größere Zerfallserscheinungen einige Veränderungen auf sich nehmen mußte, abgeschlossen. Zwischen 1780 und 1790 verschwanden die Stadttore und Mauern. 1805 marschierten die Truppen Napoleons in Verden ein. Nach ihrem Abzug 1813 hinterließen sie einen Schuldenberg von 302 895 Talern.

Die alten noch bestehenden Stadtwälle fielen 1841; 1847 entstand der Bahnhof. Die erste Zigarrenfabrik ließ 1849 ihre Produktion anlaufen und bis 1857 hatte sie 13 Konkurrenten bekommen. 1864 nahm die Meyersche Dampfmühle ihren Betrieb auf.

Der nach Verden alleraufwärts steuernde Wassertourist findet beim Verdener Motorboot-Verein eine Möglichkeit, Fahrräder auszuleihen; denn der Weg in die heute 25 000 Einwohner zählende alte Stadt ist zu Fuß etwas beschwerlich. Sehenswertes und Geschäfte liegen dicht beieinander. Ein Bummel entlang des Allerufers führt zu dem in der Strukturstraße stehenden ältesten Fachwerkhaus von 1577. Vorbei am Pferdemuseum kommt man zu dem von mächtigen Bäumen umrahmten und an einer idyllischen Straße mit kleinen Häusern gelegenen Dom. Wenige Schritte weiter und das Einkaufsviertel, mit vielen kleinen Läden, mit allem ausgestattet, was der Mensch so braucht, ist erreicht. Stadtinformation: Tourist-Information, Ostertorstraße 7 a, 27283 Verden; Telefon 04231/1 23 17.

Celle

Eine Urkunde, geschrieben um 990, erwähnte eine an einer Allerfurt gelegene Siedlung mit dem Namen Kellu. Herzog Otto I. von Braunschweig, Burgherr zu Altencelle, verlieh ihr die Stadtrechte. Damit die Schiffahrt den Stapel- und Zollort Celle besser anlaufen konnte, baute Herzog Otto der Strenge eine wenige Kilometer allerunterhalb gelegene neue Burg sowie einen Hafen und verschenkte zum Aufbau einer neuen Stadt an seine Untertanen Baugrund, Viehweiden und Ackerland.

Im Schutze der Burg und unter verständnisvollen Fürsten wuchs Celle zu einer wichtigen Handelsstation zwischen Braunschweig und Bremen. 1308 öffnete die Stadtkirche ihre Pforten zum Gottesdienst. Nachdem die Braunschweig-Lüneburgischen Fürsten ihren Stammsitz in Lüneburg aufgeben mußten, wählten sie 1378 Celle zu ihrer Residenz.

1526/27 führte Herzog Ernst der Bekenner die Reformation in seinem Fürstentum ein. Der Herzog war nicht nur ein bekennender, sondern auch ein tatkräftiger Mann. Zu seinem baulichen Erbe gehören die Vollendung der Altstadt in der noch jetzt sichtbaren Form sowie der Umbau der Burg zum Schloß. Die überreich ausgestattete Schloßkapelle wurde 1570 fertig. Ihr folgte wenig später, 1579, das Rathaus (dessen derzeitige Außenbemalung 1986 die Gemüter der Celler in Wallung brachte). Vom 16. bis 17. Jahrhundert entstanden die schmucken Häuser der Altstadt – über 500 an der Zahl.

In der zweiten Hälfte des 17. Jahrhunderts blühte Celle auf: Herzog Georg Wilhelm und seine aus Frankreich gebürtige Frau Eleonore d'Olbreuse holten italienische Baumeister in die Stadt und nahmen mannigfache hugenottische Emigranten in ihren Mitarbeiter- und Beraterstab auf. Der Fürst, ein Kind des Barock, ließ das Schloß zu der Form umbauen, in der es noch heute zu bewundern ist. Der französische Garten entstand im Auftrage der Herzogin, und im Schloß nahm 1674 das fürstliche Theater seine Darbietungen auf.

Übrigens: Dies ist das älteste noch in Betrieb befindliche und ununterbrochen bespielte Theater Deutschlands.

Das Fürstenhaus besaß enge Verbindungen zu den europäischen Königshäusern. Sophie Dorothea, die einzige Tochter Georg Wilhelms und Eleonores, wurde 1682 mit Georg Ludwig von Hannover, der als Georg I., König von England, in die Geschichte einging, verheiratet. Eine Liebesaffäre mit dem Grafen von Königsmarck endete für die adelige Dame mit einer lebenslangen Verbannung auf das an der unteren Aller gelegene Schloß Ahlden. Ihr Sohn Georg II. folgte dem Vater auf den englischen Thron, während ihre Tochter Sophie Dorothea den Preußenkönig König Friedrich I. heiratete und somit die Großmutter Friedrichs II. wurde.

Georg Wilhelm legte sich 1705 zur ewigen Ruhe nieder. Seine Nachfolger verlegten die Residenz von Celle nach Hannover. Die Bürger waren mit der Entwicklung nicht ganz zufrieden, denn durch die Verlagerung des Hofes ging es mit der Wirtschaft bergab.

Ob die Einrichtungen des Oberappellationsgerichtes (1711), des Zucht- und Irrenhauses (1732) (dem am 16. Juli 1978 bundesrepublikanische Verfassungsschützer zur Erheiterung der ganzen Nation ein Löchlein in die Mauer sprengten, um vorzutäuschen, daß die in der Anstalt einsitzenden Terroristen weitere Unternehmungen planten) oder des 1735 eingerichteten Landgestüts die wirtschaftlichen Verluste wieder wett machen konnten, bleibt dahingestellt.

1772 erschütterte eine Affäre das dänische Königshaus. Caroline Mathilde, Schwester von König Georg III. von England und Gemahlin des geisteskranken Königs Christian VII. von Dänemark, hatte eine Liebelei mit dem vom königlichen Leibarzt zum Minister aufgestiegenen Johann Friedrich, Graf von Struensee. Caroline verwies man des Landes. Während jedoch die junge Frau im Schloß Celle einzog und bei ihrer Ankunft von den Bewohnern jubelnd begrüßt wurde, leistete der Henker von Kopenhagen am 28. April des Jahres 1772 ganze Arbeit: Der Minister wurde geköpft.

Von 1803 bis 1813 hatten die Franzosen in Celle das Sagen. Die Stadt gehörte mit zum Königreich Westfalen und wurde 1810 Departementsitz. Als den hannoveranischen Fürsten 1866 ihr Besitz beim Krieg mit den Preußen verlustig ging, kam auch Celle unter die Oberhoheit Preußens.

Der Celler Hafen liegt ideal. Nach nur wenigen Schritten ist man im Mittelalter. Würden in den Fensterauslagen nicht Farbfernseher, Bügeleisen, elektrisches Werkzeug oder Stoffe mit modischen Dessins liegen, bestünde wirklich der Eindruck, die Zeit sei stehengeblieben. Wie ideal die Kombination von Altem und Neuem sein kann, demonstriert die ehemalige Herzogsstadt jeden Tag aufs neue.

Stadtinformation: Verkehrsverein, Markt 6, 29221 Celle; Telefon 05141/1 24 52; Liegeplätze siehe S. 175.

Worpswede

Die Lesum und Hamme zu Berg, liegt vor der Klappbrücke ein Ausflugslokal mit dem für diese Region etwas ungewöhnlichen Namen „Neu-Helgoland". Von dort geht es über eine endlose Landstraße nach Worpswede, der ältesten, schon 1218 erwähnten Ansiedlung in der weiten Geest- und Moorlandschaft. Fast 500 Jahre mußten ins Land gehen, bis in dieser schwermütigen und unbebaubaren Region weitere Wohnstätten entstanden.

1751 – unter der Anweisung Hannoverscher Fürsten – begannen die ersten Kultivierungsarbeiten. Ein königlicher Moorkommissar, Jürgen Christian Findorff, später als „Moorvater" regional berühmt, entwickelte Systeme zur Moorentwässerung. Schmale und breite Kanäle durchzogen nunmehr das Land. Der Torfabbau begann. Flachgehende Kähne einfacher Bauart, die gesegelt und gestakt wurden, besorgten den Torf- und Frachtverkehr zwischen Elbe und Weser. St. Jürgen meldete für das Jahr 1875 die Durchfahrt von 18 000 Kähnen.

Wenn auch in der Frühzeit der spärlichen Moorbesiedlung Menschen zur Strafe den Gang ins Moor antreten mußten oder Tiere zu der Götter Ehren in den dunklen Tiefen geopfert wurden, so hat der Name „Teufelsmoor" mit dem Höllenfürsten gar nichts gemein. Unfruchtbar war das Land. Als taub oder niederdeutsch „duv" bezeichneten die Anwohner diesen Zustand. Diese sachliche Bezeichnung veränderte sich im Laufe der Zeit zu der noch nicht ganz so alten Benennung Teufelsmoor.

Das ist eigentlich alles, was über diesen besonderen Teil Niedersachsens zu berichten wäre, wenn nicht vor rund 100 Jahren im fernen Düsseldorf ein Kunst-Akademieschüler die Bekanntschaft der Ortsvorsteherstochter aus Worpswede gemacht hätte. Ob nun die junge Dame so bildhaft von ihrer Heimat zu erzählen wußte, oder eventuell andere Dinge den jungen Künstler beeindruckten, sei dahingestellt, jedenfalls verlebte er 1884 in Worpswede seine Semesterferien. 1886 und 1887 weilte er wiederum dort. Als am 3. Juli 1889 zwei junge Herren dem Pferdebus aus Bremen entstiegen, war der Grundstein zu einer Künstlerkolonie und späteren Kultstätte für Pseudo-Kunstkenner gelegt. Fritz Mackensen, der Entdecker, und Otto Modersohn, ein zweiter Moor-Begeisterter, waren die Fahrgäste des Pferdebusses. Ihnen folgten weitere, von der Urtümlichkeit und dem besonderen Reiz der Landschaft beeindruckte Künstler der malenden Zunft: Hans am Ende, Fritz Overbeck, Carl Vinnen, Paula Becker – die 1901 Otto Modersohn heiratete und unter dem Namen Modersohn-Becker in die Kunstgeschichte einging – sowie der „Motor" nach

Mackensen: Heinrich Vogeler. Die „Künstlervereinigung Worpswede" war in Insider-Kreisen schnell ein Begriff.

Seelenverwandte Schriftsteller kamen oft zu Besuch oder ließen sich dort zeitweise nieder, unter anderem Manfred Hausmann, Carl Hauptmann (Bruder von Gerhart Hauptmann), Walter von Hollander und Rainer Maria Rilke. Der alte Moorort ist in der Fülle der „Kunst" untergegangen. Dafür kommen jetzt auf ca. 10 000 Einwohner 12 Kunstgalerien, 6 Museen, 4 kunstgewerbliche Werkstätten, 37 zeitgenössische Maler sowie diverse Schriftsteller, Musiker und Komponisten.

Ortsinformation: Fremdenverkehrs-Gesellschaft mbH, Bergstraße 13, 27726 Worpswede; Telefon 04792/95 01 21; beschränkter Liegeplatz „Neu-Helgoland".

Bremen

Der Ursprung der Stadt Bremen beginnt eigentlich in Worms am Rhein. Dort nämlich ernannte Karl der Große 787 den Mönch Willehad zum Bischof, um ihn dann als Missionar in den hohen Norden zu schicken. Willehad, kaum an der Unterweser angekommen, beginnt mit reger baulicher Tätigkeit, und es entstehen der erste Dom und zahlreiche Wohnhäuser. Drei Jahre später sinken die Holzbauten zu einem Aschehaufen zusammen.

Willehads Nachfolger Willerich, nach dem Brandunglück vorsichtig geworden, gibt Anweisungen zum Bau einer neuen Kirche aus Stein. 860 berichtet Bischof Ansgar von der Weihe eines Kirchenbauwerkes. Wie Archäologen herausfanden, muß es wiederum ein Neubau gewesen sein. 1041 zerstört abermals ein Brand das Gotteshaus. Unter Erzbischof Bezelin entsteht 1042 die Basis des heutigen Domes. Zwei weitere Erzbischöfe betrieben den Weiterbau: Adalbert von Bremen und Liemar.

Bremen, im Bild links die Martinkirche

Bremische Historiker legen das Jahr der Stadtgründung auf 965. In einem Vertrag mit der Bürgerschaft überträgt 1233 Erzbischof Gerhard II., Graf von der Lippe, den Bürgern einige Privilegien. 1244 wird der Fährmann, welcher den städtischen Übersetzverkehr versah, brotlos. Eine Brücke überspannt nunmehr den Fluß. 1303 gelingt den Stadtvätern Bremens die Loslösung von der kirchlichen Oberhoheit. Der Aufstieg der Stadt begann und sollte erst durch den 30jährigen Krieg teilweise unterbrochen werden.

Der Beitritt Bremens in die Hanse erfolgte im Jahre 1358. 47 weitere Jahre gingen ins Land, bis mit dem Bau des Rathauses begonnen werden konnte. Meister Johannes war der Schöpfer, und unter seiner Bauleitung konnte er 1410 der Bremer Bürgerschaft den Schlüssel zu einem der schönsten Rathäuser Norddeutschlands übergeben. Unter dem mächtigen Bauwerk liegt des „Rates Weinkeller" (1408), ein sehens- und besuchenswertes Etablissement. In dem ältesten noch in Betrieb befindlichen Ratskeller mit

Weinausschank stehen in Originalfässern Rheinweine aus dem 17. und 18. Jahrhundert. Aus der umfangreichsten Weinkarte Deutschlands kann der Besucher den ihm genehmen köstlichen Rebensaft auswählen und bestellen.

Sehenswert sind auch die Modelle der vier Orlogschiffe in der „Oberen Halle" des Rathauses. Das älteste stammt aus der Zeit um 1545, die „Johann Schwarting" ist von 1650 (die kleinen Kanonen dieses Modells sind schußfähig und früher auch für Salutsalven genutzt worden), während die beiden anderen im 18. Jahrhundert angefertigt wurden.

Zeitgleich mit dem Rathaus entstand auf dem Marktplatz der mächtige Roland (1404), nachdem Erzbischof Albrecht II. einen hölzernen Vorgänger am 29. Mai 1366 hat verbrennen lassen.

„vryheit do ik yu openbar
de karl und menich vorst vorwar
desser stede ghegheuen hat
des danket gode is my radt"

Dieser Spruch umrahmt den mit dem kaiserlichen Adler geschmückten Schild. Auch andere Details des Standbildes wie Haarschnitt, Gürtelschnalle, Handschuhe und Schwert bekunden symbolhaft Freiheit und Rechte von Stadt und Bürgern.

Obwohl Bremen einflußreiches Hansemitglied war, muß das Verhältnis zu Lübeck recht zwiespältig gewesen sein. Zweimal kam zum Leidwesen der Bremer Kaufmannschaft von der Ostsee der Beschluß zum Ausschluß (1427 und 1563). Andererseits tagte die Hanse sechsmal an der Weser. 1537–1539 errichtete die Kaufmannschaft direkt am Markt ihr stolzes Gildenhaus „Schütting". Einige Jahre früher (1512) war das älteste Haus im Schnoorviertel gebaut worden (Schnoor Nr. 15). Weitere Häuschen entstanden im Laufe der Zeit, und heute ist dieser urige Stadtteil – selbst der letzte Krieg fügte ihm wenig Schaden zu – der besterhaltene von Bremen.

Die Reformation brachte Wirren und Auseinandersetzungen. Die Bürger, dem Gedanken Luthers offen gegenüberstehend, mußten Erzbischof Cristoph von Braunschweig, Verfechter des katholischen Glaubens, Paroli bieten. Der Erzbischof hatte hinreichende Unterstützung vom kaiserlichen Hof. Die Truppen Kaiser Karls V. erhielten 1547 bei Drakenburg durch ein protestantisches Heer eine empfindliche, die Religionspolitik in Norddeutschland klärende Niederlage. Die Ereignisse führten letztlich zu einem Norddeutschen Bund der evangelischen Stände.

Die seit 1644 in Münster für eine Beendigung des 30jährigen Krieges tagende Waffenstillstandskommission beförderte Bremen 1646 zu einer „Freien Reichsstadt". Obwohl der abschließende Friede von 1648 eine gewisse Klärung der Territorialverhältnisse brachte, mußten die Bürger, welche niemals die Nöte des 30 Jahre dauernden Marodierens kennenlernten, ihre

Stadt 1654 und 1666 gegen die an der Unterweser sitzenden Schweden verteidigen. Der nach den Kampfhandlungen von 1654 geschlossene Vergleich (1. Stader Vergleich) sicherte zwar die Stadt und ihre Rechte, die außerstädtischen Besitzungen aber übernahmen die Schweden. Hannover annektierte 1720 die vormaligen schwedischen, zeitweise auch dänischen Gebiete. Aber auch diese Nachbarn gaben Bremen keine Ruhe. In einem „2. Stader Vergleich" von 1741 nahmen die Hannoveraner der Freien Reichsstadt weitere, direkt an die Stadt angrenzende Areale ab. In weiteren Auseinandersetzungen mußte Bremen zwar keine Land-Zugeständnisse machen, aber seine Tore den verschiedensten europäischen Truppen öffnen. Das letzte Mal war dies 1810, als Napoleon I. Norddeutschland unter seine Fittiche nahm.

Die Zeit der Freien Reichsstadt war zu Ende. Erst nach drei Jahren französischer Besatzung konnten die Bremer Ratsherren wieder über ihre Stadt verfügen. Mitglied des Deutschen Bundes wurde sie 1815 und des Norddeutschen Bundes 1866. Als eines der letzten deutschen Territorien fand sie 1888 den Zugang zum Deutschen Zollgebiet.

Mit dem wirtschaftlichen Aufstieg des Deutschen Handels und der Industrie im 19. Jahrhundert wuchs auch die Wirtschaftskraft Bremens. Reedereien, u.a. der „Norddeutsche Lloyd", richteten ihre Verwaltungen in Bremen ein. Weltberühmte Werften (Bremer Vulkan, AG-Weser) wählten die Stadt an der Weser zum Standort, die Baumwoll- und Tabakbörse öffneten ihre Tore, zahlreiche Industrien entwickelten sich zu weltweiten Unternehmungen, und noch heute ist Bremen internationale Kaffeestadt.

Der bremische Kaffeekaufmann und Erfinder Ludwig Roselius war es, der zwischen 1924 und 1931 die Böttcherstraße – 1317 als Hellinchstrate erstmals erwähnt – zu einer Einkaufs- und Museumsstraße gestalten und umbauen ließ. Viel

Raffinesse mußte Roselius aufbringen, um die für diese Zeit architektonisch einmalige Gestaltungsform gegen die Nazis zu verteidigen. Das Ergebnis seines klugen Taktierens: Die Böttcherstraße sollte als „Denkmal des Kulturbolschewismus" für spätere Generationen erhalten bleiben.

Fast 51% von Bremen, inclusive Kulturgüter, Industrieanlagen, Werften, Büros und Wohnhäuser, gingen im letzten Krieg unter.

Am 27. April 1945 zogen die Engländer als Besatzer in die Stadt ein. Unter dem Datum vom 1. 1. 1947 kam Bremen als Enklave zu dem weit im Süden liegenden amerikanischen Sektor. Der Hafen war zur Zentralversorgungsbasis der Amerikaner aufgestiegen.

Stadtinformation: Verkehrsverein, Bahnhofsplatz 4, 28195 Bremen; Telefon 0421/30 80 00; Liegeplätze siehe S. 133-143.

Oldenburg

Spuren verweisen auf eine Siedlung im 8. Jahrhundert, die 1108 als Aldenburg erstmals erwähnt wird. Im 13. Jahrhundert wird die erste Stadtmauer errichtet, die Siedlung und die nun entstandene Burganlage wachsen an den Flußläufen von Hunte und Haaren zusammen. Als Wahrzeichen aus dem Mittelalter ist der 1468 gebaute Turm des Heiliggeisthospitals, der Lappan, erhalten geblieben.

1607 bis 1620 wurde im Stil der Renaissance eine Wasserburg erbaut, die man im 18. und 19. Jahrhundert erweiterte.

Von 1785 bis 1918, als Residenz des Hauses Holstein-Gottorp, entstanden in Oldenburg bekannte Bauten: Die Wache im klassizistischen Stil, das Schloßtheater, das Prinzenpalais, die Anlage des Peter-Friedrich-Ludwig-Hospitals und die Lamberti-Kirche.

Die Kiesgrube in Dreye erhielt einen Durchstich zur Weser und dient als Yachthafen Wieltsee

Die etwas ruhig wirkende Stadt erhielt 1935 durch die Eröffnung des Küstenkanals einen bedeutenden Anschluß an Industrie und Handel. Neben vielen Landesbehörden und Ämtern ist die Stadt heute Sitz einer jungen, aufstrebenden Universität.

Stadtinformation: Verkehrsverein Oldenburg, Wallstr. 14, 26122 Oldenburg; Telefon 04 41 / 1 57 44.

Bremerhaven

Johann Jacob von Ronzelen, niederländischer Wasserbauingenieur, erhielt von Bremens Bürgermeister Johann Smidt 1827 den Auftrag, an der Geestemündung eine Stadt und einen Hafen zu planen und das Projekt in die Tat umzusetzen. Vor jeder Hafenerweiterung lagen zähe Verhandlungen mit der Regierung in Hannover als Eigentümerin der um Bremerhaven liegenden Ländereien. Der letzte Versuch des Königreichs Hannover, das aufstrebende Bremerhaven zu stoppen, indem man 1845 bei Geestemünde die Geestemünder Häfen und den Fischereihafen einrichtete, mißlang. 1866 übernahmen die Preußen die Anlagen.

1924 veranlaßte die Preußische Verwaltung den Zusammenschluß der Dörfer Lehe und Geestemünde. Dieses Gebilde erhielt den Namen Wesermünde, zu dem ab 1939 auch Bremerhaven gehörte. 1945 – Preußen verschwand von der Landkarte – kam die nunmehr amtlich in Bremerhaven umgetaufte selbständige Hafenstadt zum Bundesland Bremen.

Alles was mit Seefahrt zu tun hat, das See- und Strandamt, Seefahrts- und Seemaschinistenschule, das Institut für Meeresforschung oder Reedereien, Hochseefischereibetriebe, Werften usw., all dies ist in Bremerhaven auf einen Punkt konzentriert. Das weit über die Grenzen der Bundesrepublik hinaus bekannte Deutsche Schiffahrtsmuseum, das Morgenstern-Museum sowie das Nordseeaquarium sind besuchenswerte Einrichtungen.

Stadtinformation: Tourismus-Förderungsgesellschaft Bremerhaven, Van-Ronzelen-Straße 2, 27568 Bremerhaven; Telefon 04 71 / 9 46 46 40; Liegeplätze siehe S. 155.

Der Museumshafen in Oldenburg

Allgemeine Vorschriften

Gesetzliche Bestimmungen

Die Schiffahrt auf den in diesem Buch beschriebenen Wasserwegen wird von drei teilweise unterschiedlichen Verordnungen geregelt. Eine komplette Wiedergabe der gesetzlichen Verordnungen ist wegen des Gesamtumfanges nicht möglich. Im folgenden sind nur einige, für die Sportschiffahrt wichtige Regelungen herausgearbeitet worden. Revierfremde Sportskipper sollten sich vor Antritt der Fahrt eingehend informieren.

Verkehrsvorschriften
● Die Schiffahrt auf der Weser von Münden – mit Kleiner Weser in Bremen – bis zur Eisenbahnbrücke in Bremen und auf der Aller von Celle bis zur Einmündung in die Weser, wird von der „Binnenschiffahrtsstraßen-Ordnung" sowie den dazu erlassenen Bekanntmachungen und Einzelanordnungen geregelt.
● Die Schiffahrt auf der Unterweser ab Eisenbahnbrücke Bremen bis zur Einmündung in die Nordsee, auf der Lesum und Wümme wird von der „Seeschiffahrtsstraßen-Ordnung" sowie den dazu erlassenen Bekanntmachungen und Einzelanordnungen geregelt.
Die Schiffahrt auf der Hamme zwischen Zusammenfluß Kollbeck und Giehler Bach bis zur Einmündung in die Wümme wird von der „Verordnung der Bezirksregierung Lüneburg über die Schiffahrt auf der Hamme" vom 1. April 1981 geregelt.

Bootsführerscheine
Im Geltungsbereich der Binnenschiffahrtsstraßen-Ordnung ist zum Führen eines Sportbootes mit einer Antriebsmaschine von mehr als 3,68 kW (5 PS) und einer Wasserverdrängung von weniger als 15 Kubikmeter der Sportbootführerschein Binnen verbindlich vorgeschrieben.
Der Sportbootführerschein See wird im Geltungsbereich der Binnenschiffahrtsstraßen-Ordnung dann anerkannt, wenn er vor dem 1. April 1978 ausgestellt wurde.
Zum Führen von Sportbooten mit mehr als 15 und weniger als 60 Kubikmeter Wasserverdrängung ist auf den Binnenschiffahrtsstraßen das Sportschifferzeugnis oder das Sportschifferpatent für den Rhein mit dem Nachweis über die entsprechende Streckenkunde (Streckenzeugnis) verbindlich vorgeschrieben.
Im Geltungsbereich der Seeschiffahrtsstraßen-Ordnung ist zum Führen eines Sportbootes mit Antriebsmachine von mehr als 3,68 kW (5 PS) der Sportbootführerschein See verbindlich vorgeschrieben.
Auf der Hamme besteht keine Führerscheinpflicht.

Kennzeichnung
Im Geltungsbereich der Binnenschiffahrtsstraßen-Ordnung müssen Kleinfahrzeuge (bis 20 m Länge) mit einer Antriebsmaschine von mehr als 2,21 kW (3 PS) und (ab 1. Mai 1997) alle Wasserfahrzeuge über 5,50 m Länge, die nur unter Segel fortbewegt werden können, ein amtliches oder amtlich anerkanntes Kennzeichen führen (Kleinfahrzeug-Kennzeichnungsverordnung-Binnen).
Nach bisherigen Vorschriften zugeteilte oder zugelassene Kennzeichen gelten bis zum Ablauf ihrer Gültigkeit, längstens jedoch bis zum 30. April 1998. Amtliche Kennzeichen werden von allen deutschen Wasser- und Schiffahrtsämtern ausgegeben.

Als amtliche Kennzeichen gelten auch:
– bei einem im Binnenschiffahrtsregister eingetragenen Kleinfahrzeug seine im Schiffsbrief ausgewiesene Schiffsregisternummer gefolgt vom Kennbuchstaben „B", wenn es seinen Schiffsnamen und Heimat- oder Registerort führt.
– bei einem im Seeschiffsregister eingetragenen Kleinfahrzeug seine Seeschiffsregisternummer mit Schiffsnamen und Heimatort oder sein Funkrufzeichen oder seine IMO-Nummer.
– die Nummer des vom Bundesamt für Seeschiffahrt und Hydrographie (BSH) ausgestellten Flaggenzertifikates gefolgt von Kennbuchstaben „F".
Anstelle der amtlichen Kennzeichen können auch amtlich anerkannte Kennzeichen geführt werden. Das amtlich anerkannte Kennzeichen besteht aus der Nummer des Internationalen Bootsscheins für Wassersportfahrzeuge gefolgt vom Kennbuchstaben der zuteilenden Organisation. Dabei erhält der Deutsche Motoryachtverband (DMYV) den Kennbuchstaben „M", der Deutsche Seglerverband (DSV) den Kennbuchstaben „S" und der Allgemeine Deutsche Automobilclub (ADAC) den Kennbuchstaben „A".

Sportschiffahrt auf Ober- und Mittelweser sowie Aller

Zur sicheren Führung muß das Boot unter der Leitung eines dazu befähigten Skippers stehen. Sämtliche an Bord befindlichen Personen haben die Anordnungen zu befolgen, die dieser ihnen im Interesse der Schiffssicherheit und der Ordnung an Bord erteilt.
Sportboote müssen so gebaut, ausgerüstet und mit Hilfskräften besetzt sein, daß die Sicherheit der an Bord befindlichen Personen und die der Schiffahrt gewährleistet ist. Jeder Skipper hat die Anweisungen zu befolgen, welche ihm von den Bediensteten der zuständigen Behörden für die Sicherheit der Schiffahrt erteilt werden.

Der Skipper hat alle Maßnahmen zu treffen, um Beschädigungen anderer Fahrzeuge, Schwimmkörper, Ufer, Strombauwerke, Anlagen jeder Art in der Wasserstraße oder an ihren Ufern, Behinderungen der Schiffahrt sowie die Gefährdung von Menschenleben zu vermeiden.
Jedes Sportfahrzeug sollte so ausgerüstet sein, daß bei Gefahr von Menschenleben alle verfügbaren technischen Hilfsmittel zur Verfügung stehen und darüber hinaus eine Erste Hilfe gewährleistet ist – siehe Merkblätter der Kreuzer-Abteilung des Deutschen Segler-Verbandes „Sicherheitsausrüstung auf Sportfahrzeugen" und „Erste Hilfe an Bord".
Kommen bei einem Unfall eines Schiffes Menschen in Gefahr oder droht durch den Unfall eine Sperrung des Fahrwassers, sind die mit ihren Booten in der Nähe befindlichen Skipper verpflichtet, unverzüglich Hilfe zu leisten, insoweit dies mit der Sicherheit ihrer eigenen Boote vereinbar ist.
Sportfahrzeuge müssen allen übrigen Großfahrzeugen den für deren Kurs und zum Manövrieren notwendigen Raum lassen und können nicht verlangen, daß diese ihnen Platz machen. Maschinenbetriebene Sportfahrzeuge haben allen anderen Sportfahrzeugen auszuweichen und bei diesem Manöver ihren Kurs frühzeitig nach Steuerbord zu richten. Falls diese Regel aus nautischen Gründen nicht einzuhalten ist, besteht die Verpflichtung, unmißverständlich durch geeignete Manöver anzuzeigen, welcher Kurs eingeschlagen wird. Dieses Manöver kann durch entsprechende Schallzeichen oder durch Kontaktaufnahme über Schiffsfunkstellen unterstützt werden.

Lichterführung

Zwischen den Vorschriften zur Lichterführung auf Binnenschiffahrtsstraßen und denen im Bereich der Seeschiffahrtsstraßen-Ordnung bestehen einige Unterschiede. Detaillierte

Angaben sind den entsprechenden Verordnungen zu entnehmen.

Begegnen und Überholen

Das Begegnen und Überholen ist nur gestattet, wenn das Fahrwasser unter Berücksichtigung aller örtlichen Umstände und des übrigen Verkehrs hinreichenden Raum für die Vorbeifahrt gewährt. Beim Begegnen oder Überholen dürfen Fahrzeuge, deren Kurse jede Gefahr eines Zusammenstoßes ausschließen, ihren Kurs oder ihre Geschwindigkeit nicht in einer Weise ändern, welche die Gefahr eines Zusammenstoßes herbeiführen kann. Beim Begegnen müssen die Bergfahrer unter Berücksichtigung der örtlichen Umstände und des übrigen Verkehrs den Talfahrern einen geeigneten Weg freilassen.

Steuerbord/Steuerbord-Begegnung

Fahrzeuge über 20,00 Meter Länge, die zu Berg fahren und den Talfahrer entgegen der üblichen Backbord/Backbord-Begegnung an Steuerbord passieren wollen, führen an ihrer Steuerbordseite bei Tag eine hellblaue Flagge oder Tafel, bei Nacht ein weißes helles Funkellicht oder bei Tag und Nacht eine hellblaue Tafel, gekoppelt mit einem weißen hellen Funkellicht. Kleinfahrzeuge brauchen, falls das Fahrwasser es zuläßt, die Anweisung des Bergfahrers nicht zu befolgen. Aus Sicherheitsgründen und um einen reibungslosen Ablauf des Schiffsverkehrs zu garantieren, sollte jedoch jeder Skipper eines talfahrenden Sportbootes ebenfalls der Weisung des Bergfahrers zur Steuerbord/Steuerbord-Begegnung folgen.

Fahrt durch Fahrwasserengen

Um nach Möglichkeit ein Begegnen auf Strecken oder an Stellen zu vermeiden, wo das Fahrwasser keinen hinreichenden Raum für die Vorbeifahrt gewährt – Fahrwasserenge genannt –, gilt: Alle Fahrzeuge haben die Fahrwasserenge in möglichst kurzer Zeit zu durchfahren. Überholmanöver sind verboten. Bei beschränkter Sicht müssen alle Fahrzeuge, bevor sie in den Abschnitt einlaufen, „einen langen Ton" abgeben. Bei längeren Strecken ist die Wiederholung des Schallzeichens empfehlenswert.

Fahrt bei unsichtigem Wetter

Bei unsichtigem Wetter müssen alle Fahrzeuge ihre Geschwindigkeit der verminderten Sicht, dem übrigen Verkehr und den örtlichen Gegebenheiten entsprechend herabsetzen. Bei größeren Sportfahrzeugen ist ein Ausguck auf dem Vorschiff aufzustellen. Dieser muß sich entweder in Sicht- oder in Hörweite des Schiffsführers befinden.

Skipper müssen anhalten, sobald die Weiterfahrt nicht nur für das Boot, sondern auch für andere Verkehrsteilnehmer zur Gefahr wird. Stellt der Skipper die Fahrt ein, hat er das Fahrwasser soweit wie möglich frei zu machen. Bei unsichtigem Wetter müssen fahrende Fahrzeuge, die mit einer Sprechfunkanlage ausgerüstet sind, den UKW-Kanal 10 auf Empfang geschaltet haben und unter Umständen anderen Fahrzeugen die für die Sicherheit der Schiffahrt notwendigen Meldungen übermitteln.

Schleusung und Schleusen

Unbeschadet anderer Bestimmungen der Binnenschiffahrtstraßenordnung haben die Skipper in den Schleusen und in deren Vorhäfen die Anordnungen zu befolgen, die ihnen von der Schleusenaufsicht für die Sicherheit und Leichtigkeit des Verkehrs oder zur Beschleunigung der Durchfahrt durch die Schleusen und zu ihrer vollen Ausnutzung erteilt werden.

Zum Schleusenbereich gehören außer der Schleusenanlage die Wasserflächen oberhalb und unterhalb der Schleuse bis zum Ende der Anlagen, die zum Festmachen von Fahrzeugen dienen. Im Schleusenbereich ist die

Fahrgeschwindigkeit auf ein Minimum herabzusetzen. Vor der Schleusung können Fahrzeuge an anderen auf Schleusung wartenden Fahrzeugen nur dann vorbeifahren, wenn sie ein Vorschleusungsrecht besitzen. Haltende Fahrzeuge dürfen die Einfahrt bzw. die Ausfahrt in oder aus den Schleusenkammern nicht behindern.

Die Anlegestellen von Fähren oder Fahrgastschiffen sind freizuhalten. Bei Annäherung an die Schleusen, insbesondere in den Schleusenvorhäfen, ist das Überholen ohne besondere Anordnung der Schleusenaufsicht verboten.

In den Schleusenkammern haben sich die Fahrzeuge, sofern an den Schleusenwänden Grenzen markiert sind, zwischen diesen zu halten. Die Fahrzeuge müssen während der Füllung und der Entleerung der Kammer befestigt sein, und die Befestigungsmittel sind derart zu bedienen, daß Stöße gegen die Schleusenwände und Schleusentore, Schutzvorrichtungen oder andere Fahrzeuge vermieden werden. Es sind nur schwimmfähige Fender erlaubt, insofern diese nicht fest mit dem Boot verbunden sind. Sportboote haben zu allen anderen Fahrzeugen einen größtmöglichen Abstand zu halten. Ab Beginn der Schleusung ist es verboten, den Maschinenantrieb zu benutzen, es sei denn, daß dies aus Sicherheitsgründen kurzfristig erforderlich ist.

Die Einfahrt in die Schleuse wird bei Tag und Nacht durch Sichtzeichen geregelt, die auf einer Seite oder auf beiden Seiten der Schleuse angebracht sind. Diese Zeichen haben folgende Bedeutung: zwei rote Lichter übereinander = keine Einfahrt, die Schiffahrt ist gesperrt (Schleuse außer Betrieb); zwei rote Lichter nebeneinander = keine Einfahrt (Schleuse geschlossen); das Erlöschen eines der beiden nebeneinander gezeigten Lichter = keine Einfahrt (Öffnung der Schleuse wird vorbereitet); zwei grüne Lichter nebeneinander = Einfahrt frei.

Die Ausfahrt aus der Schleuse wird bei Tag und Nacht durch folgende Sichtzeichen geregelt: ein rotes Licht = keine Ausfahrt; ein grünes Licht = Ausfahrt frei. An Stelle des roten Lichtes oder der roten Lichter kann eine rote Tafel mit einem waagerechten weißen Streifen, an Stelle des grünen Lichtes oder der grünen Lichter kann eine grüne Tafel mit einem weißen senkrechten Streifen gesetzt werden.

Geschleust wird in der Reihenfolge des Eintreffens. Von dieser Regelung sind Sportboote ausgeschlossen. Diese dürfen nur hinter den Berufsfahrzeugen in die Schleusenkammer einfahren. Die Schleusenaufsicht kann abweichende Anordnungen erteilen, um die Schleuse bestmöglich auszunutzen oder um aus Sicherheitsgründen Fahrzeuge mit gefährlichen Gütern einzeln zu schleusen. Fahrgastschiffe, die nach einem festen Fahrplan fahren, und Schiffe, die einen roten Wimpel führen, haben das Recht auf Vorschleusung.

UKW-Funk

Im Geltungsbereich der Binnenschiffahrtsstraßen-Ordnung müssen alle mit UKW-Sprechfunkgeräten ausgerüsteten Fahrzeuge auf Kanal 10 (Schiff-Schiff) ständig empfangsbereit sein. Die Weser-Schleusen sind auf folgenden UKW-Kanälen zu erreichen:

Schleusen Minden / Weser-Kilometer 204,43 + 206,20 / UKW-Kanal 22
Schleuse Hameln / Weser-Kilometer 134,75 / UKW-Kanal 20
Schleuse Petershagen / Schleusenkanal-Kilometer 6,96 / UKW-Kanal 20
Schleuse Schlüsselburg / Schleusenkanal-Kilometer 2,81 / UKW-Kanal 18
Schleuse Landesbergen / Schleusenkanal-Kilometer 1,52 / UKW-Kanal 22
Schleuse Drakenburg / Schleusenkanal-Kilometer 3,21 / UKW-Kanal 20

Schleuse Dörverden / Schleusenkanal-Kilometer 2,07 / UKW-Kanal 18

Schleuse Langwedel / Schleusenkanal-Kilometer 5,55 / UKW-Kanal 22

Bremer Weserschleuse / Weser-Kilometer 362,0 / UKW-Kanal 20

Hafenschleuse Brake / Weser-Kilometer 40,5 / UKW-Kanal 10

Für einen Anruf wird der Schiffsname als Rufzeichen verwendet. Die ortsfeste Funkstelle nennt als Rufnamen ihre geographische Bezeichnung.

Sondervorschriften für Weser und Aller im Bereich der Binnenschiffahrtsstraßen-Ordnung

Fahrrinnentiefen

Die Tauchtiefe auf der Weser von Münden bis oberhalb der Abzweigung zur südlichen Schleusengruppe zum Mittelland-Kanal bei Minden sowie die der Aller zwischen der Schleuse Hademstorf und der Eisenbahnbrücke in Verden richtet sich nach den jeweiligen Wasserständen. Ab Minden bis zur Bremer Weserschleuse wird eine Fahrrinnentiefe von 2,50 m vorgehalten, während unterhalb der Bremer Weserschleuse bis zur Eisenbahnbrücke Bremen (Ende der Binnenschiffahrtsstraße) eine Solltiefe von 3,00 m, im Schleusenkanal von 2,25 m – bezogen auf Kartennull – gegeben ist. Auf der Aller unterhalb der Eisenbahnbrücke Verden beträgt die Fahrrinnentiefe 2,20 m.

Fahrgeschwindigkeiten auf der Weser

Die Höchstgeschwindigkeit für Kleinfahrzeuge ist auf der Weser, mit Ausnahme einiger besonderer Streckenabschnitte, auf 35 km/h festgesetzt. In den Schleusenkanälen der Mittelweser dürfen Kleinfahrzeuge eine Höchstgeschwindigkeit von 12 km/h fahren. Für die unten aufgeführten Strecken liegt die maximale Geschwin-

digkeit in der Bergfahrt bei 12 km/h und in der Talfahrt bei 18 km/h.

Von Kilometer 0,00 bis 1,40 / Stadtgebiet Hann. Münden.

Von Kilometer 110,81 bis 111,73 / Stadtgebiet Bodenwerder.

Von Kilometer 130,40 bis 135,65 / Unterhalb des Ortes Ohr bis einschließlich Stadtgebiet Hameln.

Von Kilometer 202,50 bis 207,00 / Stadtgebiet Minden.

Auf der Mittelweser oberhalb und unterhalb der Wehrarme von den Abzweigungen bis zu den Einmündungen der Schleusenkanäle.

Von Kilometer 362,00 bis 368,12 / Unterhalb der Bremer Weserschleuse bis zur Eisenbahnbrücke in Bremen (Ende der Binnenschiffahrtsstraße). Ausgenommen von diesen Fahrbeschränkungen sind die Strecken, die für den Wasserskisport freigegeben und entsprechend gekennzeichnet sind.

Fahrgeschwindigkeiten auf der Aller

Die Höchstgeschwindigkeit für Kleinfahrzeuge ist auf der Aller mit Ausnahme einiger besonderer Streckenabschnitte auf eine maximale Geschwindigkeit in der Bergfahrt auf 12 km/h und in der Talfahrt auf 18 km/h festgesetzt.

Fahrgeschwindigkeiten auf Unterweser, Lesum und Wümme

Die Fahrgeschwindigkeit ist so einzurichten, daß das Fahrzeug jederzeit der Verkehrslage und der Beschaffenheit der Seeschiffahrtstraße genügt und nötigenfalls rechtzeitig gestoppt werden kann. Innerhalb von Strecken, deren Grenzen von der Strom- und Schiffahrtspolizeibehörde bekanntgemacht werden, darf die von ihr bekanntgemachte Höchstgeschwindigkeit durch das Wasser nicht überschritten werden. Vor Stellen mit erkennbarem Badebetrieb darf außerhalb des Fahrwassers in einem Abstand von weniger als 300 m von der jeweiligen Wasserlinie des Ufers eine Höchstgeschwindigkeit durch das Wasser von 8 km/h nicht überschritten werden.

Fahrzeuge haben ihre Geschwindigkeit rechtzeitig so weit zu vermindern, wie es erforderlich ist, um Gefährdung durch Sog oder Wellenschlag zu vermeiden, insbesondere beim Vorbeifahren an:

Häfen, Schleusen und Sperrwerken.

Festliegenden Fähren.

Manövrierunfähigen und festgekommenen Fahrzeugen sowie an manövrierbehinderten Fahrzeugen.

Schwimmenden Geräten und schwimmenden Anlagen.

An Stellen, die durch die Sichtzeichen „Geschwindigkeitsbeschränkung wegen Gefährdung durch Sog oder Wellenschlag" oder durch die Flagge „A" des internationalen Signalbuches gekennzeichnet sind.

Fahrgeschwindigkeit auf der Hamme

Die Fahrgeschwindigkeit gegenüber dem Ufer darf auf der Hamme unterhalb der Ritterhuder Schleuse 12 km/h, oberhalb der Ritterhuder Schleuse bis zur Brücke bei Neu-Helgoland 8 km/h und oberhalb der Brücke von Neu-Helgoland 5 km/h nicht überschreiten.

Wasserskistrecken auf Ober- und Mittelweser sowie Aller

Auf der Ober- und Mittelweser sind für den Wasserskisport folgende Strecken unter bestimmten Voraussetzungen freigegeben.

Unterhalb Fähre Wahmbeck / Kilometer 36,70 bis 39,00/ Nur vom 1. Juli bis 30. September.

Zwischen Stahle und Heinsen / Kilometer 85,60 bis 87,00 / Nur an Samstagen, Sonntagen und gesetzlichen Feiertagen von 10.00 bis 17.00 Uhr.

Unterhalb Fähre Kemnade / Kilometer 112,10 bis 114,10 / Täglich von 9.00 bis 18.00 Uhr.

Oberhalb Rinteln / Kilometer 158,50 bis 160,00 / Nur vom 1. Juni bis 30. September und nur an Samstagen, Sonntagen und gesetzlichen Feiertagen von 10.00 bis 17.00 Uhr.

Oberhalb Vlotho / Kilometer 178,00 bis 181,00 / Höhe Familienfreizeitplatz Borlefzen.

Höhe Autobahnbrücke Bad Oeynhausen / Kilometer 185,00 bis 188,00.

Zwischen Minden und Petershagen / Kilometer 209,00 bis 213,50.

Unterer Wehrarm Petershagen / Kilometer 216,00 bis 218,00 / Von 10.00 bis 18.00 Uhr in der Zeit vom 1. Juni bis 30. September, für Schwerbehinderte auch von 18.00 bis 20.00 Uhr.

Unterer Wehrarm Drakenburg / Kilometer 284,00 bis 285,83.

Oberer Wehrarm Intschede / Kilometer 327,80 bis 329,10 / Nur vom 1. Mai bis 30. September, freitags und sonntags und an gesetzlichen Feiertagen von 10.00 bis 17.00, an Sonnabenden von 10.00 bis 20.00 Uhr.

Unterhalb Eisenbahnbrücke Dreye / Kilometer 357,21 bis 360,57 / Nur montags bis freitags von 10.00 bis 18.00 Uhr, längstens bis Sonnenuntergang.

Auf der Aller sind für den Wasserskisport folgende Strecken unter bestimmten Voraussetzungen freigegeben:

Zwischen Hornbostel und Bannetze / Kilometer 24,65 bis 25,65 / Nur vom 1. Juni bis 30. September, freitags bis sonntags und an gesetzlichen Feiertagen von 10.00 bis 17.00 Uhr.

Höhe Frankenfeld / Kilometer 78,30 bis 80,30.

Wasserski auf der Unterweser im Bereich der Seeschiffahrtstraßen-Ordnung

Im Fahrwasser ist das Wasserskilaufen mit Ausnahme auf den mit Sichtzeichen „Wasserski" gekennzeichneten oder von der Strom- und Schiffahrtpolizeibehörde bekanntgemachten Wasserflächen verboten. Außerhalb des Fahrwassers ist das Wasserskilaufen mit Ausnahme auf den von der Strom- und Schiffahrtpolizeibehörde bekanntgemachten Wasserflächen erlaubt.

Wasserskiflächen außerhalb des Weser-Fahrwassers, auf denen das Wasserskilaufen verboten ist:

Südlich der Verbindungslinien Radarturm Blexen, Wattinsel Langlüttjen II und Wattinsel Brinkamahof. Ausgenommen von dem Verbot ist die Strecke des rechten Nebenarms der Weser hinter dem Harriersand von der nördlichen Einmündung in die Weser bei km 44,10 (breitenparallel der Hindernisbezeichnung auf der Nordspitze des Harriersands) bis zur Höhe des Aschwarder Siels.

Schiffahrt bei Hochwasser auf Ober- und Mittelweser

An den Schleusen der Weser, mit Ausnahme der Bremer Weserschleuse, wird der Betrieb bei Erreichen der jeweiligen Hochwassermarke eingestellt.

Einfahrt zum Verbindungskanal Süd zur Weser und zum Abstiegshafen in Minden

Abweichend von anderen Regelungen der Binnenschiffahrtstraßenordnung hat der von der Weser kommende Talfahrer zur Einfahrt zum Verbindungskanal Süd, zur Weser sowie zur Einfahrt zum Abstiegshafen in Minden Vorfahrt vor allen anderen Fahrzeugen. Dies gilt nicht für Kleinfahrzeuge – sie haben aber diese Fahrregelung zu berücksichtigen.

Hinweise für die Fahrt

Fahrwasser

Das Fahrwasser verläuft – ausgenommen der Schleusenkanäle – im tiefsten Teil des Flußbettes. In den Kurven schwingt es von einer Uferseite zur anderen. Mit ihm pendelt auch die Strömung. In den Außenkurven besteht immer eine höhere Wasserablaufgeschwindigkeit als in den Innenkurven.

Die langsamere Strömung in der Innenkurve fördert die Ablagerungen von Kies und Sand. Hier können bis weit zum gegenüberliegenden Ufer reichende Bänke entstehen. Zur Strömungsregulierung sowie zur Steuerung von Sand- und Kiesablagerungen bestehen an ausgewählten Stellen Buhnen und Leitwerke.

Dem Sportschiffer wird angeraten, besonders wenn erhöhter Wasserstand die Strombauwerke überspült, genauestens auf das Fahrwasser zu achten, da nicht alle Buhnen oder Leitwerke eine Kennzeichnung mit Tonnen oder Baken besitzen. Ebenfalls ist besondere Vorsicht beim Befahren von Altarmen geboten, da sie – wenn diese nicht sowieso für die Schiffahrt gesperrt wurden – vielfach stark versandet sind.

Fahrwasserbezeichnung

An besonderen Gefahrenpunkten ist die Fahrrinne mit Tonnen, Baken oder Hochwasserbaken gekennzeichnet. Die Fahrwasserzeichen der linken Uferseite sind grün und die der rechten Uferseite rot (in Flußrichtung gesehen). Trennungstonnen zeigen rot-grün waagerechte Streifen und können als Kugeltonne oder auch als Tonne mit einem rot-grün waagerecht gestreiften Ball als Toppzeichen versehen ausliegen. Darüber hinaus sind meist alle Fahrwasserzeichen mit Radarreflektoren ausgerüstet. Die Fahrwasserzeichen liegen außerhalb der

Fahrrinne. Beim Anfahren der Streichlinie ist ein Sicherheitsabstand von mindestens 10,00 m einzuhalten. Wichtig: die Wasser- und Schifffahrtsbehörden übernehmen für die Lage der Fahrwasserzeichen keine Gewähr.

Verhalten auf der Strecke
Die Fahrt auf der gesamten Ober- und Mittelweser, Aller, Lesum, Wümme und Hamme ist völlig unproblematisch, vorausgesetzt, das Boot wird mit der nötigen Umsicht und dem notwendigen Können geführt. Die Berufsschiffahrt, die ein gesetzliches Wegerecht besitzt, ist gegenüber der Sportschiffahrt meist sehr rücksichtsvoll und berücksichtigt bei Überhol- oder Begegnungsmanövern die Labilität der Sportfahrzeuge. Im Zusammenleben mit der Berufsschiffahrt sollte es aber auch für den Sportschiffer selbstverständlich sein, diese nicht zu behindern oder durch verantwortungsloses Fahren den Berufsschiffer zu Manövern zu zwingen, welche für alle Beteiligten nachteilige Folgen haben können.

Sportschiffer aus Revieren, in denen das Schleusen zum täglichen Brot gehört, kennen es: Die Berufsschiffahrt tritt meist in Konvois von bis zu drei oder vier Fahrzeugen auf. Diese Formationen werden durch die Kammergrößen und durch Länge und Breite der zu schleusenden Großfahrzeuge bestimmt. Holt ein solcher Konvoi oder eine Schubeinheit zu einem Sportboot auf, sollte es sofort das Fahrwasser freigeben, das heißt, seinen Kurs an den Rand des Fahrwassers legen oder, wenn dies aus Gründen des Tiefganges nicht möglich ist, bis zu einer Stelle fahren, an der die Berufsfahrzeuge überholen können.

Fährt ein Sportfahrzeug hinter einem Großfahrzeug her, so ist ein genügender Sicherheitsabstand zu halten. Das gilt vor allem, wenn der Vorausfahrer zu einem Begegnungsmanöver ansetzt. Liegt das Sportfahrzeug zu dicht hinter dem Großfahrzeug, kann der Entgegenkommer das wesentlich kleinere Sportfahrzeug in den wenigsten Fällen ausmachen. Einerseits wird dieses durch den Vorausfahrer verdeckt, andererseits kann der tote Winkel über Bug, den der Schiffsführer des entgegenkommenden Frachtschiffes hat, das Sportfahrzeug völlig darin verschwinden lassen.

Der Sportschiffer sollte stets darauf bedacht sein, daß die Berufsschiffahrt ihn wahrnimmt. Dies ist gewährleistet, solange der Sportbootführer in den Steuerstand des Großfahrzeugs sehen kann. Der tote Winkel, den der Schiffsführer in der Voraussicht hat – insbesondere bei leeren Schiffen –, kann zwischen 200 und 450 m betragen. Kommt einem Sportfahrzeug ein Berufsfahrer entgegen, sind Fahrmanöver nur so lange durchzuführen, wie der Steuerstand des Frachtschiffes einsehbar ist. Ist vom Sportfahrzeug aus der Steuerstand des Berufsschiffes nicht mehr sichtbar, dürfen auf keinen Fall noch weitere Manöver mit dem Sportboot durchgeführt werden.

Der Schiffsführer des entgegenkommenden Berufsschiffes setzt voraus, nachdem für ihn das Sportboot im toten Winkel liegt, daß es sich weiter so verhält, wie aus der letzten Position erkennbar war.

Überholmanöver sind nur dann durchzuführen, wenn das Fahrwasser auf eine längere Strecke einsehbar ist. Darüber hinaus sollte man sich mit dem Schiffsführer des vorausfahrenden Berufsschiffes mittels Funk oder Signalen verständigen.

Bei dem Überholmanöver ist zu beachten, daß neben dem Berufsschiff kurz vor dem Heck ein Wellental auftritt, dessen Tiefe bis zu 80 Zentimeter unterhalb des Wasserspiegels liegen kann. Der nächste kritische Punkt ist in der Höhe des Vorschiffes, da die ablaufende Bugwelle das Sportboot leicht versetzt. Fährt man zu nahe an das Berufsschiff heran, besteht die Gefahr, in den Schrauben- oder Bugsog zu geraten, wählt man die Fahrt zu weit unter Land, drücken die ablaufenden Wellen das Boot auf Grund oder ans Ufer. Hier muß der Sportschiffer, je nach Bauart und Steuerfähigkeit seines Bootes, mit erhöhter Aufmerksamkeit und mit viel Fingerspitzengefühl manövrieren.

Bei schnellaufenden Booten kann natürlich vieles durch erhöhte Geschwindigkeit ausgeglichen werden, nur sollte dabei auf die eigenen ablaufenden Wellen geachtet werden. Wirft das Boot starke Walzen und fährt man zu dicht an ein leeres Großfahrzeug heran, können die ablaufenden Bootswellen selbst ein Großfahrzeug versetzen oder gar aus dem Kurs bringen. Ist das Großfahrzeug bis zur Halskrause abgeladen, besteht die Gefahr, daß man mit den ablaufenden Bootswellen das gesamte Gangbord unter Wasser setzt.

Sportschiffer mit langsam laufenden Booten sollten vor Beginn eines Überholmanövers prüfen, ob das Manöver einen besonderen Vorteil bringt.

Benutzen der Schiffahrtsschleusen

Die Sportschiffahrt wird nur in Ausnahmefällen allein und direkt geschleust. Also ist sie gezwungen, vor der Schleuse zu warten. Selten sind in den Schleusenvorhäfen günstige Festmachemöglichkeiten vorhanden. Hier muß der Sportschiffer nicht nur genügend Tampen, sondern auch eine nötige Portion Phantasie mitbringen, um das für sein Fahrzeug entstehende Festmacheproblem zu lösen. Wie und in welcher Form er sein Fahrzeug gut und sicher durch den Schleusungsvorgang bringt, hängt von der Anzahl der Besatzungsmitglieder, von der Art des Fahrzeugs usw. ab. Schleusenunerfahrene sollten vor Törnantritt bei kundigen Sportschifferfreunden Informationen und Tips einholen. Die verbreitetste Methode, ein Sportboot durch die Großschiffahrtschleusen zu bringen, ist, das

Sportfahrzeug über die in den Kammerwänden eingelassenen Leitern und die meist kurz davor oder dahinter angebrachten Poller zu fieren. Gegenüber anderen Möglichkeiten - z.B. das Boot mittels langer Tampen vom Kammerrand zu halten - hat die Leitermethode den Vorteil, daß der Bootsführer direkt an der Schleusung beteiligt ist und nicht von der Gnade und den Ungeschicklichkeiten der Fierenden abhängt. Es gibt weitere Schleusentechniken, die aber speziell für jedes Boot ausgelotet werden müssen.

Immer wieder ist festzustellen, daß viele Sportschiffer bei ihren Schleusenmanövern von einer Art Verfolgungswahn befallen werden. Sie brausen hinter der Großschiffahrt in die Kammer, als sei der leibhaftige Teufel auf ihren Fersen (so schnell machen die Schleusenwärter die Tore auch nicht zu). Oder muß mitschleusenden Eignern von langsameren Sportfahrzeugen mittels rasanter Überholmanöver im Schleusenvorhafen gezeigt werden, wie der beste Schleusenplatz besetzt wird? Das vielfach zu beobachtende rücksichtslose Einfahren in den Schleusenbereich, das rüpelhafte Vordrängen gegenüber denen, die unter Umständen schon einige Zeit warten mußten, zeugt von unsportlichem Verhalten und beweist, wes Geisteskinder diese „wassersportlichen" Zeitgenossen sind.

Für bundesrepublikanische Schleusen gibt es drei typische Schleusungsmerkmale: Großfahrzeuge liegen – Ausnahmen bestätigen die Regel – schräg in der Kammer, Sportfahrzeuge müssen hinter der Großschiffahrt in die Kammer einfahren, und sie dürfen nicht mit Fahrzeugen zusammen geschleust werden, die blaue Kegel führen. Setzt das letzte Großfahrzeug zur Fahrt in die Schleusenkammer an, hat das Sportfahrzeug langsam dahinter einzulaufen und möglichst weit aus dem Schraubenwasser zu bleiben. Erst wenn das Großfahrzeug auf seiner Position liegt und mit dem Heck an der Kammerwand fest ist, kann die Einfahrt bzw. Weiterfahrt leicht beschleunigt werden, um die in der Zwischenzeit schon ausgemachte freie Leiter anzusteuern.

Bei direkter Einfahrt hinter dem Berufsfahrzeug gerät man zweifelsohne in den starken Schraubenschwall. Legt das Berufsfahrzeug (Beispiel) mit dem Heck an der Backbordseite an, steht das Ruder hart Steuerbord – der Schraubenschwall schlägt gegen die Steuerbordwand und kreiselt achterlich durch die Schleusenkammer. Dieser Effekt ist für ein dahinterliegendes Sportboot meist sehr unvorteilhaft; es wird gegen die Wand geschlagen, von dieser abgedrückt oder wirbelt durch die Kammer.

Mit der langsamen Einfahrt und dem Abwarten, bis das Berufsfahrzeug festliegt, ist nicht nur dem Sportfahrzeug und der Besatzung gedient, sondern auch dem Schiffsführer des vorausliegenden Frachtschiffes. Dieser braucht nicht die Sorge zu haben, falls sein Fahrzeug ausbricht, daß er ein direkt hinter ihm liegendes Sportfahrzeug einquetscht. Auch bei der Ausfahrt aus der Schleuse ist jedwede Hektik unangebracht.

Nach dem Schleusenvorgang wird das Sportfahrzeug fest belegt, um dem Schraubenwasserschwall der mit voller Maschinenkraft auslaufenden Berufsfahrzeuge gewappnet zu sein. Hat das direkt vorausfahrende Berufsfahrzeug die Schleuse fast verlassen, kann abgelegt und mit leicht erhöhter Geschwindigkeit aus der Kammer ausgelaufen werden. Das Schraubenwasser der Großfahrzeuge hat sich bis zu diesem Zeitpunkt etwas verlaufen, durch die leicht schnellere Fahrt ist das Sportfahrzeug in dem unruhigen und aufgewühlten Wasser besser auf Kurs zu halten, und man wird von den vor der Schleuse liegenden Großfahrzeugen besser gewahrschaut. Auch ist die Situation im Schleusenvorhafen sofort bei der Ausfahrt zu analysieren, damit der Kurs des Sportbootes entsprechend der Verkehrslage und ohne die Berufs-

schiffahrt zu behindern eingerichtet werden kann.

Sportschiffer mit kleineren Booten, die mit einem Berufsschiff zu Tal schleusen und hinter diesem in die Kammer einfahren wollen, sollten – wegen erhöhter Unfallgefahr bei der Schließung der Tore – vor der Schleusung die Aufsicht informieren oder sich auf irgendeine Weise bemerkbar machen.

Betriebszeiten der Schleusen
Abkürzungen:
TNW=Tidenniedrigwasser
MTHW=mittleres Tidenhochwasser
HSW=höchster schiffbarer Wasserstand

Weser-Yacht-Club
in Hannoversch-Münden an der Fulda

Schiffahrtsweg					
Elbe-Weser	Otterndorf	(April bis Sept.)	7.30 – 17.30 Schleusungen nur von ca. 1½ bis 4 Std. nach Hochwasser Brunsbüttel sowie ca. 2 Std. lang beginnend mit Tiden-niedrigwasser in Brunsbüttel	7.30 – 17.30 den beginnend mit Tiden-niedrigwasser in Bruns-büttel	Betriebsbereit für 2 Stun-den Betriebszeiten nach vorheri-ger Anmeldung möglich. Tel.04745/6037
		(Okt. bis März)	Nur nach Voranmeldung. Tel.: 04751/2190		
	Bederkesa/ Lintig	(April bis Sept.)	7.30 – 17.30 Von 8.30 – 11 nur nach Anm. Tel.04745/6037	8.30–17.30	Schleusungen außerhalb der Betriebszeiten nach vorheri-ger Anmeldung möglich. Tel.04745/6037
		(Okt. bis März)	7.30 – 17.30 Nur nach Voranmeldung. Telefon: 04745/6037	14 – 16	
	Bremerhaven	(April bis Sept.)	7 – 18.30	7 – 18.30	
		(Okt. bis März)	8 – 17 (letzte Schleuseneinfahrt 16.30)	8 – 17	3 Std. von Niedrigwasser an (Voranmeldung)
Weser	Hameln	(Febr. bis Nov.)	6.30 – 18	6.30 – 18	Tel. 0471/21678 Sturmflut Sperrwerk Bremerhaven
		(Jan. und Dez.)	7 – 17.30	7 – 17.30	
	Petershagen bis Langwedel	(Mai bis Sept.)	6 – 22	6 – 22	1. Januar, Ostersonntag, 1. Mai u. Pfingstsonntag, 25. u. 26. Dez. kein Betrieb. Am 24 und 31. Dez., wenn diese auf einen Werktag fallen, 7 bis 14 Uhr.
		(Okt. bis April)	6 – 22	8 – 11 17 – 18 (nur Langwedel)	
	Weserschleuse Bremen	(Mai bis Sept.)	6 – 22	6 – 22	Schleusungen nach Wasserstand- 3 Std. vor Niedrigwasser und 1 Std. nach Hochwasser- nach Pegel-stand Oslebshausen plus 15 Min.
		(Okt. bis April)	6 – 22	8 – 14 u.17.30 – 19.30	
	Elsfleth/Yachthafenschleuse 15. April – 15. Okt.		9 – 21 alle 2 Std.	7 – 22 durchgängig	
	Brake-Hafenschleuse		5 – 23	9 – 13 u. 16 – 20	9 – 13 und 16 – 20
Lesum/Hamme	Lesum Sperrwerk	(16. April – 31. Okt.)	0 – 24	0 – 24	1. Januar, Ostersonntag, 1. Mai, Pfingstsonntag und 1. Weihnachtstag kein Betrieb
		(16. März – 15. April) (1. Nov. – 15. Nov.)	6 – 22	6 – 22	
		(16. Nov. – 15. März)	nur nach Voranmeldung. Tel 0421/6597856		Außerhalb der Betriebszeit nach Voranmeldung bis 22 Uhr. Tel. 0421/6597856
	Ritterhude	(1. April – 31. Okt.)	Mo – Do: 9 – 12 u.14 – 19, Fr: 8 – 12 u. 14 – 20	8 – 12 u. 14 – 20	
		(1. Nov. – 31. März)	Schleusungen nur nach Voranmeldung. Tel. 0421/670450		
	Teufelsmoor, Teufelsmoorschleuse		Schleusungen nur nach Voranmeldung. Tel. 04792/931215		
	Vollersode-Viehspecken		Selbstbedienungsschleuse		
Ochtum	Ochtum Sperrwerk	(1. April – 31. Okt.)	7.30 – 23 tideabhängig Freie Durchfahrt von 2 Std. vor bis 2 Std. nach THw	7 – 23 tideabhängig	Leitstand nicht dauernd besetzt; Meldung über die Bootsmelde-anlage erfolich
	Ochtum Sperrwerk	1. Nov. – 31. März	8.30 – 12.30 u. 13 – 18.30	8.30 – 12.30 u. 13 – 18.30	
Aller	alle		12.30 u. Mo, Mi: 13 – 16; Do, Fr: 13 – 18.30	8.30 – 12.30 u. 13 – 18.30	1. Mai kein Betrieb

Abflußgeschwindigkeit der Oberweser

Die Abflußgeschwindigkeiten der Oberweser werden durch die Wasserstände bestimmt. Bei Hochwasser läuft der Fluß mit weitaus höherer Geschwindigkeit als bei Niedrigwasser. Es können Abflußmengen zwischen 30 cbm/s (Niedrigwasser) und 3500 cbm/s (Hochwasser) auftreten. Dies bedeutet bezogen auf den Pegel Porta: Bei Mittelwasser liegt die Strömungsgeschwindigkeit bei 10 km/h, und bei Hochwasser kann sie bis zu 20 km/h erreichen.

Wasserführung der Oberweser

Da die Oberweser wenig Nebenflüsse wasserreichen Inhalts besitzt, ist ihre Wasserführung im wesentlichen von den Niederschlagsmengen des Weserberglandes abhängig. In sehr regenreichen Sommern führt der Fluß zwischen Münden und Minden ausreichend Wasser, so daß die Sportschiffahrt für nicht zu tiefgehende Boote gewährleistet ist.

In trockenen Sommern wird die Fahrt selbst für Boote mit einem Tiefgang ab 80 Zentimetern problematisch. Wenn auch, ausgenommen vom 15. März bis 15. Mai, bei extrem niedriger Wasserführung die Eder- und Diemel-Talsperre Wasserzuschüsse abgeben, nützt dieses für eine Törnplanung recht wenig, weil die Talsperrenöffnungen nicht nach festen Zeitpunkten, sondern nach Bedarf erfolgen.

Weiterhin: Bei Niederschlägen kann die Weser innerhalb kürzester Zeit bis zum Hochwasser anschwellen. Auf Grund der geografisch bedingten Sohlenbeschaffenheit erfolgt der Abfluß ebenso schnell.

Berechnung der Fahrwassertiefen

Die Tauchtiefe der Oberweser wird vom Wasserstand bestimmt. Je nach Tiefgang des Sportbootes sind die Pegelstände an den verschiedenen Bezugspegeln sorgfältig zu registrieren. Für die Strecken zwischen den Pegeln – bezogen von

der Pegelstation zu Tal – haben die Wasser- und Schiffahrtsbehörden bestimmte Pegelfehlwerte gegenüber dem Pegelnullpunkt festgesetzt. Von den angegebenen Pegeldaten müssen diese Minus- oder Plus-Werte abgezogen oder hinzugerechnet werden.

Fehlwerte an den Pegeln der Oberweser:
Pegel Münden / Weser-Kilometer 0,65
Strecke Münden bis Karlshafen = – 0,17 m
Pegel Karlshafen / Weser-Kilometer 45,52
Strecke Karlshafen bis Bodenwerder = – 0,05 m
Pegel Bodenwerder / Weser-Kilometer 110,72
Strecke Bodenwerder bis Hameln = – 0,38 m
Pegel Hameln / Weser-Kilometer 139,68
Strecke Hameln bis Porta = + 0,05 m
Pegel Porta / Weser-Kilometer 198,36
Strecke Porta bis unterhalb Minden = – 0,31 m

Beispiele:
Pegel Porta

Wasserstand am 15. Juli 1987	2,08 m
abzüglich Pegelfehlwerte	0,31 m
Effektive Fahrrinnentiefe	1,77 m

Pegel Karlshafen

Wasserstand am 16. März 1988	3,88 m
abzüglich Pegelfehlwerte	0,05 m
Effektive Fahrrinnentiefe	3,83 m

Höchstschiffbare Wasserstände der Oberweser

Bei Erreichen der unten aufgeführten Pegelstände ist die Schiffahrt verboten.
Pegel Münden / Weser-Kilometer 0,65
Höchstschiffbarer Wasserstand: 4,10 m
Pegel Karlshafen / Weser-Kilometer 45,48
Höchstschiffbarer Wasserstand: 4,10 m
Pegel Hameln / Weser-Kilometer 139,68
Höchstschiffbarer Wasserstand: 4,65 m
Pegel Porta / Weser-Kilometer 198,36
Höchstschiffbarer Wasserstand: 4,80 m

Brückendurchfahrtshöhen der Oberweser

Die in der Streckenbeschreibung angegebenen

Zahlen für die Brückendurchfahrtshöhen beziehen sich immer auf den Höchstschiffbaren Wasserstand (HSW). Wenn also der Wasserstand bei Münden 4,10 m erreicht, besitzt die Straßenbrücke von Gieselwerder (Weser-Kilometer 28,06) eine lichte Höhe zwischen Wasserspiegel und Brückenunterkante von 433 cm.

Am 18. August 1987 meldete der Pegel Münden einen Wasserstand von 164 cm. Die Differenz zwischen dem Tagespegelstand und dem Höchstschiffbaren Wasserstand betrug demnach 246 cm. Der HSW-Wert der Brücke liegt bei 433 cm. Somit ergab der Tageswasserstand und der HSW-Wert der Brücke in der Zusammenrechnung eine lichte Durchfahrtshöhe von 679 cm.

Berechnungsbeispiel:
Höchstschiffbarer Wasserstand
am Pegel Münden = 410 cm
– Tageswasserstand
am Pegel Münden = 164 cm
= Differenz zwischen beiden Werten 246 cm
Höchstschiffbare
Durchfahrtshöhe an der
Straßenbrücke Gieselwerder = 433 cm
+ Differenz zwischen Höchstschiffbarem Wasserstand

Am Zusammenfluß von Werra (li.) und Fulda (re.)

Die Fähre Polle (oben); Anleger in Nienburg (unten)

und Tageswasserstand am
Pegel Münden = 246 cm
= Effektive Durchfahrtshöhe
am 18. August 1987 an der
Straßenbrücke Gieselwerder 679 cm

*Höchstschiffbarer Wasserstand, Fahrwasser-
tiefe, Brückendurchfahrtshöhen auf der Mittelweser*
Zwischen der Schleuse Petershagen und der Bremer Weserschleuse ist die Weser voll kanalisiert.
Durch die Aufstauung sowie durch die Wasser-
regulierung wird die Fahrrinnentiefe auf 2,50 m
gehalten. Die Brückendurchfahrtshöhen liegen
mit geringfügigen Unterschieden zwischen 4,50
und 5,00 m. Wasserstandsschwankungen sind
beim Durchfahren der Brückenbauwerke einzu-
kalkulieren. An den Schleusen befinden sich
Hochwassermarken für die jeweilige unter-

stromige Staustufe. Werden diese erreicht, wird
die Schiffahrt in der Staustufe eingestellt.

Fahrverhältnisse auf der Unterweser
Ab der Bremer Weserschleuse beginnt die
Unterweser, deren Fahrverhältnisse einerseits
von der eigenen Wasserführung und andererseits durch den Tideneinfluß der Nordsee
bestimmt werden. Hier ist es angebracht, die entsprechende Literatur wie: Tidenkalender, Sport-
bootkarten, Seekarten, BSH-Nordseehandbuch
an Bord mitzuführen, falls der Törn bis zur
Außenweser gehen soll. Geht die Fahrt über
Vegesack nur bis zur Lesum oder über Elsfleth
zum Küstenkanal, und es wird kein längeres
Verweilen auf der Unterweser angesetzt, genügt
ein Tidenkalender, insbesondere, um in den
Flüssen den Flut- oder Ebbstrom zu nutzen.

Schleuse Ritterhude an der Hamme

Fahrwassertiefen zwischen Bremer Weserschleuse und Höhe Einfahrt Europahafen
Unterhalb Bremer Weserschleuse / Weser-Kilometer 362,50
Fahrwassertiefe bezogen auf
Seekarten-Null = 2,00 m
Stephanibrücke / Unterweser-Kilometer 1,24
Fahrwassertiefe bezogen auf
Seekarten-Null = 3,00 m
Eisenbahnbrücke / Unterweser-Kilometer 1,37
Fahrwassertiefe bezogen auf
Seekarten-Null = 3,00 m
Weserbahnhof / Unterweserkilometer 1,90
Fahrwassertiefe bezogen auf
Seekarten-Null = 4,00 m
Hohentorshafen / Unterweser-Kilometer 2,00
Fahrwassertiefe bezogen auf
Seekarten-Null = 4,00 m
Höhe Einfahrt Europahafen / Unterweser-Kilometer 4,00
Fahrwassertiefe bezogen auf
Seekarten-Null = 8,60 m

Brückendurchfahrtshöhen zwischen Bremer Weserschleuse und Eisenbahnbrücke
Werderbrücke / Weser-Kilometer 362,95
Brückendurchfahrtshöhe Mitte: 4,79 m bei MTHW = NN + 4,65 m
Wilhelm-Kaisen-Brücke / Weser-Kilometer 366,68
Brückendurchfahrtshöhe Mitte: 4,73 m bei MTHW= NN + 4,49 m
Bürgermeister-Smidt-Brücke / Unterweser-Kilometer 0,62
Brückendurchfahrtshöhe Mitte: 5,35 m bei MTHW = NN + 6,27 m
Stephani-Brücke / Unterweser-Kilometer 1,24
Brückendurchfahrtshöhe Mitte: 6,59 m bei MTHW = NN + 6,94 m
Eisenbahnbrücke / Unterweser-Kilometer 1,37
Brückendurchfahrtshöhe Mitte: 6,13 m bei MTHW = NN + 2,76 m

Fahrwasserverhältnisse der Aller
Die mit nur vier Staustufen regulierte Aller besitzt alle typischen Merkmale eines freifließenden Flusses. Da auf ihr keine wesentliche Berufsschiffahrt mehr stattfindet, wird die Fahrrinne kaum noch bearbeitet. Diese schwingt, teilweise sehr dicht unter Land, in den Außenkurven mit. Eine Betonnung besteht nicht. Also ist bei tiefgehenden Booten besonderes Augenmerk auf den Verlauf und die vom Wasserstand beeinflußte Fahrrinne zu halten.
Auf die knapp unter der Wasseroberfläche treibenden Äste, Holzscheite und andere aus der Holzverarbeitungsindustrie stammenden Rohprodukte ist ständig zu achten. Die ständige Beobachtung des Fahrwassers ist zwar von Nutzen und verhindert unter Umständen größeren Schraubenschaden. Gefeit ist der Sportbootskipper aber nicht dagegen.

Höchstschiffbare Wasserstände der Aller
Pegel Celle / Aller-Kilometer 1,74
Höchstschiffbarer Wasserstand: 3,10 m
Pegel Rethem / Aller-Kilometer 82,33
Höchstschiffbarer Wasserstand: 3,30 m

Brückendurchfahrtshöhen der Aller
Durchschnittlich liegen die HSW-Werte der Aller-Brücken zwischen 4,00 und 5,00 m. Leider sperrt bei Hademstorf ein Fußgängersteg (Aller-Kilometer 50,55) Booten mit höheren Aufbauten die Fahrt bis zum Celler Yachthafen. Die HSW-Durchfahrtshöhe liegt bei 2,30 m.

Fahrhinweise für Lesum, Wümme und Hamme
Lesum und Wümme gehören noch zum Tideneinzugsbereich der Weser. Kritische Punkte bei der Fahrt zur Wümme oder Hamme sind die Straßen- und Eisenbahnbrücke (Lesum-Kilometer 3,70 und 3,75) Burg/Burg-Grambke und die Autobahnbrücke (Lesum-Kilometer 2,07). Bei Hochwasser können die Brücken-Durch-

fahrten nur noch von Booten mit geringer Aufbautenhöhe passiert werden. An den Brückenpfeilern sind Meter-Marken, bezogen auf die vorhandenen Durchfahrtshöhen, angebracht. Die Fahrrinnentiefe der Hamme wird durch das Sperrwerk Ritterhude, ab diesem bis Neu-Helgoland, auf 1,20 m gehalten. Oberhalb Neu-Helgoland beträgt die Fahrrinnentiefe maximal 0,80 m. Die lichten Höhen der Brücken liegen bei ca. 4,00 m.

Naturschutzgebiet Schlüsselburg
Unter dem Datum vom 8. Dezember 1987 hat das Bundesverkehrsministerium das „Befahren der Bundeswasserstraßen in bestimmten Naturschutzgebieten" geregelt. Auf der Mittelweser besteht das Naturschutzgebiet „Staustufe Schlüsselburg". Dazu heißt es wie folgt:
Es ist untersagt, die Bundeswasserstraße Weser im Naturschutzgebiet „Staustufe Schlüsselburg" zwischen Weser-Kilometer 232,06 und dem

Wehr bei Weser-Kilometer 236,60 zu befahren. Ausgenommen sind in der Zeit vom 16. April bis zum 30. September Segelfahrzeuge mit Antriebsmaschine und sonstige Kleinfahrzeuge ohne Antriebsmaschine. In der Zeit vom 1. Oktober bis zum 15. April dürfen Kleinfahrzeuge ohne Antriebsmaschine nach Einstellung des Betriebes der Schleuse Schlüsselburg bis ½ Stunde nach Sonnenuntergang die Wasserfläche zügig durchfahren. Wasserfahrzeuge, die die genannte Fläche durchfahren dürfen, müssen außer im Bereich der Bootsumtragestelle und der Steganlagen einen Mindestabstand von 15 Metern zu den Ufern einhalten.
Soweit das Befahren der genannten Wasserfläche mit Wasserfahrzeugen mit Maschinenantrieb zulässig ist, dürfen diese eine Höchstgeschwindigkeit gegenüber dem Ufer von 6 km/h nicht überschreiten, es sei denn, daß in der Talfahrt zur Erhaltung der Steuerfähigkeit eine höhere Geschwindigkeit erforderlich ist.

Blick auf Westen/Aller

Bei unmittelbar drohender Gefahr kann von den Vorschriften dieser Verordnung abgewichen werden.

Pionierübungen und Bundeswehrmanöver

Die Weser ist seit Kaiser Wilhelms Zeiten das klassische Übungsgebiet für Pioniere, und muß im Spätsommer darüber hinaus die alljährlich fälligen Bundeswehrmanöver verkraften. Da die Übungen meist sehr kurzfristig angesetzt werden, können sie – insbesondere auf der Oberweser – eine Törnplanung heftig durcheinanderwürfeln. Auskünfte über Zeit und Ort solcher Aktivitäten erteilen die zuständigen Wasser- und Schiffahrtsbehörden (S. 213 ff).

Radar

Der Einsatz von See-Radargeräten ist auf der Ober- und Mittelweser, also im Bereich der Binnenschiffahrtstraßenordnung, verboten, da die technischen Voraussetzungen nicht den von der Deutschen Bundespost geforderten und für den Betrieb von Radar im Binnenbereich aufgestellten Richtlinien entsprechen. Weiterhin wird zur Radarfahrt im Binnenbereich ein Radarschiffer-Zeugnis gefordert, welches aber nur in Verbindung mit einem Rheinsportschifferpatent, einem Binnensportschifferzeugnis oder einem anderen in den Verordnungen genannten Patent oder Zeugnis erlangt werden kann. Die Befähigungsnachweise der Wassersportverbände werden zum Erwerb eines Radarschiffer-Zeugnisses nicht anerkannt.

Literatur

Gesetze und Verordnungen

Binnenschiffahrtsstraßen-Ordnung, Binnenschiffahrts-Verlag GmbH, Duisburg-Ruhrort
Seeschiffahrtsstraßen-Ordnung, Verlag E.S. Mittler & Sohn GmbH, Herford

Verordnung der Bezirksregierung Lüneburg über die Schiffahrt auf der Hamme 1981 – Amtsblatt für den Kreis Osterholz – 10. Jhrg./Nr. 16, Osterholz-Scharmbeck.
Merkblatt für den Sprechfunk in der Rheinschiffahrt, Binnenschiffahrts-Verlag GmbH, Duisburg-Ruhrort.
Verordnung über das Führen von Sportbooten auf den Binnenschiffahrtsstraßen 1978 – Bundesgesetzblatt I, Nr. 14 vom 31. 3. 1989.
Verordnung über die Eignung und Befähigung zum Führen von Sportbooten auf den Seeschiffahrtsstraßen, Bundesgesetzblatt I, 1973, Seite 1988 ff.
Verordnung über die Kennzeichnung von auf Binnenschiffahrtsstraßen verkehrenden Kleinfahrzeugen, BGBl. I, 1995, Seite 226 ff.
Verordnung über das Wasserskifahren auf den Binnenwasserstraßen Verkehrsblatt/H. 10/1985.

Karten

Nordwestdeutsche Wasserstraßen, 1:400 000, Binnenschiffahrts-Verlag GmbH, Duisburg
BSH 3011 Karten der Weser.

Handbücher

Weska, Westeuropäischer Schiffahrts- und Hafenkalender, Binnenschiffahrts-Verlag GmbH, Duisburg-Ruhrort.
Führer für den Binnenfahrtensport des Deutschen Motoryachtverbandes e.V. Herausgeber: DMYV, Hamburg.
Fenzl, Vom Rhein zur Nord- und Ostsee, Edition Maritim, Hamburg.
Horn/Hoop, Nebenflüsse der Elbe, Edition Maritim, Hamburg.
Werner, Nordseeküste 1, Delius Klasing, Bielefeld.
Die hier angeführten Karten und Bücher sind unter anderem bei den einschlägig bekannten Vertriebsstellen für nautische Veröffentlichungen erhältlich.

Anlagen des MCB Bodenwerder (o.) und des Motor-Yacht-Club Lahde (u.)

Boot-Sport-Verein Achim-Thedinghausen bei km 341,00 LU

Symbole in den Karten

◣ Tonne – grün

▱ Tonne – rot

◓ Tonne – Fahrwasserteilung

▲ Bake – grün

▽ Bake – rot

✹ Beleuchtet

⬤ Im Fahrwasser
– gesperrt für die gesamte Schiffahrt

⬤ In Häfen/Hafenbecken
– gesperrt für die Sportschiffahrt

⚓ Schiffsliegeplatz

[SKI] Wasserskistrecke

▨ Untief

⊣ Buhne

⌐ Steiger

----■---- Fähre

○ Pegel

⊙— Kran, Verladestelle, Umschlagplatz

⊞⊞⊞⊞⊞ Wehr

----·----·---- Hochspannungsleitung

Straßenbrücke

Eisenbahnbrücke

(SH) Schutzhafen

(H) Hafen

(Y) Yachthafen, Sporthafen, Marina

■ Wassersportanlage, Bootshaus

D Bunkerstation für Diesel

B Bunkerstation für Benzin

(W) Werft

□ Kraftwerk

✛ Kirche

⬮ Denkmal

🏰 Burg, Schloß, Ruine

🏛 Mühle, Windmühle

𝄐 Fabrik, Schornstein

▮ Turm

♜ Funk- oder Fernsehturm

⛺ Campingplatz

(R) Restaurant

WSA   Wasser- und Schiffahrtsamt
HSW   Höchster schiffbarer Wasserstand
NW   Normalwasserstand
MTHW   Mittleres Tidenhochwasser
ASW   Ansteuerungshinweis
DF 1   Eine Durchfahrt
DF 2   Zwei Durchfahrten
DFH   Durchfahrthöhe
DFB   Durchfahrtbreite

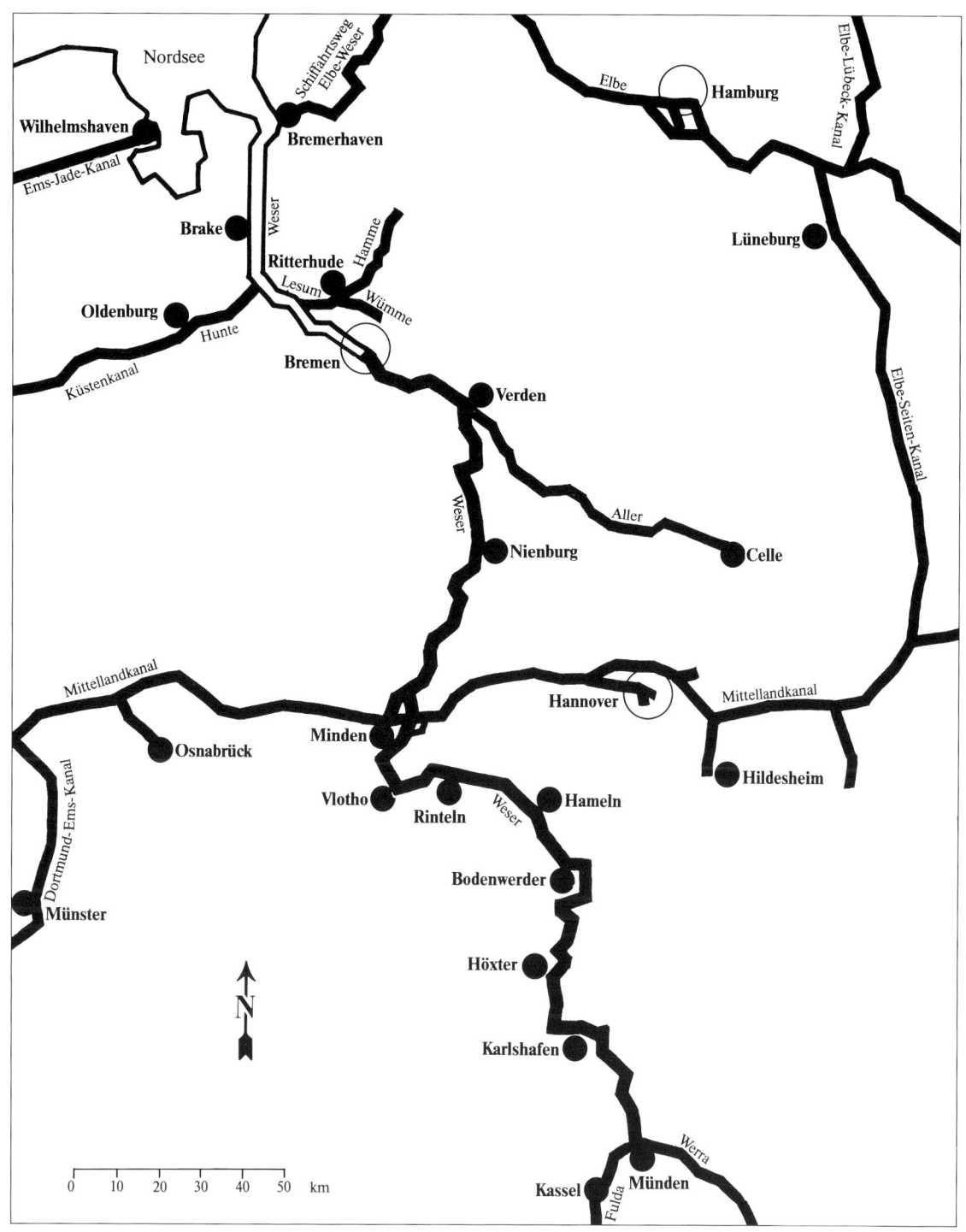

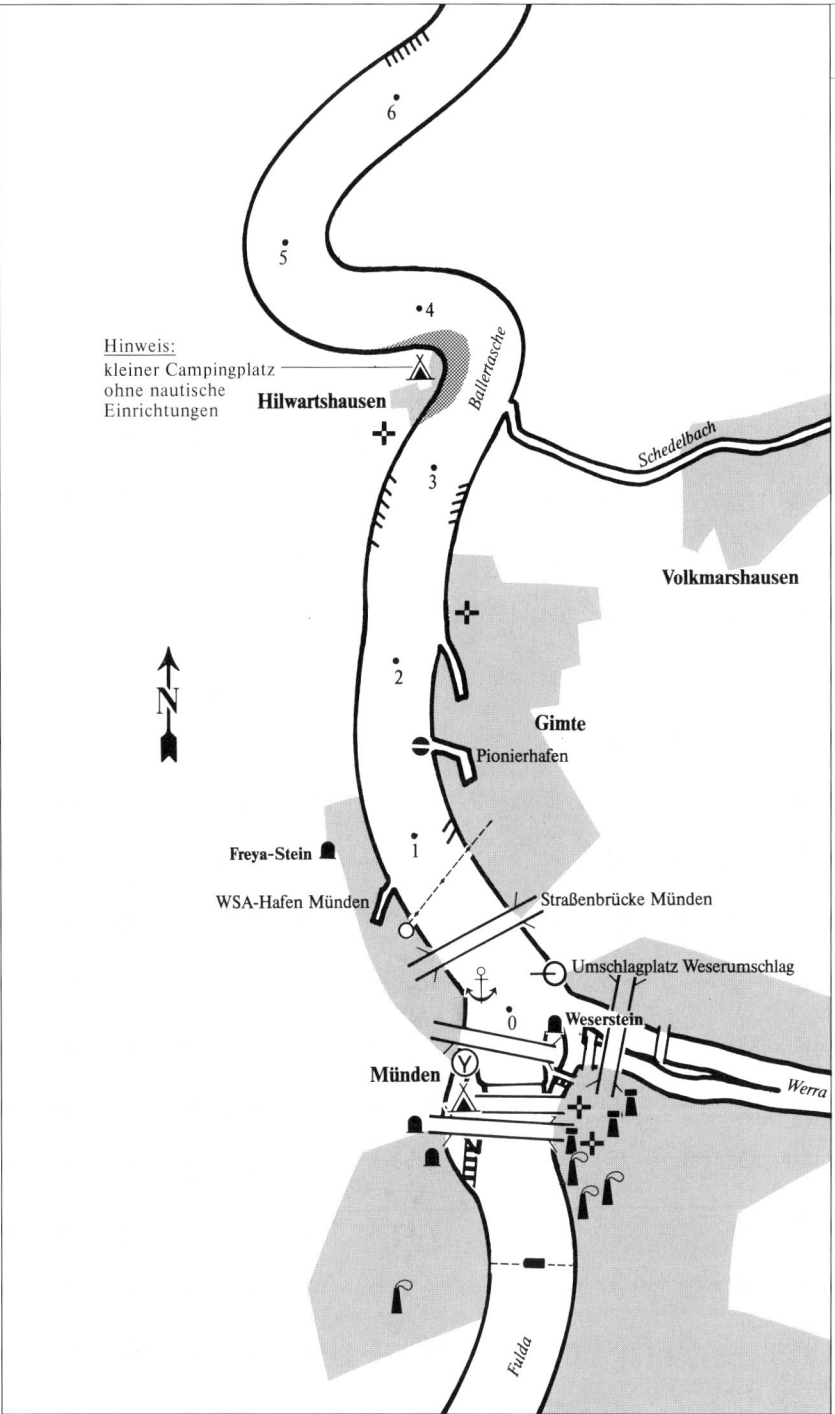

Fahrhinweise

km 0,00 – 1,40
Geschwindigkeits-
begrenzung für
Kleinfahrzeuge: Tal-
fahrt 18 km/h –
Bergfahrt 12 km/h.

km 1,50   RU
Pionierhafen
Wahrschau:
Übungsgebiet.

km 3,50 – 4,00
Wahrschau:
Fahrwasserenge
„Ballertasche".

Fulda km 108,40
Weser-Yacht-Club
mit Campingplatz
Oberer Tanzwerder.
Anschrift: Insel
Tanzwerder, 34346
Hann.-Münden,
Telefon: 05541/
12257 (Anmeldung
und Hafenmeister).
90 m-Schwimmsteg
für Boote bis 15 x
3 m. Wasser und
Strom am Steg.
Gastplätze vorhan-
den. Betonslip für
Boote bis 8 m.
Abstellplatz für Trai-
lergespanne auf
dem eingezäunten
Clubgelände.
Campingplatz: 120
nicht parzellierte
Stellplätze. Gast-
stätte. Öffnungs-
zeiten: täglich 8–13
und 15–22 Uhr.
Fortsetzung S. 65

Hinweis:
kleiner Campingplatz
ohne nautische
Einrichtungen

Hilwartshausen

Ballertasche

Schedelbach

Volkmarshausen

Gimte

Pionierhafen

Freya-Stein

WSA-Hafen Münden

Straßenbrücke Münden

Umschlagplatz Weserumschlag

Weserstein

Münden

Werra

Fulda

km	Uferseite	Streckenbeschreibung	Hinweise / Brücken / Schleusen
Fulda km 108,40		Sportbootanlage und Campingplatz	Weser-Yacht-Club Hann.-Münden und Campingplatz „Oberer Tanzwerder"
0,00	–	Einmündung Fulda	
0,00	–	Einmündung Werra	
0,00	–	Münden	
0,05 –			
0,25	LU	Liegeplatz	
0,05	LU	Pegel	
0,15	RU	Umschlagplatz Weserumschlag	
0,33	–	Straßenbrücke Nr. 1 Münden	DF 1 / DFH 9,25 m / DFB 28,00 m
0,40	RU	Kläranlage Münden	
0,65	LU	Pegel Münden	Angaben s. Seite 55
0,83	LU	WSA-Hafen Münden	Slipbahn. Benutzung nur mit Genehmigung des WSA
1,50	RU	Pionierhafen	
1,56	–	Rampe	
2,20	RU	Gimte	
3,23	LU	Kapelle	
3,40	RU	Volkmarshausen	
3,49	RU	Einmündung Schedelbach	
3,50 –			
4,00	–	Fahrwasserenge „Ballertasche"	
3,60	LU	Hilwartshausen	

Fortsetzung Fahrhinweise von S. 64

WC, Dusche, Waschmaschine, Trockner. Müll- und Chemietoilettenentsorgung. Propangas- flaschentausch und Camping GAZ. Nächste

Straßentankstelle in Hann.-Münden, Kasseler Str.; 1 km. Versorgungsmöglichkeiten und Gast- stätten im Zentrum; 100 m.

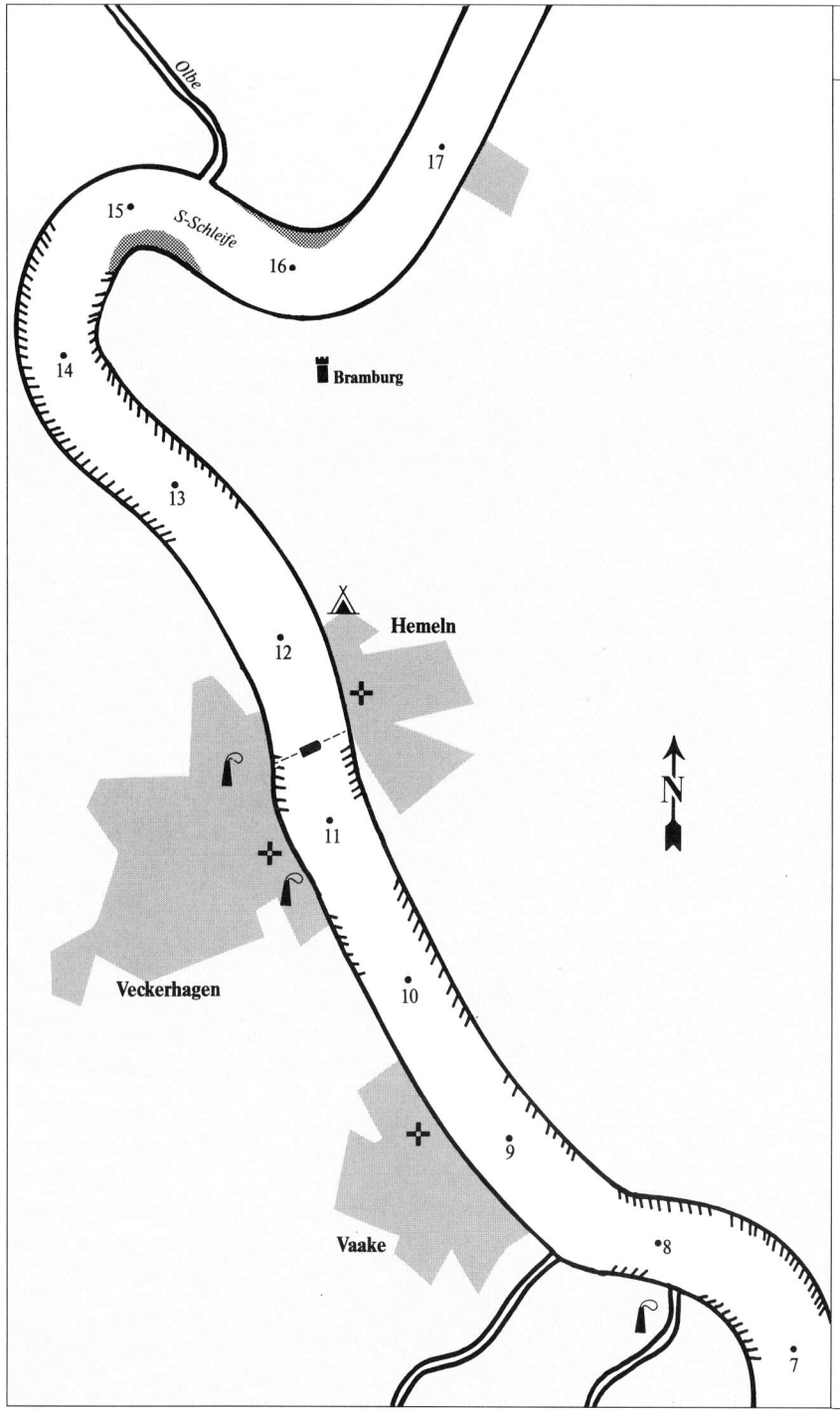

Fahrhinweise

km 12,00 RU
Campingplatz
Hemeln.
Anschrift: Unter-
dorf 34, 34346
Hann.-Münden,
Telefon: 05544/1414.
Betonslip für Boote
bis 7 m. Abstellplatz
für Trailergespanne
auf dem Gelände.
Gaststätte. Öff-
nungszeiten: 9-13
und 15.30-22 Uhr.
Lebensmittelge-
schäft. WC, Kinder-
toilette, Duschen,
Waschmaschine,
Trockner. Müll- und
Chemietoilettenent-
sorgung. Propangas-
flaschentausch und
Camping GAZ.
Nächste Straßen-
tankstelle in Hann.-
Münden, in Rich-
tung Hedemünden;
12 km. Versorgungs-
möglichkeiten und
Gaststätten in
Hemeln.
Hinweis für Trailer-
fahrer: Auf der Slip-
anlage können
Boote auch noch
bei einem Wasser-
stand von 90 cm zu
Wasser gelassen
werden.

km 15,50 – 16,00
Wahrschau:
S-Schleife an der
Bramburg.
Einschiffige Fahr-
wasserenge.

km	Uferseite	Streckenbeschreibung	Hinweise / Brücken / Schleusen
9,15	LU	Vaake	
10,80	LU	Pegel Veckerhagen	
11,00	LU	Veckerhagen	
11,37	–	Wagenfähre Veckerhagen	Hochseilfähre
11,70	RU	Hemeln	
12,00	RU	Campingplatz Hemeln	
14,20	LU	Ziegelhütte	
15,43	LU	Einmündung Olbe	
15,50 –			
16,00	–	Fahrwasserenge Bramburg	
15,60	LU	Hütte	
16,00 –			
15,50	–	Fahrwasserenge Bramburg	
17,15	RU	Glashütte	

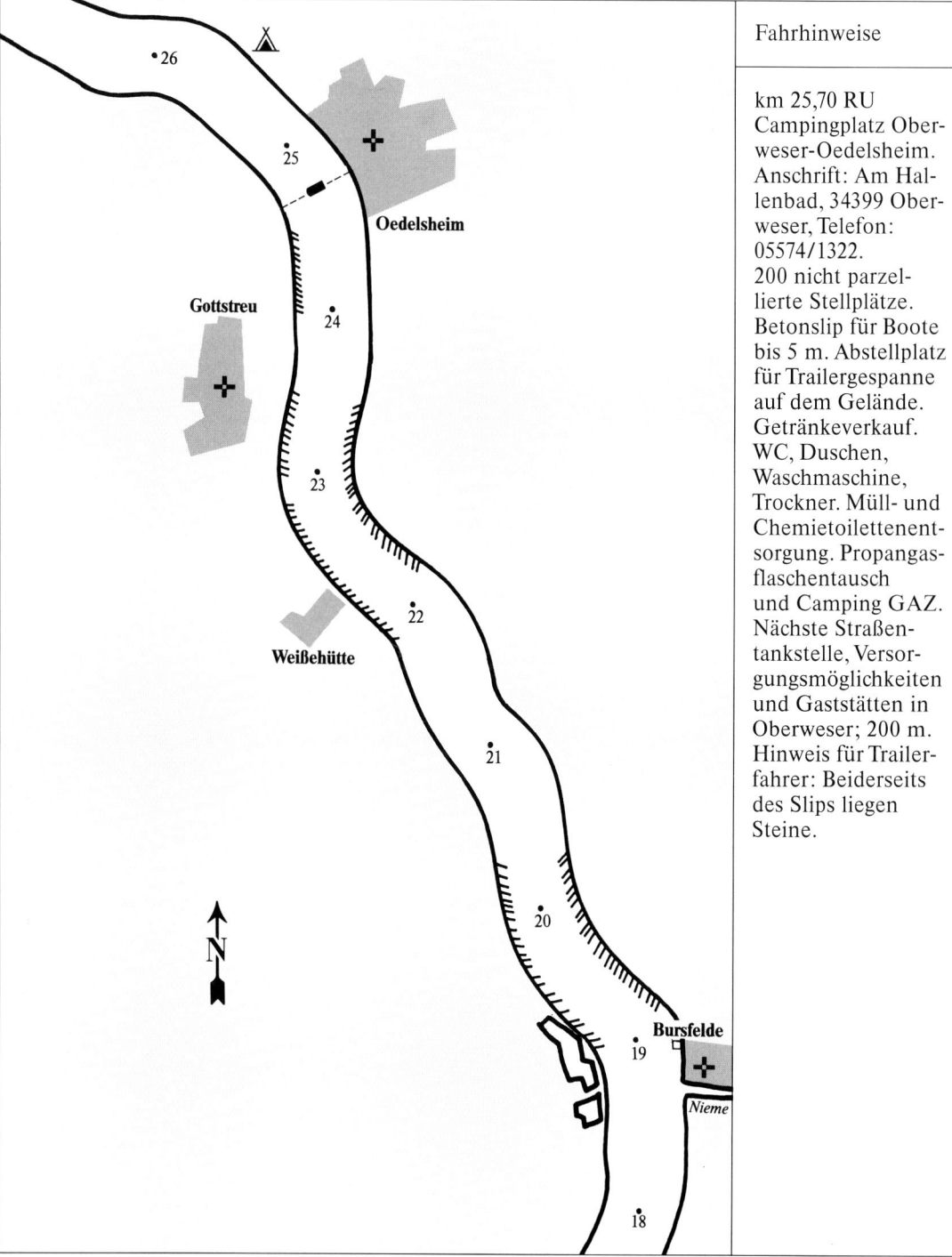

Fahrhinweise

km 25,70 RU
Campingplatz Ober-
weser-Oedelsheim.
Anschrift: Am Hal-
lenbad, 34399 Ober-
weser, Telefon:
05574/1322.
200 nicht parzel-
lierte Stellplätze.
Betonslip für Boote
bis 5 m. Abstellplatz
für Trailergespanne
auf dem Gelände.
Getränkeverkauf.
WC, Duschen,
Waschmaschine,
Trockner. Müll- und
Chemietoilettenent-
sorgung. Propangas-
flaschentausch
und Camping GAZ.
Nächste Straßen-
tankstelle, Versor-
gungsmöglichkeiten
und Gaststätten in
Oberweser; 200 m.
Hinweis für Trailer-
fahrer: Beiderseits
des Slips liegen
Steine.

km	Uferseite	Streckenbeschreibung	Hinweise / Brücken / Schleusen
18,72	RU	Einmündung Nieme	
18,80	RU	Bursfelde	
18,95	RU	Anleger	
22,25	LU	Weißehütte	
23,50	LU	Gottstreu	
24,70	–	Wagenfähre Oedelsheim	Hochseilfähre
24,80	RU	Oedelsheim	
25,70	RU	Campingplatz Oberweser-Oedelsheim	

Blick auf Gieselwerder

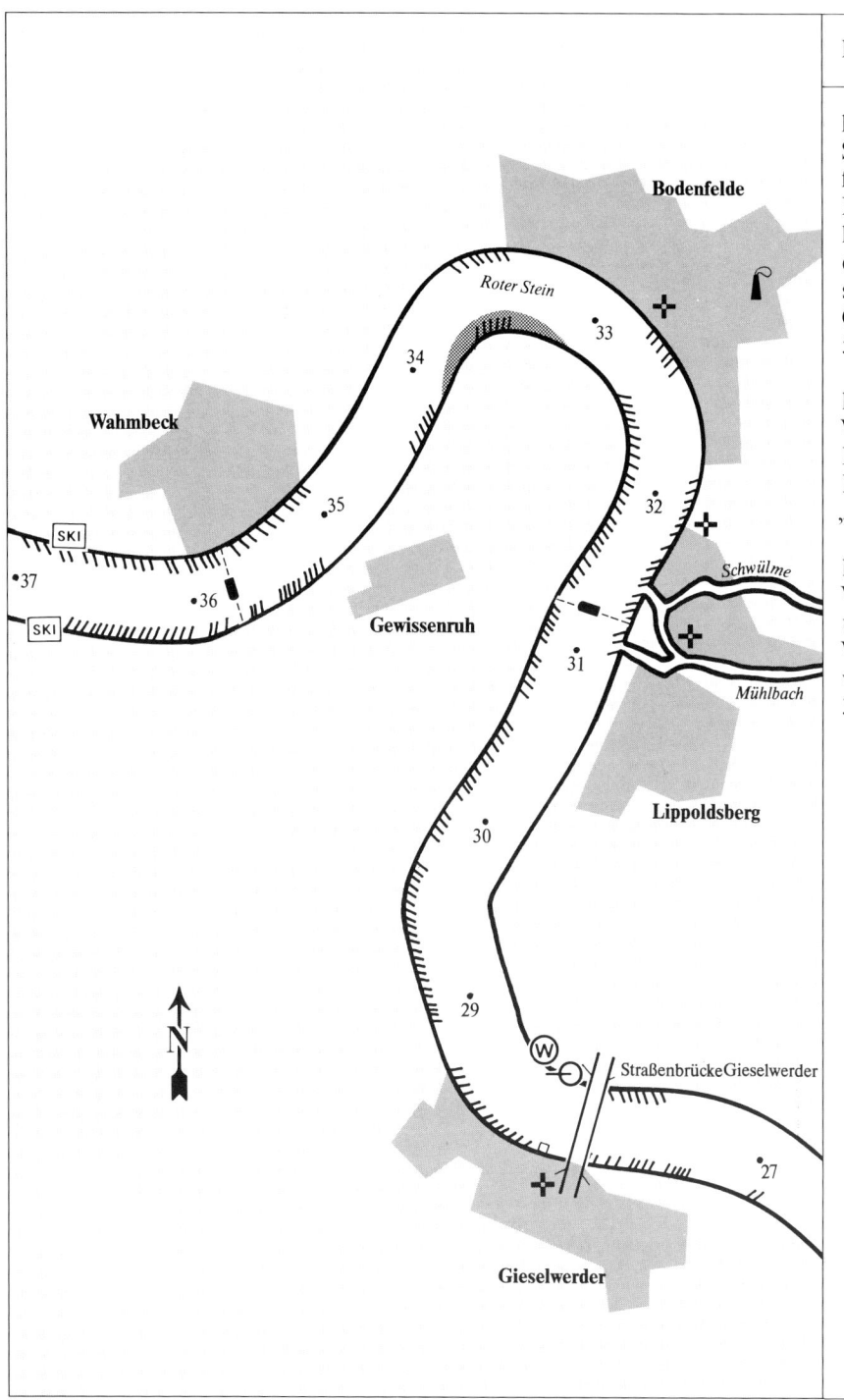

km 32,70 RU
Spundwand Boden-
felde.
Festmachen kosten-
los. Übernachten
erlaubt. Kein Was-
ser und Strom.
Öffentliche Toilette
50 m.

km 33,40 – 34,00
Wahrschau:
Kurve Bodenfelde.
Fahrwasserenge
„Roter Stein".

km 36,70 – 39,00
Wasserskistrecke
unterhalb Fähre
Wahmbeck. Nur
vom 1. Juli bis
30. September.

Bodenfelde

Roter Stein

•34

•33

Wahmbeck

•35

32

Schwülme

SKI

•37

•36

Gewissenruh

31

Mühlbach

30

Lippoldsberg

29

W

Straßenbrücke Gieselwerder

•27

Gieselwerder

N

km	Uferseite	Streckenbeschreibung	Hinweise / Brücken / Schleusen
28,02	LU	Pegel Gieselwerder	
28,06	–	Straßenbrücke Nr. 1 a Gieselwerder	DF 1 / DFH 4,33 m / DFB 28,00 m
28,06	LU	Bad Gieselwerder	
28,10	RU	Umschlagplatz	
28,25	LU	Anleger	
28,40	RU	Werft	
31,15	RU	Einmündung Mühlbach	
31,25	RU	Lippoldsberg	
31,25	–	Wagenfähre Lippoldsberg	Hochseilfähre
31,52	RU	Einmündung Schwülme	
32,70	RU	Spundwand Bodenfelde	Liegemöglichkeit. Übernachten erlaubt. Kein Wasser und Strom.
32,79	RU	Pegel Bodenfelde	
32,80	RU	Bodenfelde	
33,40 – 34,00		Fahrwasserenge „Roter Stein"	
35,75	–	Wagenfähre Wahmbeck	Hochseilfähre
35,75	RU	Wahmbeck	
35,80	LU	Anleger	
35,85	LU	Forsthaus Gewissenruh	
35,97	LU	Pegel Wahmbeck	

Die Hochseilfähre in Wahmbeck

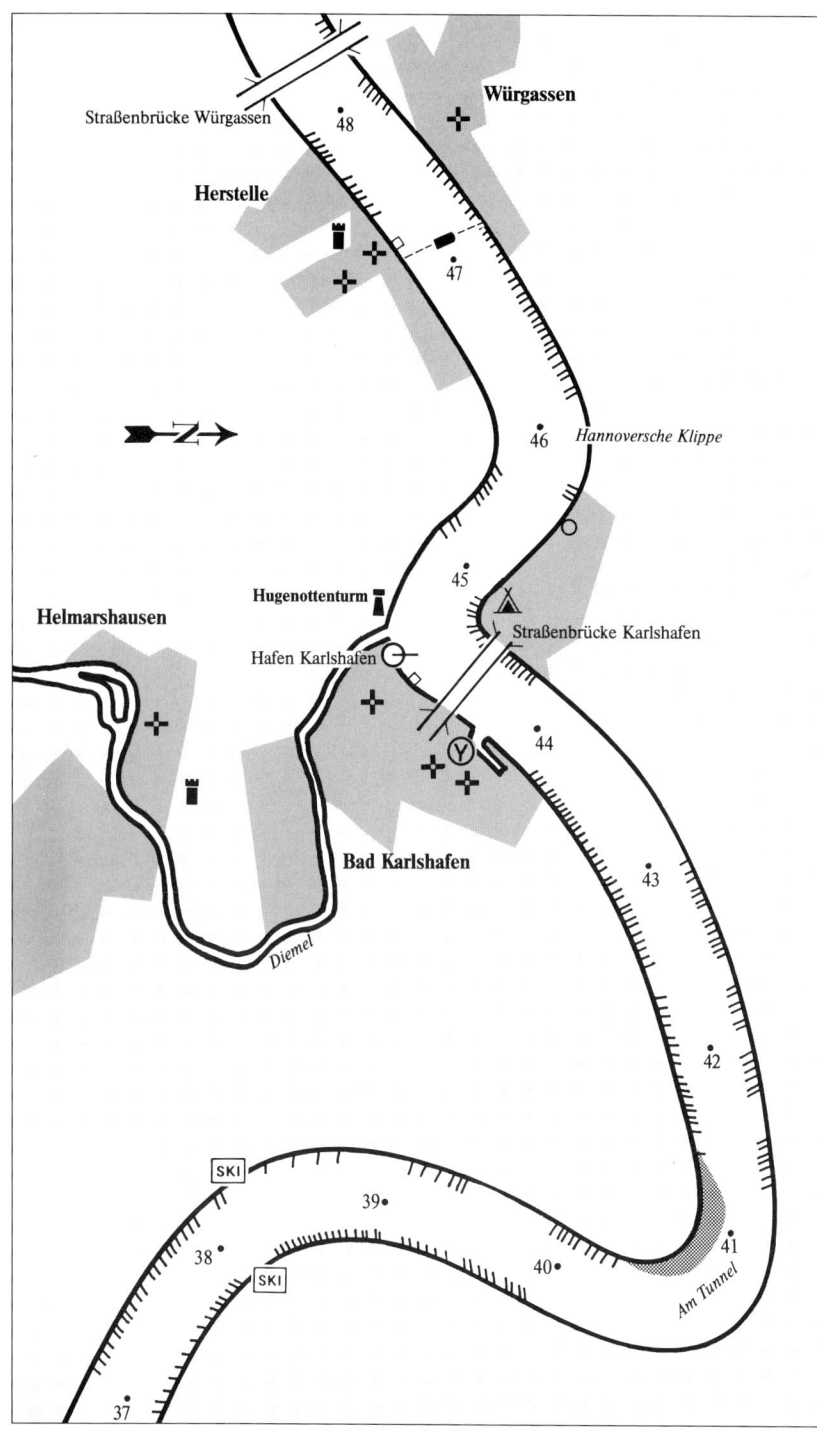

Straßenbrücke Würgassen

Würgassen

48

Herstelle

47

➤➡Z➔

46 *Hannoversche Klippe*

45

Hugenottenturm

Helmarshausen

Straßenbrücke Karlshafen

Hafen Karlshafen

44

Bad Karlshafen

43

Diemel

42

SKI

39•

38 •

SKI

41

40•

Am Tunnel

37

Fahrhinweise

km 36,70 – 39,00
Wasserskistrecke
unterhalb Fähre
Wahmbeck. Nur
vom 1. Juli bis
30 September.

km 40,80 – 41,30
Wahrschau:
Fahrwasserenge
„Am Tunnel".

km 44,50 RU
Campingplatz Bad
Karlshafen.
Anschrift: Am rech-
ten Weserufer,
34385 Bad Karls-
hafen,
Telefon: 05672/710.
300 Stellplätze mit
16 A Stroman-
schluß. Betonslip
für Boote bis 5 m.
Abstellplatz für
Trailergespanne auf
einem Parkplatz vor
dem Gelände. Gast-
stätte. Öffnungs-
zeiten: täglich 8–22
Uhr. Kleines Lebens-
mittelgeschäft. WC,
Duschen, Wasch-
maschine, Trockner.
Müll- und Chemie-
toilettenentsorgung.
Propangasflaschen-
tausch und Camping
GAZ. Nächste Stra-
ßentankstelle in der
Mündener Straße;
1,5 km. Versorgungs-
möglichkeiten
und Gaststätten im
Zentrum; 500 m.
Fortsetzung S. 73

km	Uferseite	Streckenbeschreibung	Hinweise / Brücken / Schleusen
40,80 –			
41,30	–	Fahrwasserenge „Am Tunnel"	
44,00	LU	Sportboothafen	MSC „Weser-Diemel" e.V.
			Straßentankstelle 100 m.
44,42	–	Straßenbrücke Nr. 2	DF 1 / DFH 4,60 m / DFB 28,00 m
		Karlshafen	
44,45	–	Bad Karlshafen	
44,50	RU	Campingplatz Bad Karlshafen	
44,60	LU	Anleger	
44,60	LU	Hafen Bad Karlshafen	
44,61	LU	Helmarshausen	
44,78	LU	Einmündung Diemel	
45,52	RU	Pegel Karlshafen	Angaben s. Seite 55.
46,00	RU	Hannoversche Klippe	
47,15	–	Personenfähre Herstelle	
47,12	LU	Herstelle	
47,18	LU	Anleger	
47,70	RU	Würgassen	
48,30	–	Straßenbrücke Nr. 2 a	DF 1 / DFH 20,14 / DFB 17,25 m
		Würgassen	

Fortsetzung Fahrhinweise von S. 72
km 44,00 LU
MSC-Weser-Diemel.
Am Auland, 38538 Bad Karlshafen, Telefon: 05672/707 (Clubhaus).
150 m Schwimmsteg für Boote bis 8x2,5 m. Wasser und Strom am Steg. Gastplätze vorhanden. Betonslip für Boote bis 8 m. Unimog steht nach Absprache zur Verfügung. Abstellplatz für Trailergespanne auf einer Freifläche beim Slip. Clubhaus. WC, Duschen. Müll- und Altölentsorgung. Nächste Straßentankstelle in Bad Karlshafen, Mündener Straße; 100 m. Versorgungsmöglichkeiten und Gaststätten im Zentrum; 500 m.

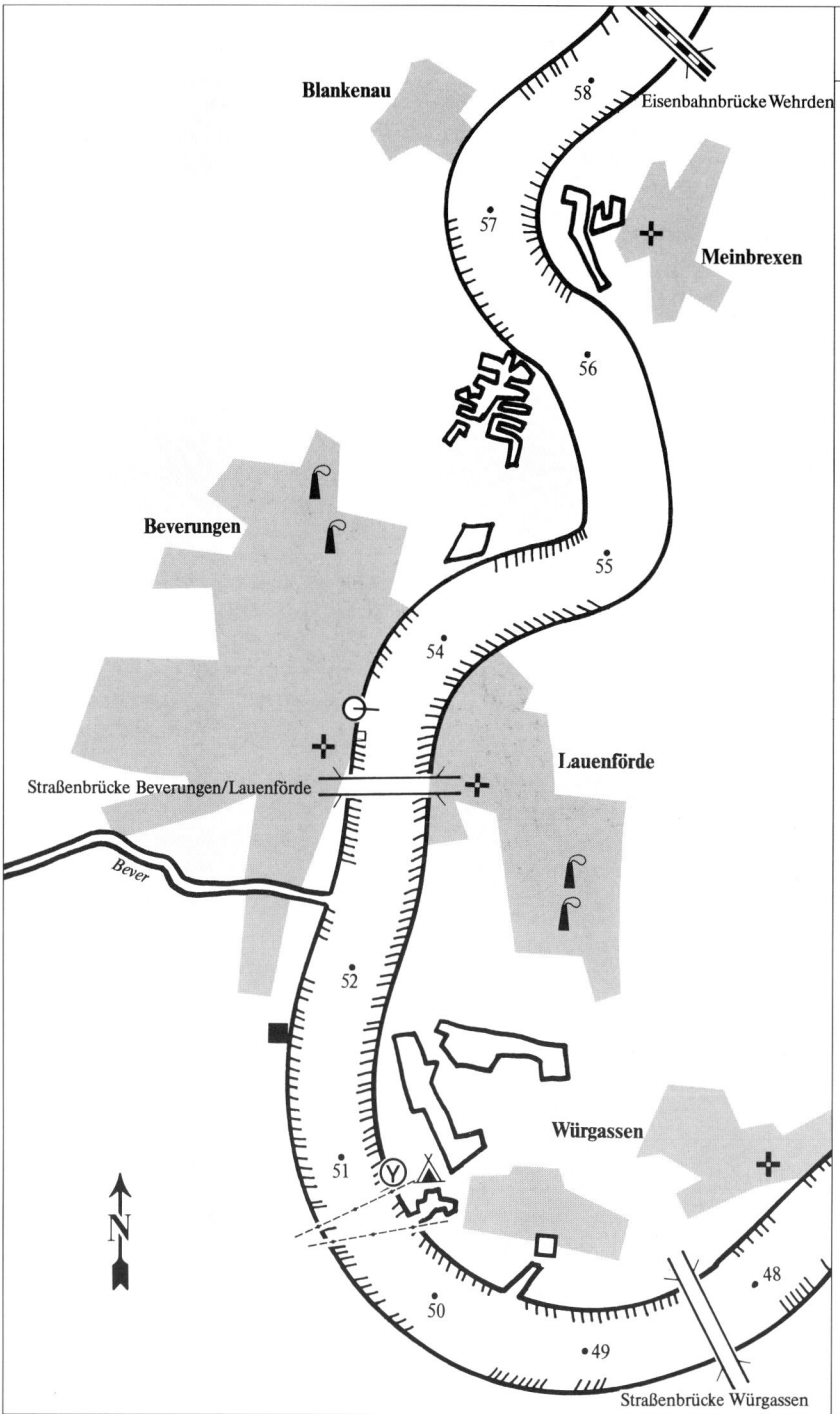

Blankenau

58

Eisenbahnbrücke Wehrden

57

Meinbrexen

56

Beverungen

55

54

Lauenförde

Straßenbrücke Beverungen/Lauenförde

Bever

52

Würgassen

51

50

49

48

N

Straßenbrücke Würgassen

Fahrhinweise

km 50,50 RU
Privater Yachthafen
Dreiländereck mit
Campingplatz.
Anschrift: 37697
Lauenförde, Tele-
fon: 05273/7408
oder 5108.
50 Stellplätze. 5
Schwimmstege für
Boote bis 10x3,5 m.
Wasser und Strom
am Steg. Gastplätze
vorhanden. Beton-
slip für Boote bis
6 m. Windenbetrieb
nach Absprache
möglich. 2-t-Kran.
Abstellplatz für
Trailergespanne auf
dem Gelände. Gast-
stätte mit Getränke-
verkauf. WC,
Duschen, Wasch-
maschine, Trockner.
Müll- und Chemie-
toilettenentsorgung.
Propangasflaschen-
tausch. Nächste
Straßentankstelle in
Lauenförde; 800 m.
Versorgungsmög-
lichkeiten und Gast-
stätten in Lauen-
förde; 800 m.

km	Uferseite	Streckenbeschreibung	Hinweise / Brücken / Schleusen
48,00	RU	Würgassen	
48,30	–	Straßenbrücke Nr. 2 a Würgassen	DF 1 / DFH 20,14 m / DFB 17,25 m
49,20	RU	Kernkraftwerk Preußen-Elektra Würgassen	
49,65	RU	Kühlwasserauslauf	
50,50	RU	Privater Yachthafen Dreiländereck	Campingplatz
51,70	LU	Bootshaus	WSV Beverungen
52,40	LU	Einmündung Bever	
53,00	RU	Lauenförde	
53,02	–	Straßenbrücke Nr. 3 Beverungen/Lauenförde	DF 1 / DFH 4,61 m / DFB 30,00 m
53,21	LU	Anleger	
53,25	LU	Beverungen	
53,44	LU	Umschlagplatz	
56,40	RU	Meinbrexen	
57,40	LU	Blankenau	
58,50	–	Eisenbahnbrücke Nr. 4 Wehrden	DF 1 / DFH 5,77 m / DFB 30,00 m

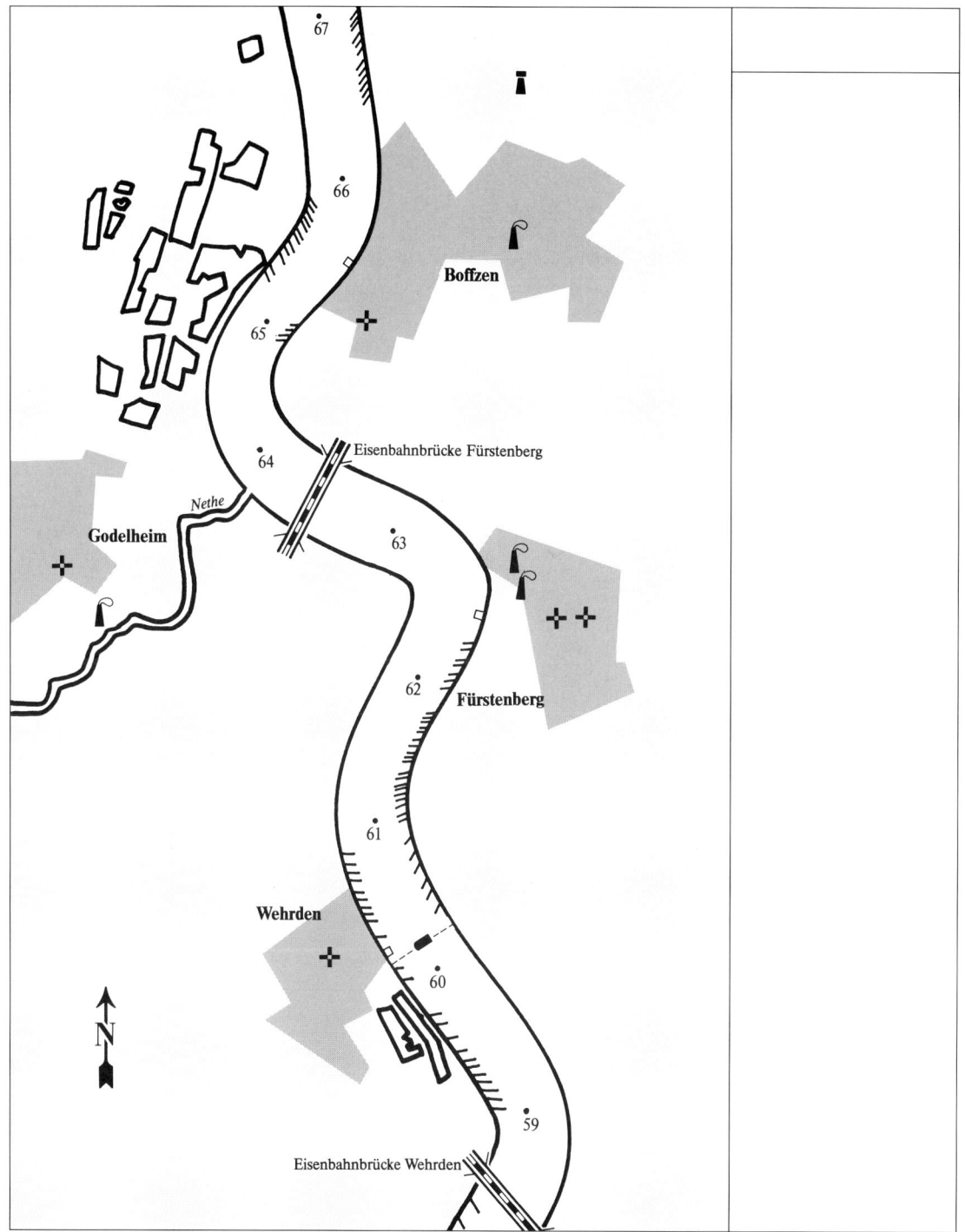

km	Uferseite	Streckenbeschreibung	Hinweise / Brücken / Schleusen
58,50	–	Eisenbahnbrücke Nr. 4 Wehrden	DF 1 / DFH 5,77 m / DFB 30,00 m
60,15	–	Personenfähre Wehrden	
60,20	LU	Wehrden	
60,30	LU	Anleger	
62,40	RU	Fürstenberg	
62,48	RU	Anleger	
63,55	–	Eisenbahnbrücke Nr. 5 Fürstenberg	DF 1 / DFH 7,11 m / DFB 30,00 m
63,86	LU	Einmündung Nethe	
64,00	LU	Godelheim	
65,49	RU	Anleger	
65,60	RU	Boffzen	

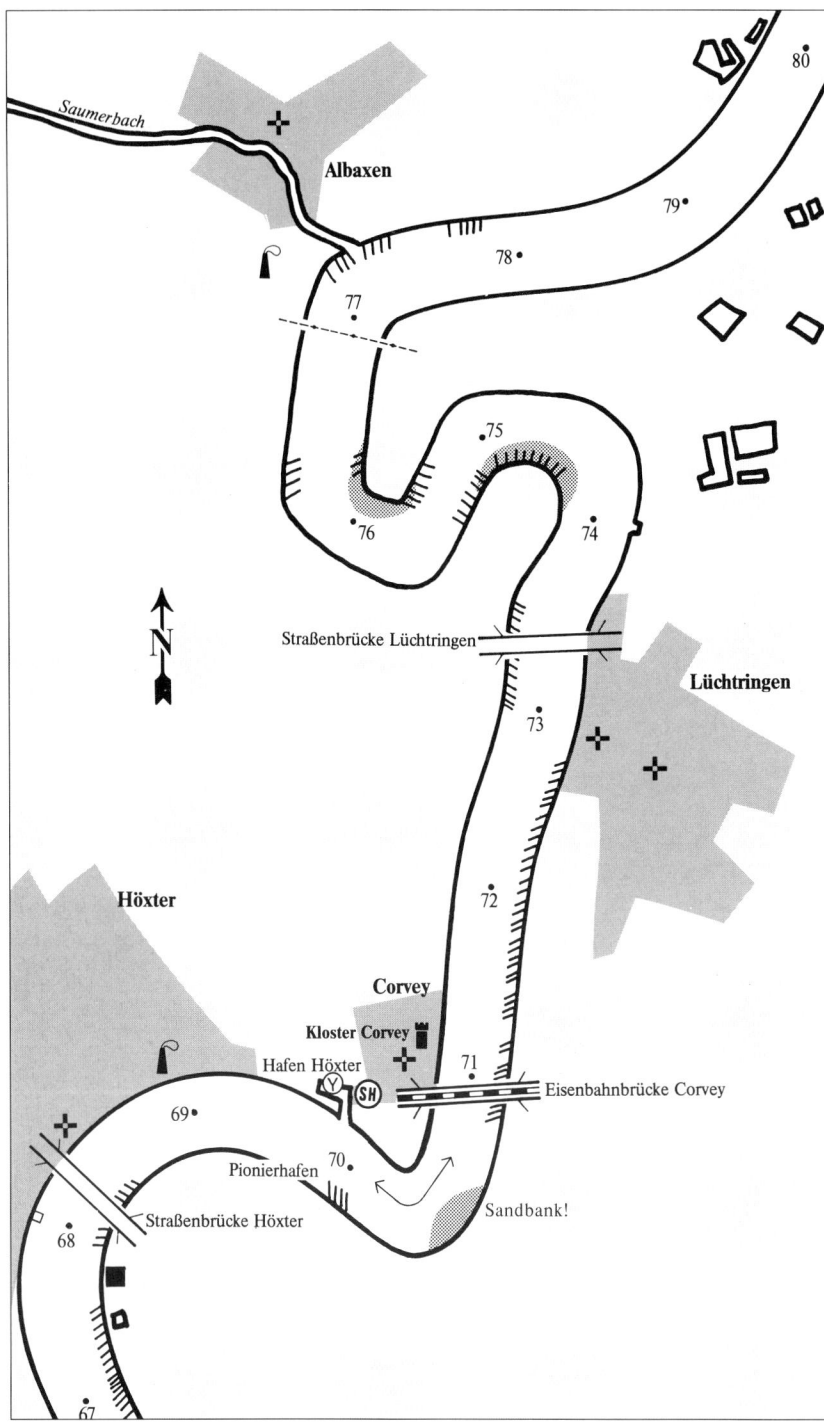

Fahrhinweise

km 69,80 LU
Motorbootverein
Höxter.
Anschrift: Am
Hafen, 37671 Höx-
ter, Telefon: 05271/
2428 (Hafenmeister).
50 m Schwimmsteg
für Boote bis 8x3 m.
Kopfsteg für grö-
ßere Boote. Wasser
und Strom am Steg.
Gastplätze vorhan-
den. Clubhaus. WC,
Duschen. Müllent-
sorgung. Nächste Stra-
ßentankstelle (50 m)
bei der Brücke Höx-
ter, km 68,25 (RU).
Kurzfristiges Fest-
machen an einer
Spundwand erlaubt.
Versorgung und
Gaststätten in Höx-
ter; 1,5 km.

km 70   RU
Pionierhafen.
Wahrschau:
Übungsgebiet.

km 70,20 – 70,60
Wahrschau:
Enge Kurve –
Gegenverkehr und
Fahrwasser beachten.
In der Kurve etwas
mittig fahren.

km 73,90 – 76,20
Wahrschau:
Enge Kurven –
unübersichtliche
Strecke. Gegenver-
kehr und Fahr-
wasser beachten.

km	Uferseite	Streckenbeschreibung	Hinweise / Brücken / Schleusen
67,51	RU	Freibad	
67,70	RU	Bootshaus	WS Höxter
67,93	LU	Anleger	
68,25	RU	Spundwand	Kurzfristiges Festmachen erlaubt. Straßentankstelle 50 m.
68,26	–	Straßenbrücke Nr. 6 Höxter	DF 1 / DFH 4,30 m / DFB 20,00 m
68,26	LU	Höxter	
69,62	LU	Pegel Höxter	
69,85	LU	Hafen Höxter	Schutzhafen/Sportboothafen Motorbootverein Höxter
70,00	RU	Pionierhafen	
70,20 –			
70,60	–	Fahrwasserenge	
70,90	–	Eisenbahnbrücke Nr. 7 Corvey	DF 1 / DFH 4,81 m / DFB 30,00 m
71,00	LU	Kloster Corvey	
72,80	RU	Lüchtringen	
72,86	RU	Pegel Lüchtringen	
73,36	–	Straßenbrücke Nr. 7 a Lüchtringen	DF 1 / DFH 6,25 m / DFB 30,00 m
73,90 –			
76,20	–	Fahrwasserenge	
77,40	LU	Einmündung Saumerbach	
77,45	LU	Albaxen	
80,00	LU	Freibad	

Schloß Corvey mit Klosterkirche

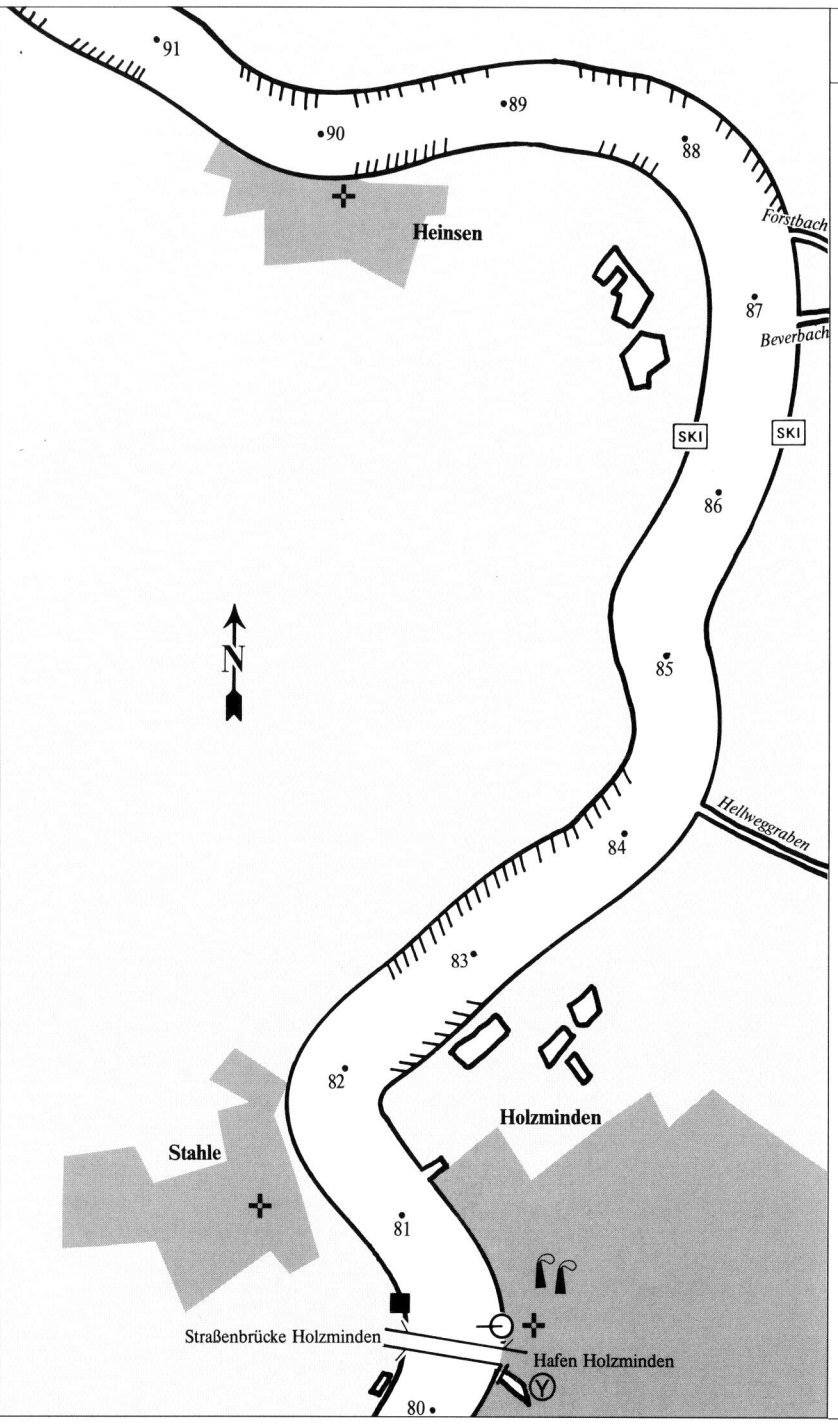

Fahrhinweise

km 80,20 RU
Holzmindener
Yachtclub.
Anschrift:
Am Hafendamm,
37603 Holzminden.
20 m Schwimmsteg
für Boote bis 7 x
2,5 m. Wasser und
Strom am Steg.
Gastplätze vorhan-
den. Kein Clubhaus.
WC und Duschen
in der Jugendher-
berge. Müllentsor-
gung. Nächste Stra-
ßentankstelle an
der B 64 Richtung
Stahle (über die
Weserbrücke); 1,5
km. Versorgungs-
möglichkeiten und
Gaststätten in Holz-
minden; 400 m.

km 81,00 – 82,00
LU Pioniermanöver-
bereich. Wahrschau:
Übungsgebiet.

km 85,60 – 87,00
Wasserskistrecke
zwischen Stahle
und Heinsen. Nur
an Samstagen,
Sonntagen und
gesetzlichen Feierta-
gen von 10.00 bis
17.00 Uhr.

km 89,60 LU
Fahrwasserenge.
Wahrschau:
Aalfischereigebiete.
Fortsetzung S. 81

km	Uferseite	Streckenbeschreibung	Hinweise / Brücken / Schleusen
80,00	LU	Freibad	
80,20	RU	Hafen Holzminden	
80,20	RU	Sportbootanlage	Hafen Holzminden
			Holzmindener Yachtclub e.V.
80,24	–	Straßenbrücke Nr. 8	DF 1 / DFH 4,15 m / DFB 29,00 m
		Holzminden	
80,24	RU	Holzminden	
80,25	LU	Bootshaus	KK Holzminden
80,40	RU	Umschlagplatz	
81,27	RU	Hafen	
81,50	LU	Stahle	
84,30	RU	Einmündung Hellweggraben	
86,90	RU	Einmündung Beverbach	
87,24	RU	Einmündung Forstbach	
89,60	RU	Fahrwasserenge	
89,85	LU	Heinsen	
90,10	RU	Fahrwasserenge	

Fortsetzung Fahrhinweise von S. 80
km 89,60 RU
Fahrwasserenge.
Wahrschau:
Aalfischereigebiete.

km 90,10 RU
Fahrwasserenge.
Wahrschau:
Aalfischereigebiete.

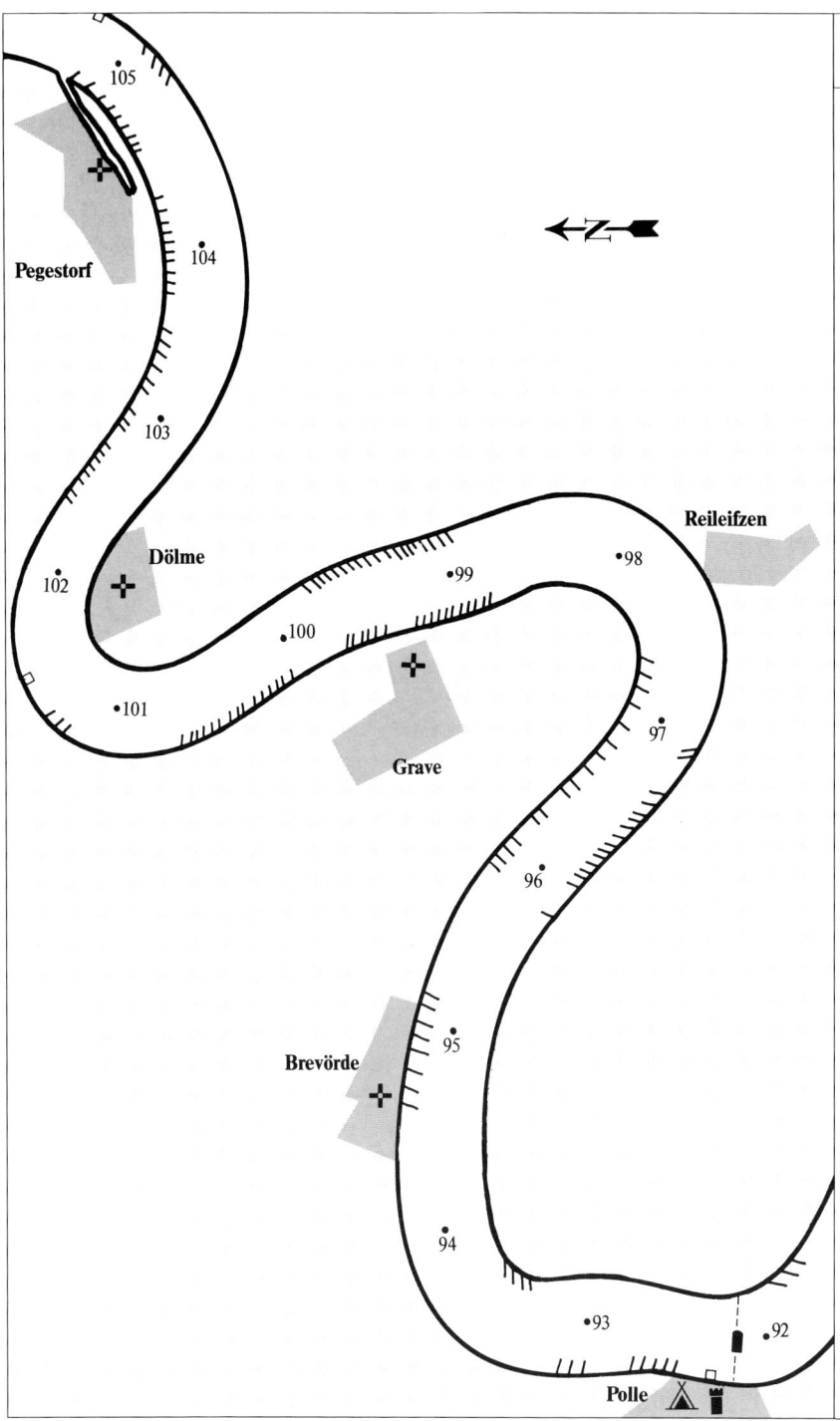

Fahrhinweise

km 92,50 LU
Campingplatz Polle.
Anschrift: Mühlen-
weg 2, 37647 Polle,
Telefon: 05535/245.
160 Stellplätze. 3
Schwimmstege für
20 Boote. Wasser
und Strom auf dem
Gelände. Betonslip
für Boote bis 6 m.
Trecker steht nach
Absprache zur Ver-
fügung. Abstellplatz
für Trailergespanne
auf dem Camping-
platz. Gaststätte.
Öffnungszeiten: täg-
lich 8–24 Uhr. WC,
Duschen, Wasch-
maschine, Trockner.
Müll- und Chemie-
toilettenentsorgung.
Propangasflaschen-
tausch und Cam-
ping GAZ. Nächste
Straßentankstelle in
Polle, Heinser Str.;
500 m. Versorgungs-
möglichkeiten und
Gaststätten in
Polle; 300 m. Fähre
100 m.

km 92,70 RU
Fahrwasserenge.
Wahrschau:
Aalfischereigebiete.

km	Uferseite	Streckenbeschreibung	Hinweise / Brücken / Schleusen
92,20	–	Wagenfähre Polle	
92,30	LU	Polle	
92,37	LU	Anleger	
92,50	LU	Campingplatz Polle	
92,70	RU	Fahrwasserenge	
94,50	LU	Brevörde	
97,70	RU	Reileifzen	
99,31	LU	Grave	
101,46	LU	Anleger	
101,80	RU	Dölme	
104,40	LU	Pegestorf	
105,25	LU	Einmündung Altarm	
105,31	RU	Anleger	

Blick auf die Burgruine und Fähre Polle

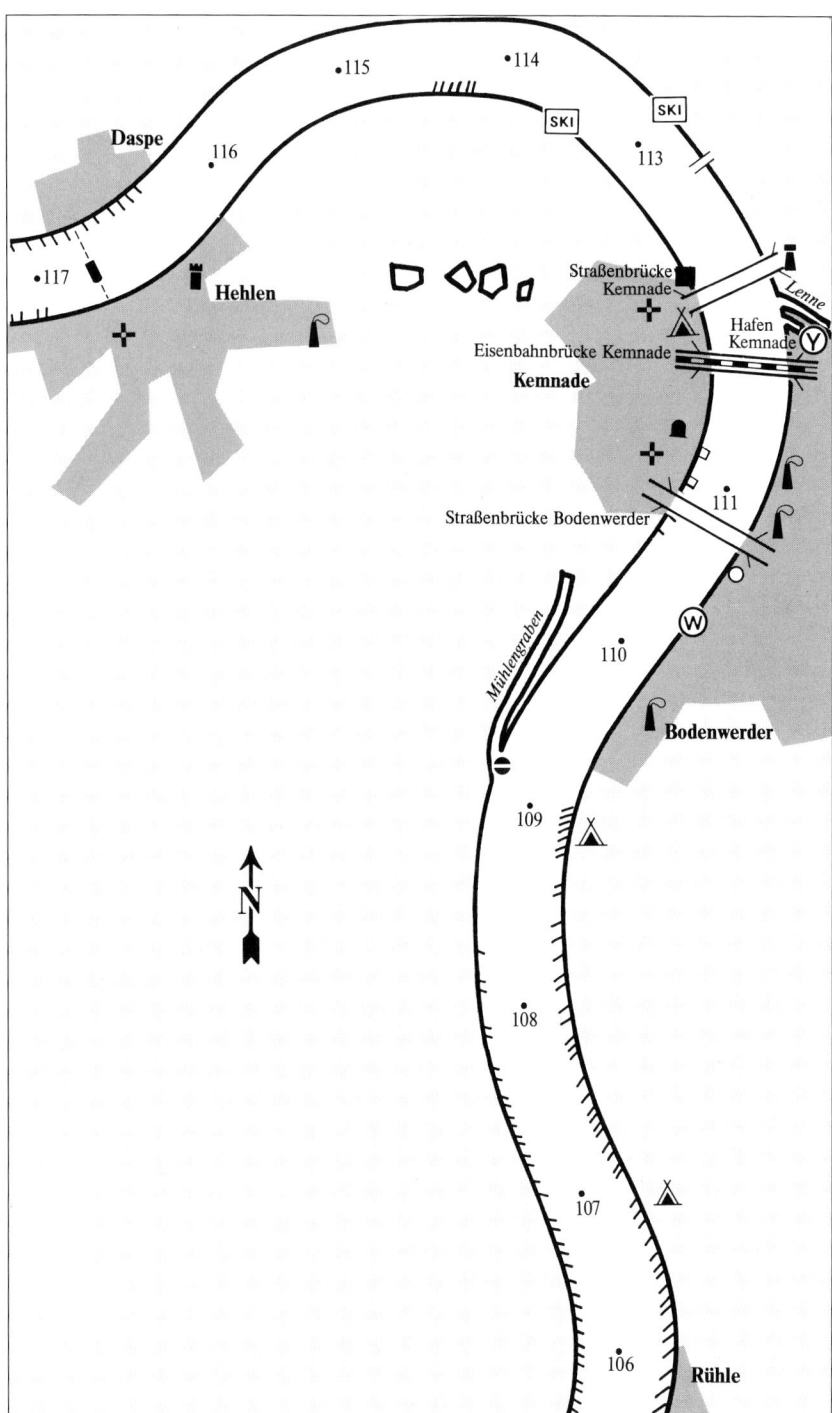

km 108,90 RU
Wahrschau:
Halbseitige Sper-
rung des Fahrwas-
sers. Ausgeschildert.

Campingplatz
Himmelspforte.
Anschrift: Ziegelei-
weg 1, 37619 Boden-
werder, Telefon:
05533/4938.
150 Stellplätze.
Mehrere Holzstege
für kleine Boote.
Gastplätze vorhan-
den. Asphaltslip für
Boote bis 6 m.
Abstellplatz für Trai-
lergespanne auf
dem Gelände. Gast-
stätte, kleines
Lebensmittelge-
schäft. WC,
Duschen, Waschma-
schine. Müll- und
Chemietoilettenent-
sorgung. Propangas-
flaschentausch.
Nächste Straßen-
tankstelle in Boden-
werder, Rühler Str.;
500 m. Versorgungs-
möglichkeiten und
Gaststätten im Zen-
trum; 1 km.

km 110,81 – 111,73
Geschwindigkeits-
begrenzung für
Kleinfahrzeuge: Tal-
fahrt 18 km/h –
Bergfahrt 12 km/h.

Fortsetzung S. 85

km	Uferseite	Streckenbeschreibung	Hinweise / Brücken / Schleusen
105,32	RU	Rühle	
106,00	RU	Anleger Rühle	
106,30	RU	Siedlung am Ehrberg	
106,80	RU		Campingplatz ohne nautische Einrichtungen
108,90	RU	Fahrwasserenge	Campingplatz Himmelspforte (F 101-106)
109,19	LU	Weseraltarm Mühlengraben	Befahren verboten
109,45	RU	Slipanlage	Deutscher Autbord-Club e.V.
109,80	RU	Industriegelände	
110,25	RU	Schiffswerft Arminiuswerft	
110,72	RU	Pegel Bodenwerder	Angaben s. Seite 55.
110,80	RU	Bodenwerder	
110,81	–	Straßenbrücke Nr. 9 Bodenwerder	DF 1 / DFH 4,57 m / DFB 30,00 m
110,90	LU	Anleger	
111,10	RU	Freibad	
111,21	LU	Kemnade	
111,73	–	Eisenbahnbrücke Nr. 10 Kemnade	DF 1 / DFH 4,75 m / DFB 30,00 m
111,90	RU	Sportbootanlage	Hafen Kemnade. Motorbootclub Bodenwerder. (F 90-100)
111,93	RU	Einmündung Lenne	
112,00	–	Straßenbrücke Nr. 10 a Kemnade	DF 1 DFH 5,00 m / DFB 30,00 m
112,10	LU	Bootshaus	KC Bodenwerder
112,80	RU	Slipanlage (alter Fähranleger)	
116,60	–	Wagenfähre Daspe	Hochseilfähre
116,64	RU	Daspe	
116,64	LU	Hehlen	
117.40	LU	Kalksteinwerk	

Fortsetzung Fahrhinweise von S. 84
km 111,90 RU
Hafen Kemnade. Wahrschau: Hafen neigt zum Verschlicken.
Motorbootclub Bodenwerder.
Anschrift: Am Hafen, 37619 Bodenwerder/Linse. 80 m Schwimmsteg für Boote bis 8x2,5 m. Kopfsteg für größere Boote. Wasser und Strom am Steg. Gastplätze vorhanden. 3-t-Kran. Abstellplatz für Trailergespanne auf dem Gelände. Clubhaus mit WC und Duschen. Zusätzlich ständig geöffneter WC-Container. Nächste Straßentankstelle in Bodenwerder, Rühler Str.; 1 km. Versorgungsmöglichkeiten und Gaststätten im Zentrum; ab 500 m.
Hinweis für Trailerfahrer: Slipmöglichkeit für Boote bis maximal 6 m am alten Fähranleger bei km 112,80 (RU).

km 112,10 – 114,10
Wasserskistrecke. Täglich von 9.00 bis 18.00 Uhr.

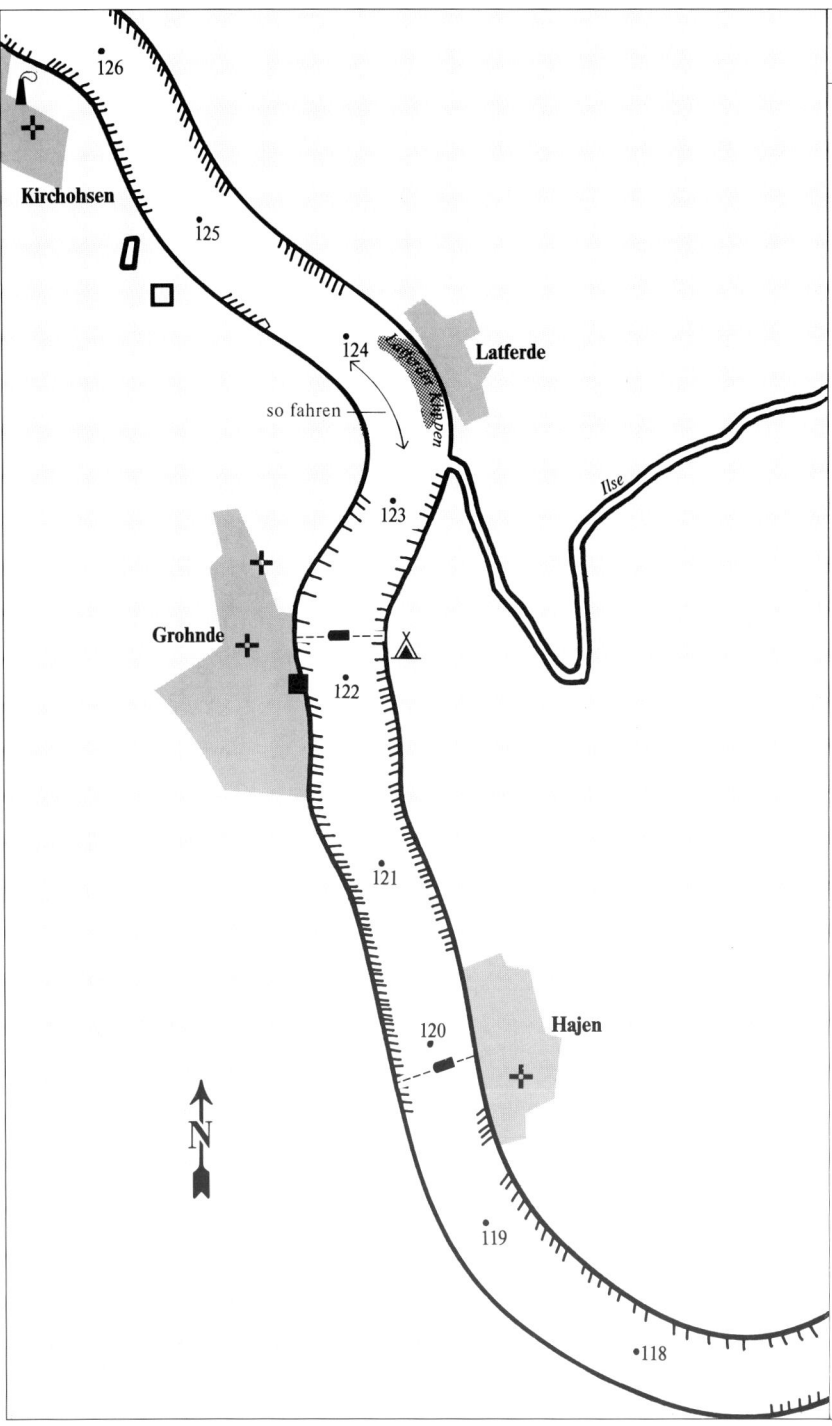

Fortsetzung S. 87

Fahrhinweise

km 122,00 RU Campingplatz „Grohnder Fährhaus". Anschrift: Grohnder Fähre, 31860 Grohnde, Telefon: 05155/380. 80 Stellplätze. Holzsteg für kleine Boote. Kein Wasser und Strom am Steg. Gastplätze vorhanden. Betonslip für Boote bis 6 m. Weitere Slipmöglichkeit am Fähranleger. Abstellplatz für Trailergespanne auf dem Gelände. Gaststätte. Öffnungszeiten: täglich 8–21 Uhr, Dienstag Ruhetag. WC, Duschen. Müll- und Chemietoilettenentsorgung. Propangasflaschentausch. Nächste Straßentankstelle in Emmerthal, OT: Hajen; 1 km. Versorgungsmöglichkeiten und Gaststätten in Grohnde. Zu erreichen mit der Fähre.

km 123,27 – 123,85 RU. Latferder Klippen. Wahrschau: Felsstrecke. Engstelle mit starker Strömung. Auf Gegenverkehr achten.

km	Uferseite	Streckenbeschreibung	Hinweise / Brücken / Schleusen
117,40	LU	Kalksteinwerk	
119,90	–	Wagenfähre Hajen	Hochseilfähre
119,90	RU	Hajen	
122,00	RU	Sportbootanlagen	Campingplatz „Grohnder Fährhaus"
122,20	LU	Grohnde	
		Wagenfähre Grohnde	Hochseilfähre
122,22	RU	Wirtshaus Grohnder Fähre	
123,26	RU	Einmündung Ilse	
123,27	–		
123,85	RU	Latferder Klippen	
123,70	RU	Latferde	
123,85	–		
123,27	RU	Latferder Klippen	
124,47	LU	Kühlwasseranlage	
124,70	LU	Kernkraftwerk Grohnde	
124,96	LU	Kühlwasseranlage	
126,80	LU	Kirchohsen	Anleger

Fortsetzung Fahrhinweise von S. 86
Langsam durch die Innenkurve fahren. Der
Bereich Flußmitte bis zum rechten Ufer ist unbe-
dingt zu meiden!

Schloß Hehlen

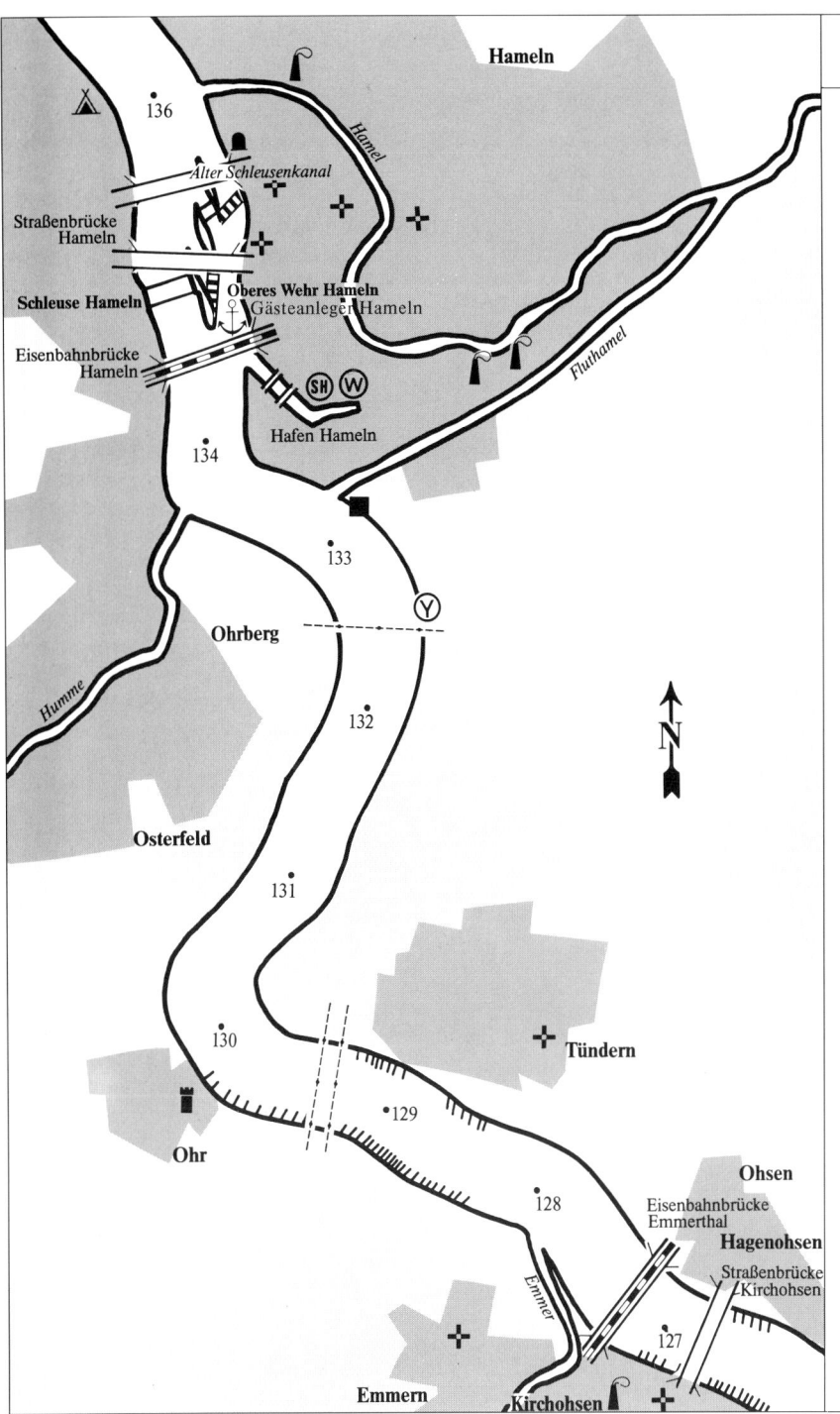

Fortsetzung S. 89

Fahrhinweise

km 129,80 – 130,30
RU. Pioniermanöver-
bereich. Wahrschau:
Übungsgebiet.

km 130,40 – 135,65
Geschwindigkeits-
begrenzung für
Kleinfahrzeuge:
Talfahrt 18 km/h –
Bergfahrt 12 km/h.

km 132,40 RU
Motorboot-Club
Hameln.
Anschrift: Tündern-
sche Warte,
31789 Hameln, OT.
Tündern, Telefon:
05151/45504 (Club-
haus).
Hafenbecken mit
Schwimmsteg für
Boote bis 9x3,2 m.
Strom am Steg.
Wasser kann mit
Kanister besorgt
werden. Gastplätze
vorhanden. Beton-
slip für Boote bis
8 m. Abstellplatz für
Trailergespanne auf
dem Gelände oder
in der clubeigenen
Winterlagerhalle in
Tündern. Clubhaus
mit WC und
Duschen. Müllent-
sorgung.

km 133,20 – 134,00
RU. Pioniermanöver-
bereich. Wahrschau:
Übungsgebiet.
Fortsetzung S. 89

km	Uferseite	Streckenbeschreibung	Hinweise / Brücken / Schleusen
126,80	LU	Kirchohsen	
126,80	RU	Hagenohsen	
126,81	–	Straßenbrücke Nr. 11 Kirchohsen	DF 1 / DFH 4,50 m / DFB 30,00 m
127,10	RU	Ohsen	
127,30	LU	Emmern	
127,30	–	Eisenbahnbrücke Nr. 12 Emmerthal	DF 1 / DFH 4,71 m / DFB 30,00 m
128,00	LU	Einmündung Emmer	
129,00	RU	Tündern	
129,80	LU	Ohr	
131,00	LU	Osterfeld	
132,00	LU	Am Ohrberg	
132,40	RU	Wirtshaus Thündersche Warte	
132,40	RU	Sportbootanlage	Motorboot-Club Hameln e.V.
133,20	RU	Bootshaus	KC Hameln. Bedingte Liegemöglichkeiten
133,30	RU	Einmündung Fluthamel	
133,78	LU	Einmündung Humme	
134,45	RU	Hafen Hameln	Schutzhafen. Bedingte Liegemöglichkeiten. Anmeldung bei der Hafenverwaltung.
134,45	RU	Schiffs- und Bootswerft Hameln	Hafen Hameln
134,47	–	Eisenbahnbrücke Nr. 13 Hameln	DF 3 / DFH 9,14 m / DFB 30,00 m DFH 8,83 m / DFB 69,40 m DFH 8,00 m / DFB 51,00 m
134,60	–	Hameln	
134,65	LU	Einmündung Schleusenkanal	
134,80	LU	Schleuse Hameln	K 1 / L 221,00 m / B 11,00 m / HH 2,55 m Straßentankstelle 50 m. UKW-Kanal 20. Tel. 05151/636 00.
134,80	–	Bootsgasse	Rechts neben der Schleuse im Wehrarm
134,83	–	Oberes Wehr Hameln	LU im Wehrarm
134,89	RU		Bedingte Liegemöglichkeiten.
135,00	RU	Gastanleger und Slipanlage Hameln	
135,02	–	Straßenbrücke Nr. 14 a-c Hameln	Westdurchfahrt: DF 1 / DFH 4,36 m / DFB 30,00 m. Ostdurchfahrt: Gesperrt.
135,82	LU	Einmündung Schleusenkanal	Unterwasser
135,40	RU	Einmündung Alter Schleusenkanal	Schleuse nicht mehr in Betrieb.
135,23	–	Hameln	
135,23		Alter Pegel Hameln	
135,45	–	Straßenbrücke Nr. 14 d Hameln	DF 1 / DFH 5,25 m / DFB 30,00 m
135,53	RU	Einmündung Wehrarm	
135,90	RU	Einmündung Hamel	

Fortsetzung Fahrhinweise von S. 80
km 135,00 RU
Gästesteg und Slipanlage Hameln.

Kostenlose Anlegemöglichkeit an einem Aluminiumschwimmsteg. Übernachten erlaubt. Slipanlage für Boote bis 6 m.

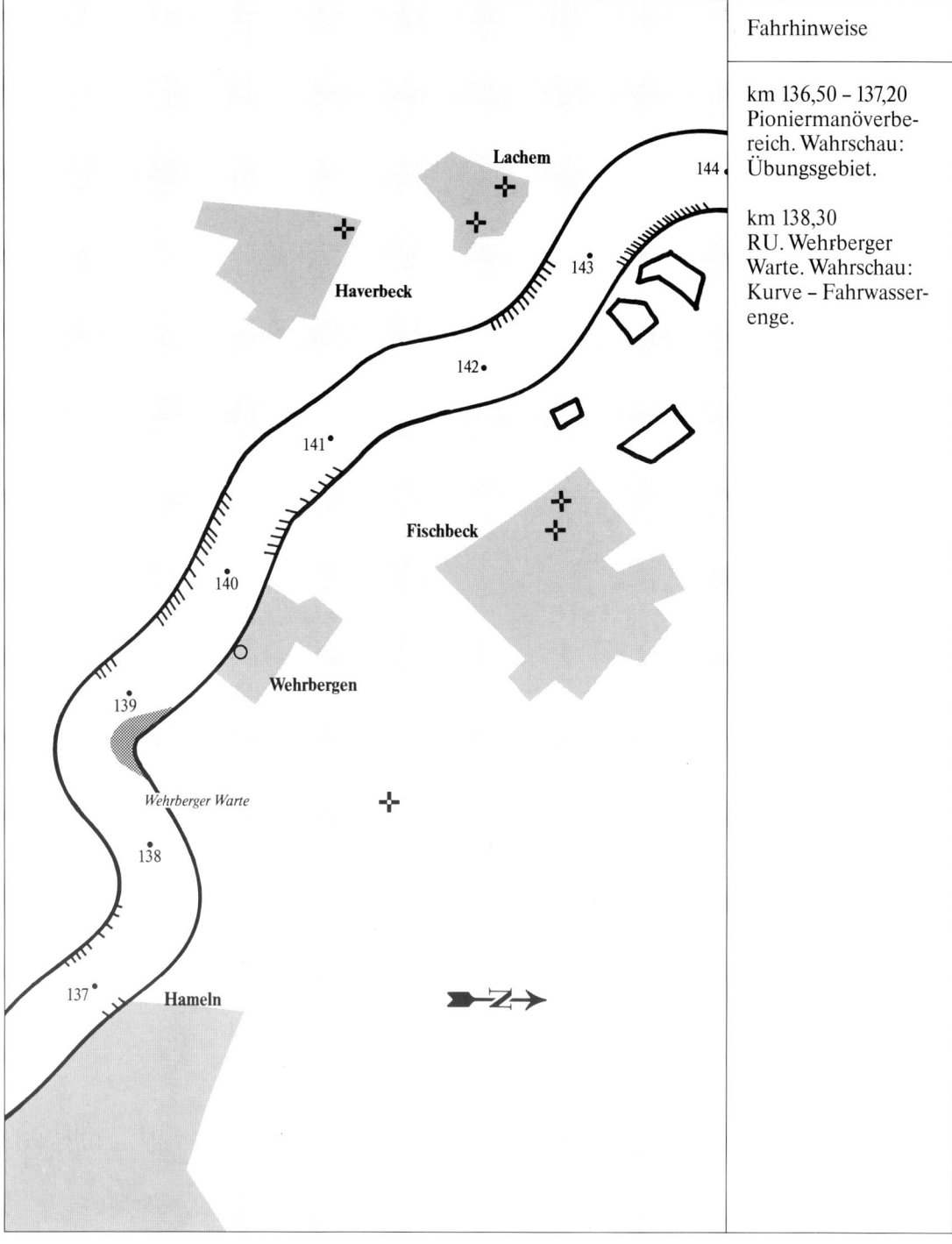

Fahrhinweise

km 136,50 – 137,20
Pioniermanöverbe-
reich. Wahrschau:
Übungsgebiet.

km 138,30
RU. Wehrberger
Warte. Wahrschau:
Kurve – Fahrwasser-
enge.

Lachem

Haverbeck

144

143

142

141

Fischbeck

140

Wehrbergen

139

Wehrberger Warte

138

137

Hameln

km	Uferseite	Streckenbeschreibung	Hinweise / Brücken / Schleusen
138,30	RU	Wehrberger Warte	
139,20	LU	Gut Helpensen	
139,68	RU	Pegel Hameln-Wehrbergen	Angaben s. Seite 54 / 55.
139,80	RU	Wehrbergen	
141,30	LU	Haverbeck	
142,00	RU	Fischbeck	
142,75	LU	Lachem	

Rattenfängerspiele in Hameln vor dem Hochzeitshaus

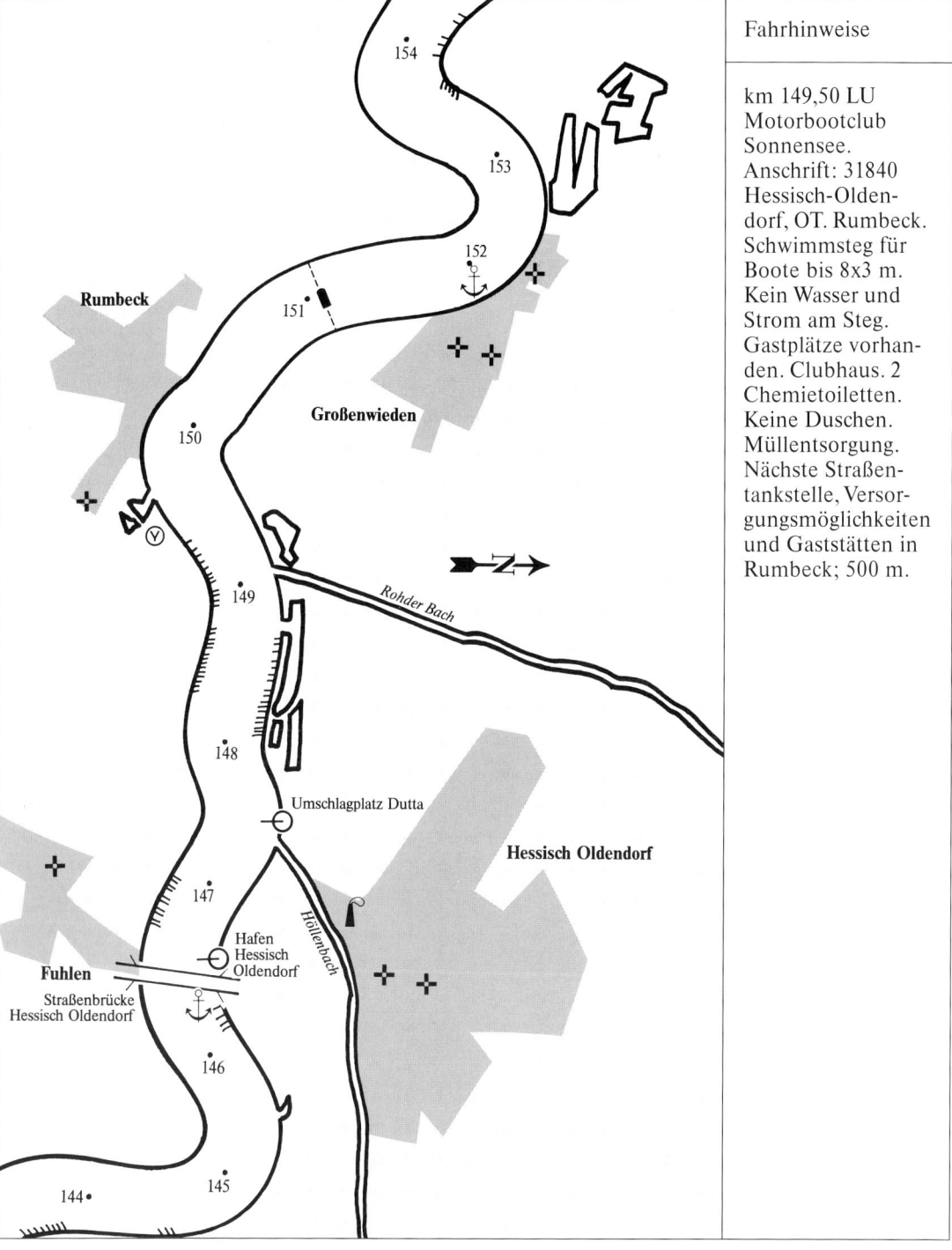

154

153

152 ⚓

151

Rumbeck

Großenwieden

150

149

Rohder Bach

148

Umschlagplatz Dutta

Hessisch Oldendorf

147

Hafen
Hessisch
Oldendorf

Fuhlen

Straßenbrücke
Hessisch Oldendorf ⚓

Höllenbach

146

145

144

Fahrhinweise

km 149,50 LU
Motorbootclub
Sonnensee.
Anschrift: 31840
Hessisch-Olden-
dorf, OT. Rumbeck.
Schwimmsteg für
Boote bis 8x3 m.
Kein Wasser und
Strom am Steg.
Gastplätze vorhan-
den. Clubhaus. 2
Chemietoiletten.
Keine Duschen.
Müllentsorgung.
Nächste Straßen-
tankstelle, Versor-
gungsmöglichkeiten
und Gaststätten in
Rumbeck; 500 m.

km	Uferseite	Streckenbeschreibung	Hinweise / Brücken / Schleusen
146,30 –			
146,65	RU	Schiffsliegeplatz 6 P	
146,47	–	Straßenbrücke Nr. 15 Hessisch Oldendorf	DF 1 / DFH 5,03 m / DFB 30,00 m
146,50	LU	Fuhlen	Anleger
146,50	RU	Hessisch Oldendorf	
146,50	LU	Wendeplatz	
146,50	RU	Hafen Hessisch Oldendorf	
147,38	RU	Einmündung Höllenbach	
147,45 –			
147,60	RU	Umschlagplatz Dutta	
148,71	RU	Einfahrt Kiesgrube	
149,50	RU	Einmündung Rohder Bach	
149,50	LU	Sportboothafen MBC Sonnensee	
150,00	LU	Rumbeck	
151,55	RU	Wendeplatz	
151,00	–	Wagenfähre Großenwieden	Hochseilfähre
151,90	RU	Großenwieden	
151,95 –			
152,05	RU	Schiffsliegeplatz 2 P	

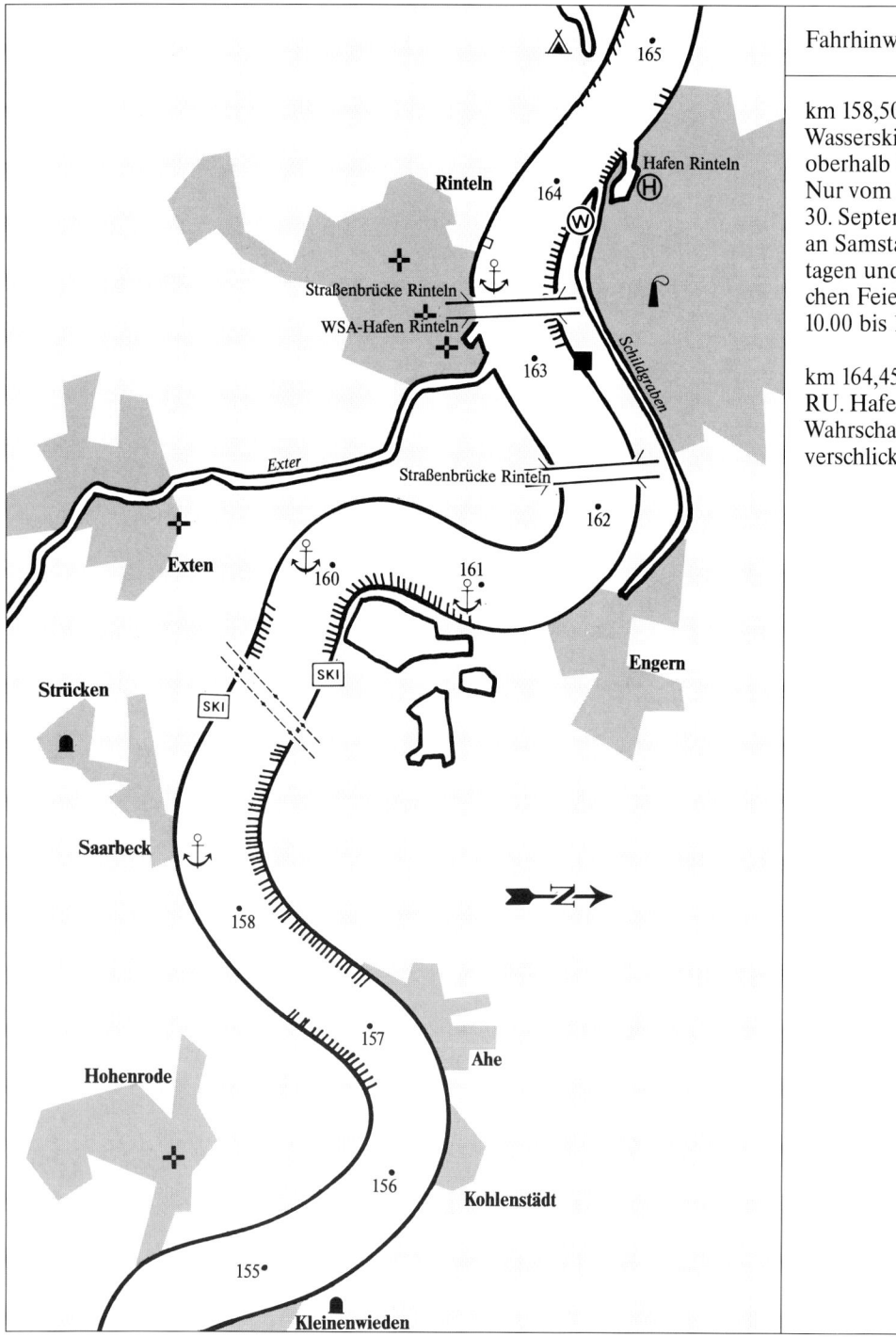

Fahrhinweise

km 158,50 – 160,00
Wasserskistrecke
oberhalb Rinteln.
Nur vom 1. Juli bis
30. September und
an Samstagen, Sonn-
tagen und gesetzli-
chen Feiertagen von
10.00 bis 17.00 Uhr.

km 164,45
RU. Hafen Rinteln.
Wahrschau: Hafen
verschlickt.

km	Uferseite	Streckenbeschreibung	Hinweise / Brücken / Schleusen
154,60	LU	Hohenrode	
155,10	RU	Kleinenwieden	
155,75	LU	Wendeplatz	
156,10	RU	Kohlenstädt	
156,90	RU	Ahe	
158,30	–		
158,40	LU	Schiffsliegeplatz 4 P	
158,40	LU	Saarbeck/Strücken	
159,70	LU	Exten	
159,80	–		
160,00	LU	Schiffsliegeplatz 3 P	
160,85	–		
161,10	RU	Schiffsliegeplatz 7 P	
161,10	RU	Kieswerk	
161,50	RU	Engern	
162,18	–	Straßenbrücke Nr. 16 a Umgehungsstraße Rinteln	DF 1 / DFH 5,25 m / DFB 30,00 m
162,94	RU	Bootshaus	Rintelner KC
163,05	LU	Einmündung Exter	
163,25	–		
163,57	LU	Schiffsliegeplatz 7 P	
163,25	LU	WSA-Hafen Rinteln	Bedingte Liegemöglichkeiten. Anmeldung: Hafenverwaltung.
163,25	–	Rinteln	
163,28	–	Straßenbrücke Nr. 16 Rinteln	DF 1 / DFH 4,86 m / DFB 36,60 m
163,28	LU	Pegel Rinteln	
163,57	LU	Anleger Fahrgastschiffahrt	
164,00	RU	Werft	
164,18	–	Düker	Ankerverbot
164,20	RU	Einmündung Schildgraben	
164,45	RU	Hafen Rinteln	Bedingte Liegemöglichkeiten. Anmeldung bei der Hafenverwaltung.
166,00	–		
166,35	LU	Schiffsliegeplatz 4 P	
166,40	LU	Sportboothafen (Einfahrt)	Doktorsee. Motor- und Segel-Club e.V., Bielefeld. Motoryacht-Club Rinteln e.V. 1. MC Wolfsburg
167,30	LU	Einmündung Rintelner Herrengraben	
168,73	RU	Eisbergen	
168,73	–	Straßenbrücke Nr. 17 Eisbergen	DF 1 / DFH 5,31 m / DFB 30,00 m
168,90	–		
169,10	RU	Schiffsliegeplatz 2 P	

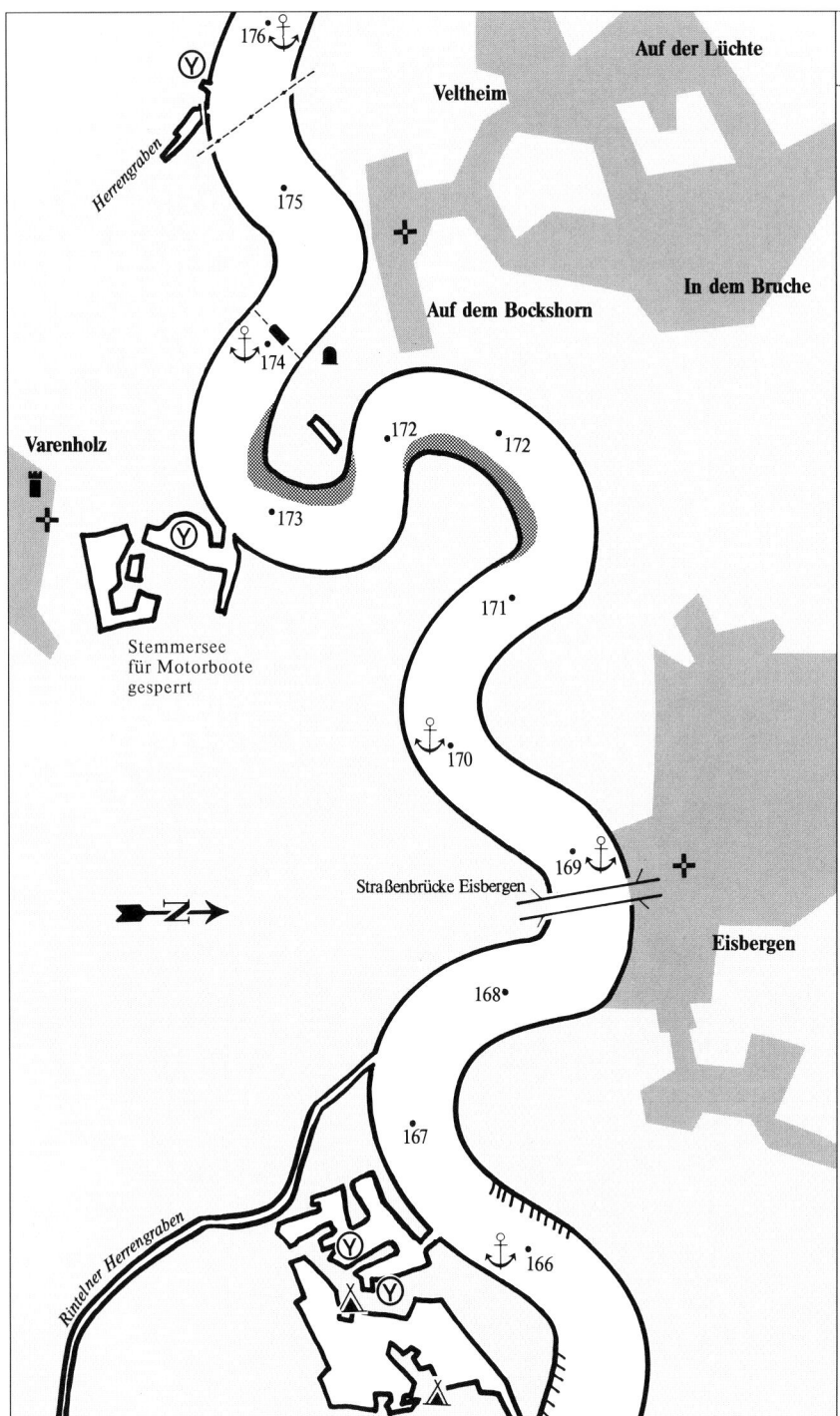

Fahrhinweise

km 166,40 LU Sportboothafen. Wahrschau: Einfahrt betonnt, bei Niedrigwasser untief.

Motoryachtclub Rinteln. Anschrift: Hardlerstr. 7, 31737 Rinteln, Telefon: 05751/3393 Mehrere Schwimmstege für alle Bootsgrößen. Wasser und Strom am Steg. Gastplätze vorhanden. Betonslip für Boote bis 6,5 m. 25-t-Kran. Abstellplatz für Trailergespanne. Bewirtschaftetes Clubhaus. WC, Duschen. Müllentsorgung. Nächste Straßentankstelle in Rinteln, Seetorstr.; 3 km. Lebensmittelgeschäft und Gaststätte auf dem Campingplatz neben dem Clubgelände.

1. MC Wolfsburg. Anschrift: Doktorsee Kasse 3, 31737 Rinteln. 2 Schwimmstege für Boote bis 11,5x4 m. Wasser und Strom am Steg. Gastplätze vorhanden. Betonslip für Boote bis 7 m. Abstellplatz für Trailergespanne. *Fortsetzung S. 97*

km	Uferseite	Streckenbeschreibung	Hinweise / Brücken / Schleusen
169,90 –			
170,10	LU	Schiffsliegeplatz 4 P	
170,10	LU	Ellerburg	
173,00	LU	Einfahrt Kiesgrube Eggersmann Sportboothafen	Wasser-Sport-Club Rietberg e.V.
173,40	LU	Varenholz	
173,90 –			
174,05	LU	Schiffsliegeplatz 1 P	
174,06	–	Personenfähre Veltheim	Hochseilfähre
174,50	RU	Veltheim	
175,45	LU	Einmündung Herrengraben	
175,50	LU	Sportboothafen	Westfälischer Motoryachtclub e.V.
175,90 –			
176,10	RU	Schiffsliegeplatz 3 P	

Fortsetzung Fahrhinweise von S. 96
Schwimmendes Clubhaus. Sanitäre Einrichtungen beim Campingplatz; 50 m. Müllentsorgung. Tankstelle und Versorgungseinrichtungen siehe Motoryacht-Club Rinteln.

MSC Bielefeld.
Anschrift: Doktorsee Kasse 3, 31737 Rinteln. Schwimmsteg für Boote bis 9x3 m. Kopfsteg für größere Boote. Wasser und Strom am Steg. Gastplätze vorhanden. Betonslip für Boote bis 7 m. Abstellplatz für Trailergespanne. Clubhaus. Sanitäre Einrichtungen beim Campingplatz; 50 m. Müllentsorgung. Tankstelle und Versorgungseinrichtungen siehe Motoryacht-Club Rinteln.

km 173,00 LU
Wassersportclub Rietberg.
Anschrift: Baggersee, 32689 Varenholz. Schwimmsteg für Boote bis 10x3 m. Wasser am Steg, Strom nur über Generator möglich. Gastplätze vorhanden. Betonslip für Boote bis 8 m. Abstellplatz für Trailergespanne. Kleines Clubhaus. WC, Duschen. Müllentsorgung. Nächste

Straßentankstelle in Möllenbeck; 7 km. Versorgungsmöglichkeiten und Gaststätten in Varenholz; 2 km.

km 175,50 LU
Westfälischer Motoryachtclub Dortmund.
Anschrift: An der Weser/Unterm Aberg, 32689 Kalletal/Erder, Telefon: 05755/222 (Clubhaus). Schwimmsteg für Boote bis 6x2,5 m. Strom am Steg, Wasser auf dem Gelände. Gastplätze vorhanden. Betonslip für Boote bis 6 m. Trecker steht nach Absprache zur Verfügung. Abstellplatz für Trailergespanne. Clubhaus mit Getränkeverkauf. WC, Duschen. Müllentsorgung. Nächste Straßentankstelle bei der Weserbrücke Vlotho. Kurzfristige Anlegemöglichkeit bei km 183,10 (LU) an einer Betonmauer. Zur Tankstelle 100 m. Versorgungsmöglichkeiten und Gaststätten in Erder; 1,5 km oder in Varenholz; 3 km.

km 175,55 LU
Sportboothafen. Wahrschau: Auf Einfahrt steht starke Strömung. Zufahrt mittels Tonnen gekennzeichnet. Untief durch Steine.

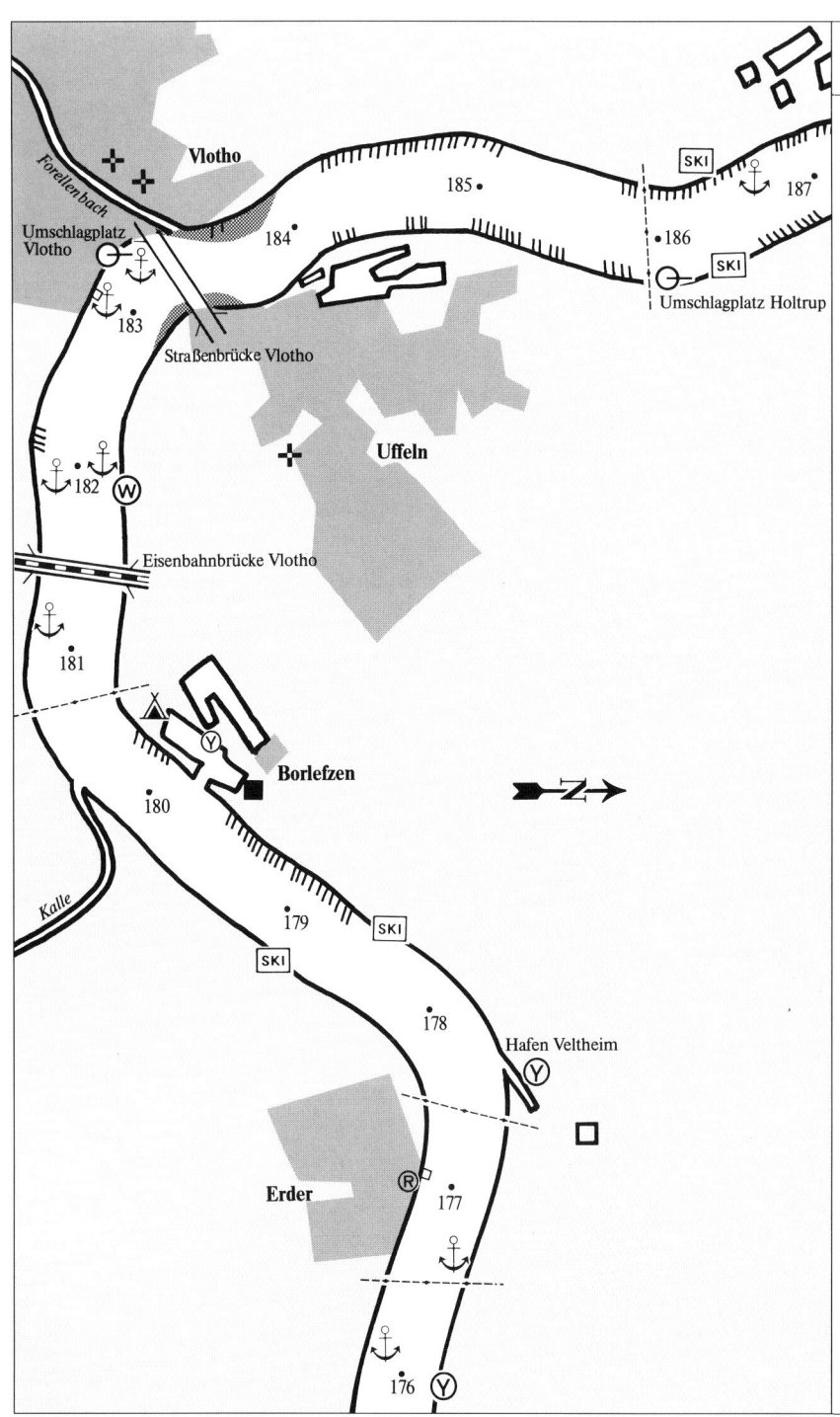

Fahrhinweise

177,00 LU
Restaurant und
Café „Zum alten
Fährhaus".
Anschrift: An der
Weser 39, 32689 Kal-
letal/Erder, Telefon:
05733/10668.
7 hauseigene kleine
Schwimmstege.
Kein Wasser und
Strom am Steg.
Übernachten im
Boot nach Abspra-
che möglich. Öff-
nungszeiten: Mon-
tag bis Freitag 10-14
und 16–23 Uhr,
Sa. und So. durchge-
hend geöffnet.
Dienstag Ruhetag.

km 177,60 RU
Weser-Yacht-Club-
Erder. Anschrift:
Beim Kohlekraft-
werk, 32457 Porta
Westfalica.
Schwimmsteg für
Boote bis 12,5 m
Länge. Wasser und
Strom am Steg.
Gastplätze vorhan-
den. 25-t-Kran.
Abstellplatz für Trai-
lergespanne. Club-
haus. WC, Duschen.
Müllentsorgung.
Nächste Straßen-
tankstelle, Versor-
gungsmöglichkeiten
und Gaststätten in
Möllbergen; 1,5 km.

Fortsetzung S. 99

km	Uferseite	Streckenbeschreibung	Hinweise / Brücken / Schleusen
176,00 –			
176,10	LU	Schiffsliegeplatz 2 P	
176,65 –			
176,75	RU	Schiffsliegeplatz 2 P	
176,90	LU	Erder	
177,00	LU	Restaurant und Café „Zum alten Fährhaus"	
177,05	LU	Anleger Fahrgastschiffahrt	
177,20	RU	Kühlwasseranlage	
177,60	RU	Sportbootanlage	Hafen Veltheim. Weser-Yacht-Club Erder e.V.
177,70	LU	Wendeplatz	
177,70	RU	Kühlwasseranlage	
177,70	RU	Hafen Veltheim – GKW-Betriebshafen	
179,65	RU	Borlefzen	
180,00	RU	Einfahrt Freizeitzentrum Borlefzen	Campingplatz, Sportboothafen, Boots- und Motorenservice, Boots-Center Vlotho
180,30	LU	Einmündung Kalle	
181,00	LU	Schiffsliegeplatz 1 P	
181,50	–	Eisenbahnbrücke Nr. 18 Vlotho	DF 1 / DFH 5,63 m / DFB 30,00 m
181,90 –			
182,12	RU	Schiffsliegeplatz 3 P	
181,90 –			
182,00	LU	Schiffsliegeplatz 2 P	
182,00	RU	Schiffswerft Rasche	
182,87 –			
182,97	LU	Schiffsliegeplatz 2 P/R	
183,09	LU	Anleger Fahrgastschiffahrt	
183,00 –			
184,00	–	Fahrwasserenge Vlothoer Gosse	

Fortsetzung Fahrhinweise von S. 98
km 180,00 RU
Familienfreizeitplatz Borlefzen.
Anschrift: Borlefzen 2, 32602 Vlotho, Telefon: 05733/80008.
Campingplatz, Restaurant und Mini-Einkaufscenter. Mehrere Holzstege. Wasser und Strom am Steg. Gastplätze vorhanden. Betonslip für Boote bis 8 m. Abstellplatz für Trailergespanne. WC, Duschen, Waschmaschine, Trockner. Müll- und Chemietoilettenentsorgung. Propangasflaschentausch und Camping GAZ. „Boots-Center Vlotho" mit Boots- und Motorenservice.

km 178,00 – 181,00
Wasserskistrecke oberhalb Vlotho. Höhe Freizeitzentrum Borlefzen.

km 183,00 – 184,00
Wahrschau:
Fahrwasserenge Vlothoer Gosse. Je nach Wasserstand starke Strömung und überspülte Buhnen.

km 185,00 – 188,00
Wasserskistrecke. Höhe Autobahnbrücke Bad Oeynhausen.

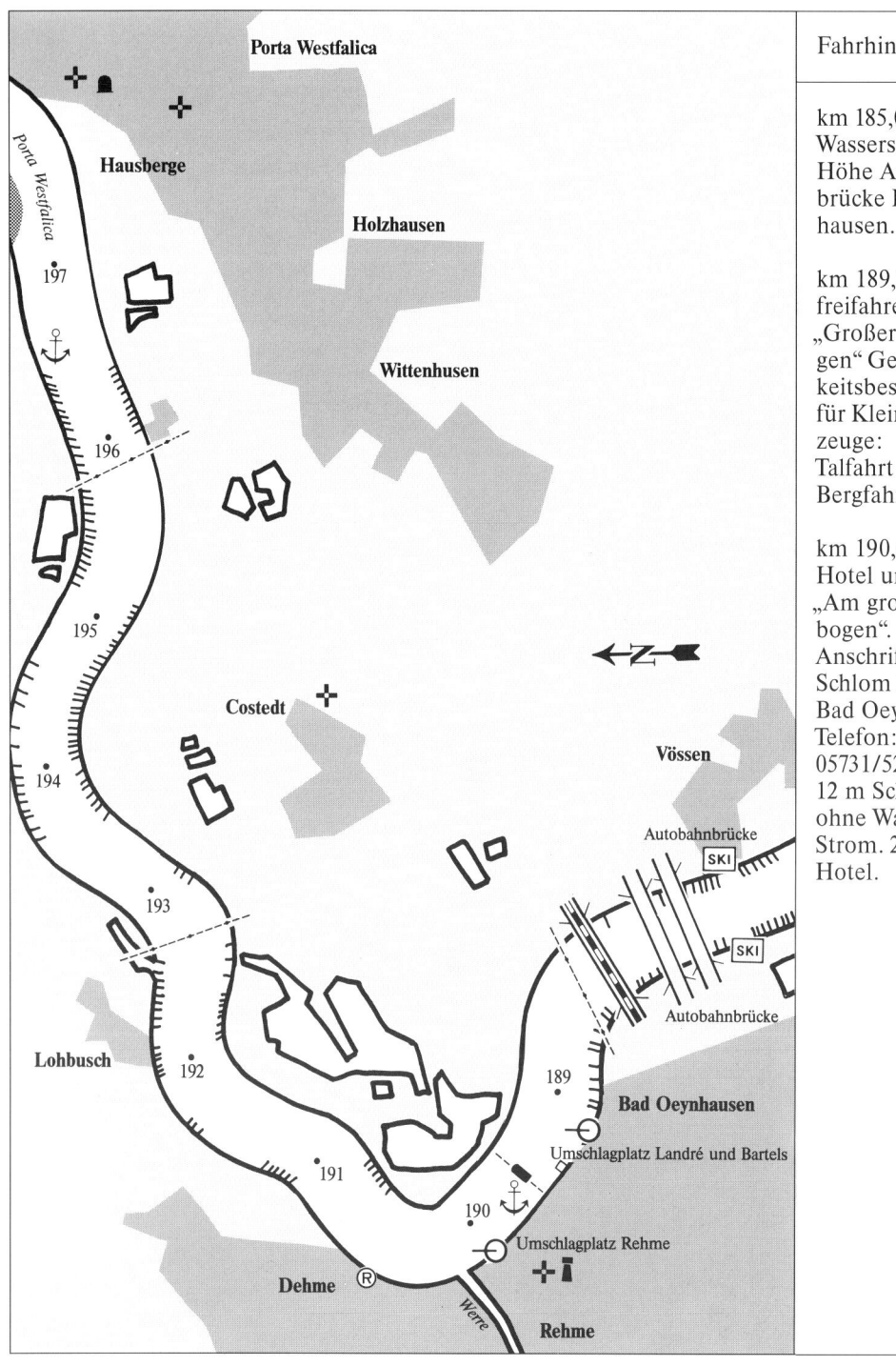

Fahrhinweise

km 185,00 – 188,00
Wasserskistrecke
Höhe Autobahn-
brücke Bad Oeyn-
hausen.

km 189,29 – 190,29
freifahrende Fähre
„Großer Weserbo-
gen" Geschwindig-
keitsbeschränkung
für Kleinstfahr-
zeuge:
Talfahrt 18 km/h,
Bergfahrt: 12 km/h

km 190,60 LU
Hotel und Café
„Am großen Weser-
bogen".
Anschrift: Obere
Schlom 23, 32549
Bad Oeynhausen,
Telefon:
05731/52099.
12 m Schwimmsteg
ohne Wasser und
Strom. 200 m zum
Hotel.

km	Uferseite	Streckenbeschreibung	Hinweise / Brücken / Schleusen
183,10	LU	Umschlagplatz Vlotho 7 P/R	Straßentankstelle 100m. Anlegemöglichkeiten an einer Betonmauer
183,17 –			
183,26	LU	Schiffsliegeplatz 3 P/R	
183,37	–	Straßenbrücke Nr. 19 Vlotho	DF 1 / DFH 8,00 m / DFB 35,50 m
183,37	LU	Vlotho	
183,37	RU	Uffeln	
183,40	LU	Einmündung Forellenbach	
184,00 –			
183,00	–	Fahrwasserenge Vlothoer Gosse	
184,01		Pegel Vlotho	
184,58	–	Düker	Ankerverbot
185,65	–	Wendeplatz 1 P	
186,00	RU	Umschlagplatz Holtrup	
186,58	–	Düker	Ankerverbot
186,60 –			
186,70	LU	Schiffsliegeplatz 2 P	
187,40	LU	DLRG-Station	
187,40	RU	Vössen	
187,70	LU	Slipbahn	Bootscenter Krick
187,73	–	Autobahnbrücke Nr. 20	DF 1 / DFH 5,53 m / DFB 30,00 m
187,84	–	Autobahnbrücke Nr. 21	DF 1 / DFH 5,68 m / DFB 30,00 m
188,20	–	Düker	Ankerverbot
188,28	–	Eisenbahnbrücke Nr. 22	DF 1 / DFH 7,35 m / DFB 25,00 m
189,00	RU	Bad Oeynhausen	
189,30 –			
189,45	LU	Umschlagplatz Landré und Bartels	
189,65	LU	Anleger Fahrgastschiffahrt	
189,70 –		freifahrende Fähre „Großer Weserbogen"	
190,00	LU	Schiffsliegeplatz 11 P	
190,00	LU	Umschlagplatz Rehme	
190,10	LU	Rehme	
190,18	LU	Einmündung Werre	
190,18	RU	Wendeplatz	
190,48	–	Düker	Ankerverbot
190,60	LU	Anlegestelle	Hotel und Café „Am großen Weserbogen", 200 m.
190,70	LU	Dehme	
192,10	LU	Lohbusch	
192,60	RU	Costedt	
196,00	RU	Wittenhusen	
196,40 –			
196,60	LU	Schiffsliegeplatz 3 P	
196,65	RU	Holzhausen	
196,80	RU	Porta Westfalica (Stadt)	

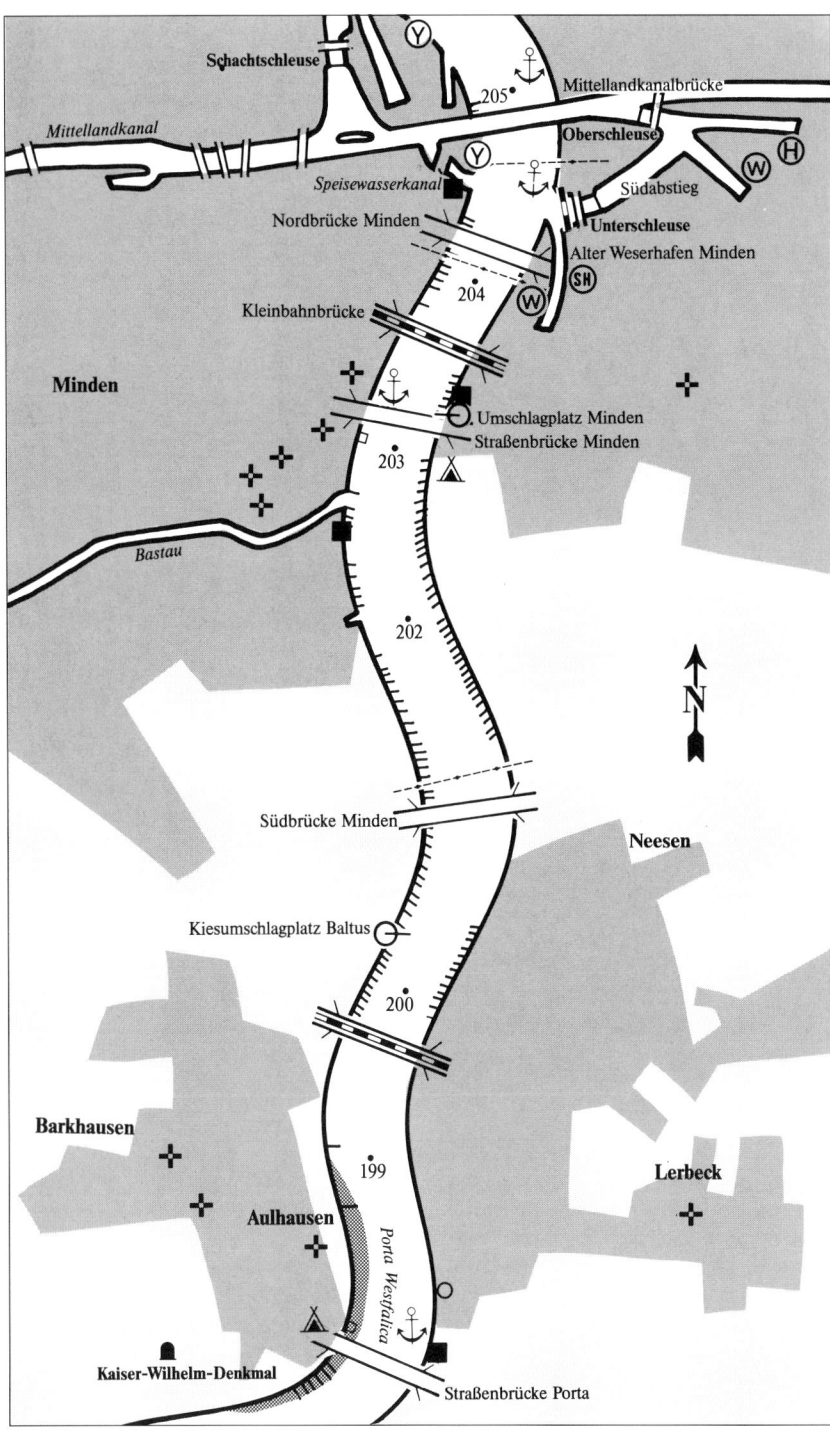

Fahrhinweise

km 197,00 – 199,00
Porta Westfalica.
Wahrschau: Fahr-
wasserenge, die
besonders mit stei-
gendem Wasser
beträchtliche Strö-
mungsgeschwindig-
keiten entwickelt.

km 202,50 – 207,00
Geschwindigkeits-
begrenzung für
Kleinfahrzeuge:
Talfahrt 18 km/h –
Bergfahrt 12 km/h.

km 202,00 LU
Pioniermanöverbe-
reich. Wahrschau:
Übungsgebiet.

km 204,60 LU
Sportbootanlage.
Wahrschau: Nicht
gekennzeichnete
Querbuhnen ober-
halb und unterhalb
der Sportbootan-
lage. Bei Hochwas-
ser überspült und
besonders gefähr-
lich. Ansteuerung
von Flußmitte im
rechten Winkel.

Motorbootclub
Minden.
Anschrift: Am
Pumpwerk Minden,
32423 Minden.
1 Schwimmsteg für
Boote bis 9 x 3 m.
3 kleine Schwimm-
Fortsetzung S. 103

km	Uferseite	Streckenbeschreibung	Hinweise / Brücken / Schleusen
197,00 –			
199,00	–	Fahrwasserenge Porta Westfalica	
197,50	RU	Hausberge	
197,70	RU	Bahnhof Porta	
197,90	–	Straßenbrücke Nr. 23 Porta	DF 1 / DFH 9,82 m / DFB 30,00 m
198,08	RU	Bootshaus	WSV Porta
198,10	LU	Anleger Fahrgastschiffahrt	
198,14	–	Düker	Ankerverbot
198,20	RU	Schiffsliegeplatz 1 P	
198,36	RU	Pegel Porta	Angaben s. Seite 55.
199,00	LU	Aulhausen/Barkhausen	
199,00	RU	Lerbeck	
199,00 –			
197,00	–	Fahrwasserenge Porta Westfalica	
199,05	–	Unterwasserkabel	Ankerverbot
199,75	–	Eisenbahnbrücke Nr. 24	DF 1 / DFH 6,01 m / DFB 30,00 m
200,25	LU	Kiesumschlagplatz Baltus	
200,40	RU	Neesen	
200,93	–	Düker	Ankerverbot
201,00	–	Straßenbrücke Nr. 24 a Südbrücke Minden	DF 1 / DFH 5,25 m / DFB 40,00 m
202,50	LU	Bootshaus	MTV 1860 Minden
202,60	–	Düker	Ankerverbot
202,77	LU	Einmündung Bastau	
203,08	LU	Anleger Fahrgastschiffahrt	
203,10	–	Minden	
203,20 –			
203,70	LU	Schiffsliegeplatz P 12	
203,23	–	Straßenbrücke Nr. 25 Minden	DF 1 / DFH 5,25 m / DFB 30,00 m
203,25	LU	Pegel	

Fortsetzung Fahrhinweise von S. 102
stege für Boote bis 14x4 m. Wasser und Strom am Steg. Gastplätze vorhanden. Betonslip für Boote bis 10 m. Trecker steht nach Absprache zur Verfügung. Abstellplatz für Trailergespanne auf dem Gelände. Clubhaus. WC, Duschen. Müllentsorgung. Nächste Straßentankstelle in Minden, Hermannstr.; 1 km. Versorgungsmöglichkeiten und Gaststätten in Minden; 1 km.

Hinweis für Wasserwanderer: Beiderseits des Hafens steinige Buhnenköpfe. Für Ortsunkundige besonders gefährlich bei Hochwasser. Ansteuerung von Flußmitte im rechten Winkel. km 205,30
Wahrschau: Bei Hochwasser Spundwand – LU – überspült. Bei Normalwasser entlang der Spundwand untief.

km	Uferseite	Streckenbeschreibung	Hinweise / Brücken / Schleusen
203,40	RU	Umschlagplatz Minden	
203,50	RU	Bootshaus	KK Minden. TV Jahn, Minden
203,70	–	Eisenbahnbrücke Nr. 26 Kleinbahnbrücke	DF 1 / DFH 4,98 m / DFB 30,00 m
203,95	–	Düker	Ankerverbot
204,27	–	Straßenbrücke Nr. 26 a Nordbrücke Minden	DF 1 / DFH 5,35 m / DFB 40,00 m
204,28	–		
204,72	–	Düker	Ankerverbot
204,43	RU	Zufahrt Alter Weserhafen Minden	Schutzhafen. Bedingte Liegemöglichkeiten. Anmeldung bei der Hafenverwaltung.
204,43	RU	Zufahrt Schiffswerft Rosemeier	
204,43	RU	Zufahrt Südabstieg Minden	Aufstieg zum Mittellandkanal
		Südabstieg:	
		Unterschleuse: L 82,00 m / B 12,50 m / HH 7,00 m UKW-Kanal 22 Telefon 0571/40 23 63	
		Oberschleuse: L 82,00 m / B 10,00 m / HH 6,30 m UKW-Kanal 22 Telefon 0571/40 23 62	
204,50	–		
204,53	RU	Schiffsliegeplatz 4 P	
204,53	LU	Einmündung Speisewasserkanal	Hauptpumpwerk für die Wasserversorgung des Mittellandkanals. Einfahrt verboten.
204,53	LU	Bootshaus	RV Besselgymnasium
204,60	LU	Sportbootanlage	Motorboot-Club Minden e.V.
204,88	–	Mittellandkanalbrücke Nr. 27	DF 1 / DFH 4,50 m / DFB 30,00 m
205,65	–		
205,80	RU	Schiffsliegeplatz 2 P	

Minden: Das Hafen- und Industriegebiet (oben) und die Überführung über den Mittellandkanal (unten)

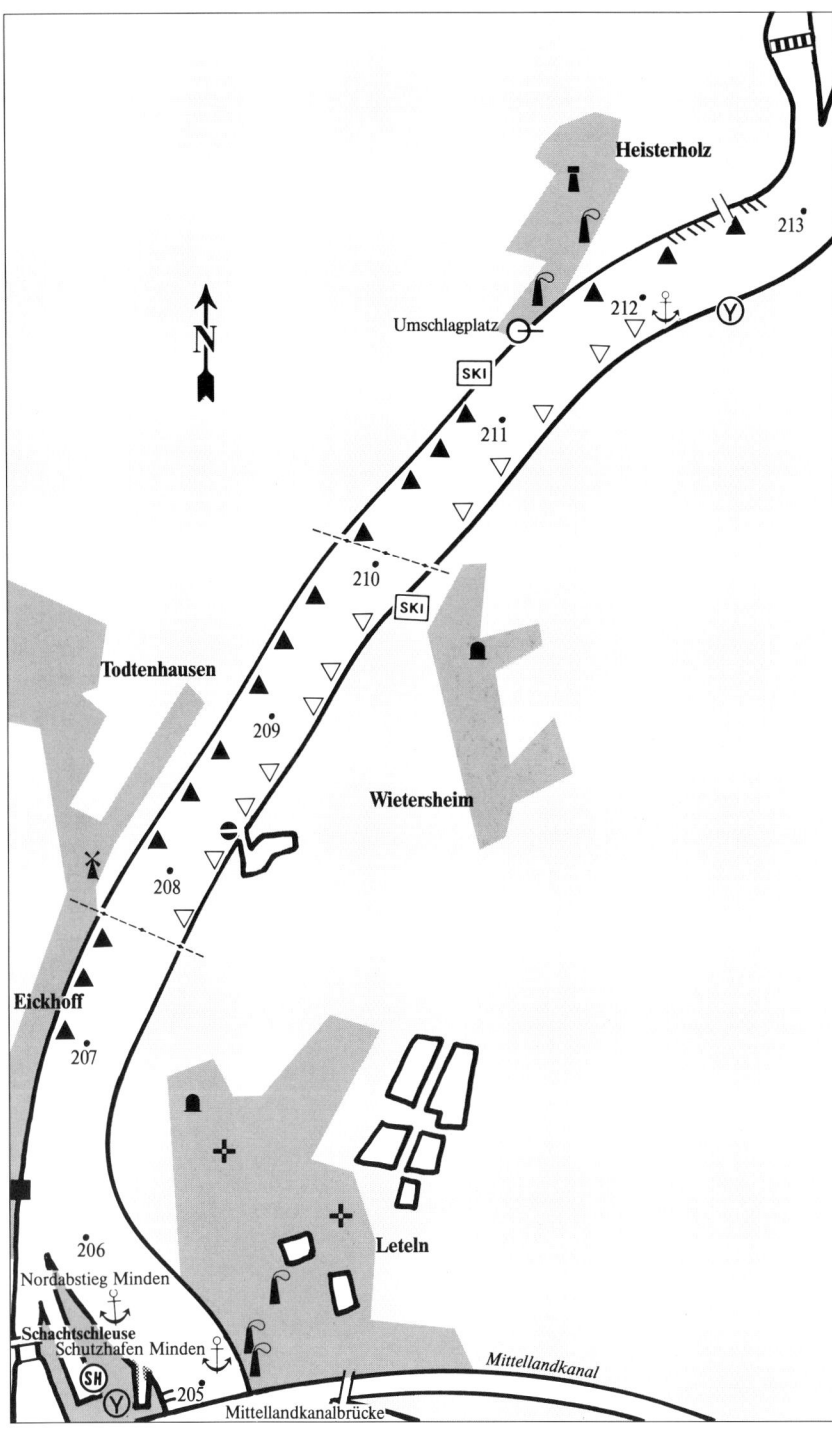

Fortsetzung S. 107

Fahrhinweise

km 205,30
Wahrschau: Bei
Hochwasser Spund-
wand – LU – über-
spült. Bei Normal-
wasser entlang der
Spundwand untief.
km 207,00 – 202,00
Geschwindigkeits-
begrenzung für
Kleinfahrzeuge: Tal-
fahrt 18 km/h –
Bergfahrt 12 km/h.

km 209,00 – 213,50
Wasserskistrecke
zwischen Minden
und Petershagen
(Heisterholz).
Wahrschau: Vor
dem RU zwischen
Wietersheim und
Heisterholz liegen
drei befestigte
Inseln im Strom.

km 212,90 LU
Öffentlicher Anleger
und Slipanlage
Petershagen.
Anlegemöglichkeit
an einer Spund-
wand. Nur bis 21
Uhr. Übernachten
nicht erlaubt. Kein
Wasser und Strom.
Öffentliche Slip-
anlage. Abstellplatz
für Trailergespanne
neben dem Slip.
Nur am Tage erlaubt.

km 213,60 RU
Motor-Yacht-Club
Lahde. Anschrift:

km	Uferseite	Streckenbeschreibung	Hinweise / Brücken / Schleusen
204,88	–	Mittellandkanalbrücke Nr. 27	DF 1 / DFH 4,50 m / DFB 30,00 m
205,65	–		
205,80	RU	Schiffsliegeplatz 2 P	
205,65	–		
206,00	LU	Schiffsliegeplatz 9 P	
206,20	LU	Zufahrt Schutzhafen Minden	
206,20	LU	Zufahrt Nordabstieg Minden	
		Schachtschleuse L 85,00 m B 10,00 m HH 13,20 m UKW Kanal 22 Telefon 0571/40 23 61	
206,23	LU	Bootshaus	Faltboot und Skiclub Minden
206,50	RU	Leteln	
207,25	LU	Eickhoff	
208,35	RU	Einfahrt Kiesbaggerei	Einfahrt verboten
208,90	LU	Todtenhausen	
209,25	RU	Slipbahn	
209,80	RU	Wietersheim	
209,98	–	Düker	Ankerverbot
211,55	–		
211,60	LU	Umschlagplatz Heisterholz	
211,65	LU	Ziegelei	
211,82	–	Düker	Ankerverbot
212,00	LU	Heisterholz	
212,10	–		
212,70	RU	privater Bootsanleger	Bedingte Liegemöglichkeit
212,90	LU	Spundwand und öffentlicher Slip	
213,00	RU	Schiffsliegeplatz 18 P	
212,70	–	Düker	Ankerverbot
213,00	RU	Am Lahder Damm	

Fortsetzung Fahrhinweise von S. 106

Am Wehr 5, 32469 Petershagen, OT. Lahde.
100 m Schwimmsteg für Boote bis 12x4,5 m.
Wasser und Strom am Steg. Gastplätze vorhanden. Schwimmendes Clubhaus. Alle sanitären
Einrichtungen beim Campingplatz Lahde; 150 m.
Müllentsorgung. Nächste Straßentankstelle in
Lahde; 2 km. Versorgungsmöglichkeiten und
Gaststätten in Lahde; 1,5 km.

km 213,70 RU
Campingplatz Lahde.

Anschrift: Am Wehr 5, 32469 Petershagen, OT.
Lahde, Telefon: 05702/9853.
130 parzellierte Stellplätze. Schwimmsteg für
Dauercamper. Keine Gastplätze. Betonslip für
Boote bis 6 m oder 2,5 t. Abstellplatz für Trailergespanne. Kleines Lebensmittelgeschäft. WC,
Duschen, Waschmaschine, Trockner. Müll- und
Chemietoilettenentsorgung. Propangasflaschentausch und Camping GAZ. Nächste Straßentankstelle in Lahde; 2 km. Versorgungsmöglichkeiten
und Gaststätten in Lahde; 1,5 km.

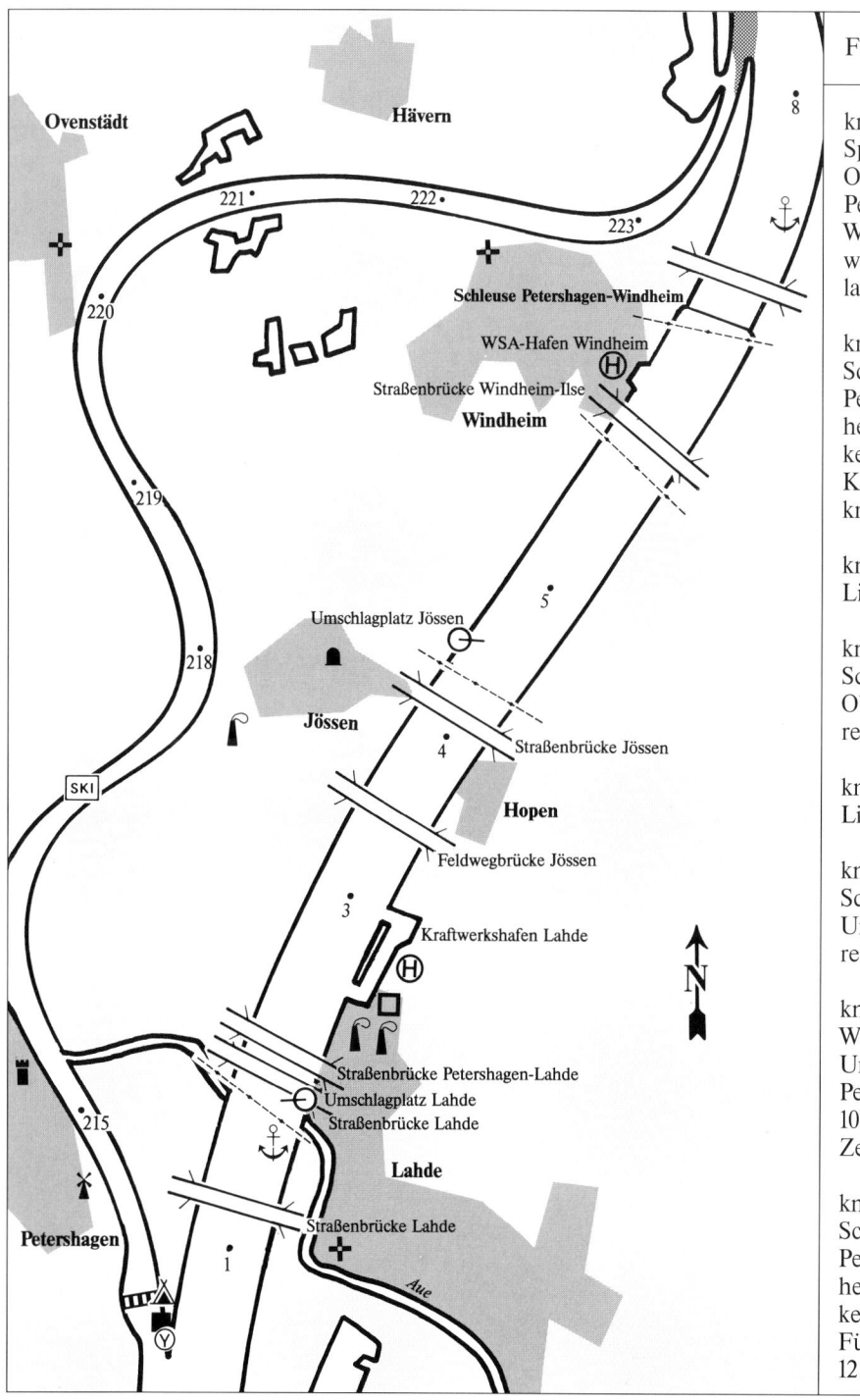

Fahrhinweise

km 213,60 LU
Sportbootanlage.
Oberwasser Wehrarm
Petershagen – RU.
Wahrschau: Auf Sog-
wirkung der Wehran-
lage achten.

km 213,49 RU
Schleusenkanal
Petershagen-Wind-
heim. Geschwindig-
keitsbegrenzung: Für
Kleinfahrzeuge 12
km/h.

km 6,10 LU
Liegeverbot.

km 6,23 – 6,83
Schleusenvorhafen.
Oberwasser Dalben-
reihe.

km 6,49 – 6,73 LU
Liegeverbot.

km 7,09 – 7,44
Schleusenvorhafen.
Unterwasser Dalben-
reihe.

km 216,00 – 218,00
Wasserskistrecke.
Unterer Wehrarm
Petershagen. Von
10 – 18 Uhr in der
Zeit vom 1.6. bis 30.9.

km 224,10 RU
Schleusenkanal
Petershagen-Wind-
heim. Geschwindig-
keitsbegrenzung:
Für Kleinfahrzeuge
12 km/h.

km	Uferseite	Streckenbeschreibung	Hinweise / Brücken / Schleusen
213,49	RU	Einmündung Schleusenkanal Petershagen-Windheim	Interne Kilometrierung.
213,60	RU	Sportbootanlage	Motor-Yacht-Club Lahde
213,70	RU	Campingplatz Lahde	
0,40	LU	Einmündung Weser	Weiterfahrt und Kilometrierung Weser
0,50	LU	Fahrtrichtungsanzeiger	
0,94	LU	Düker	Ankerverbot
1,38	–	Straßenbrücke Nr. 28 Lahde	DF 1 / DFH 5,45 m / DFB 30,00 m
1,87	–	Düker	Ankerverbot
1,90	–		
2,34	RU	Schiffsliegeplatz 12 P	
1,99	RU	Umschlagplatz Lahde	
2,12	–	Straßenbrücke Nr. 29 Lahde	DF 1 / DFH 5,51 m / DFB 30,00 m
2,18	–	Straßenbrücke Nr. 29 b	DF 1 / DFH 5,75 m / DFB 30,00 m
2,49	RU	Lahde	
2,49	LU	Petershagen	
2,65	RU	Einfahrt Kraftwerkshafen Lahde	Unbefugten ist die Einfahrt verboten.
2,65	RU	Wendeplatz	
3,25	RU	Einfahrt Kraftwerkshafen Lahde	Unbefugten ist die Einfahrt verboten.
3,62	–	Düker	Ankerverbot
3,72	–	Feldwegbrücke Nr. 30 Jössen	DF 1 / DFH 5,34 m / DFB 30,00 m
4,10	LU	Jössen	
4,10	RU	Hopen	
4,34	–	Straßenbrücke Nr. 31 Jössen	DF 1 / DFH 5,52 m / DFB 30,00 m
4,60	LU	Umschlagplatz Jössen 6 P	
6,02	–	Düker	Ankerverbot
6,07	–	Straßenbrücke Nr. 32	DF 1 / DFH 5,52 m / DFB 30,00 m
6,23	–	Schleusenvorhafen	
6,83	–	Petershagen-Windheim	
6,32	–		
6,50	LU	WSA-Hafen Windheim	
6,60	LU	Windheim	
6,85	LU	Anleger	
6,96	–	Schleuse Petershagen-Windheim	K 1 / L 224,00 m / B 12,30 m / HH 6,00 m UKW-Kanal 20. Telefon 05705/78 96
7,08	–	Straßenbrücke Nr. 33	DF 1 / DFH 7,03 m / DFB 12,50 m
7,09	–	Schleusenvorhafen	
7,44	–	Petershagen-Windheim	
7,43	–		
7,61	RU	Schiffsliegeplatz	Für Fahrzeuge mit blauem Kegel.
7,71	–	Düker	Ankerverbot
8,32	RU	Einmündung Weser	Weiterfahrt und Kilometrierung Weser.
224,10	RU	Einmündung Schleusenkanal Petershagen – Windheim	Interne Kilometrierung

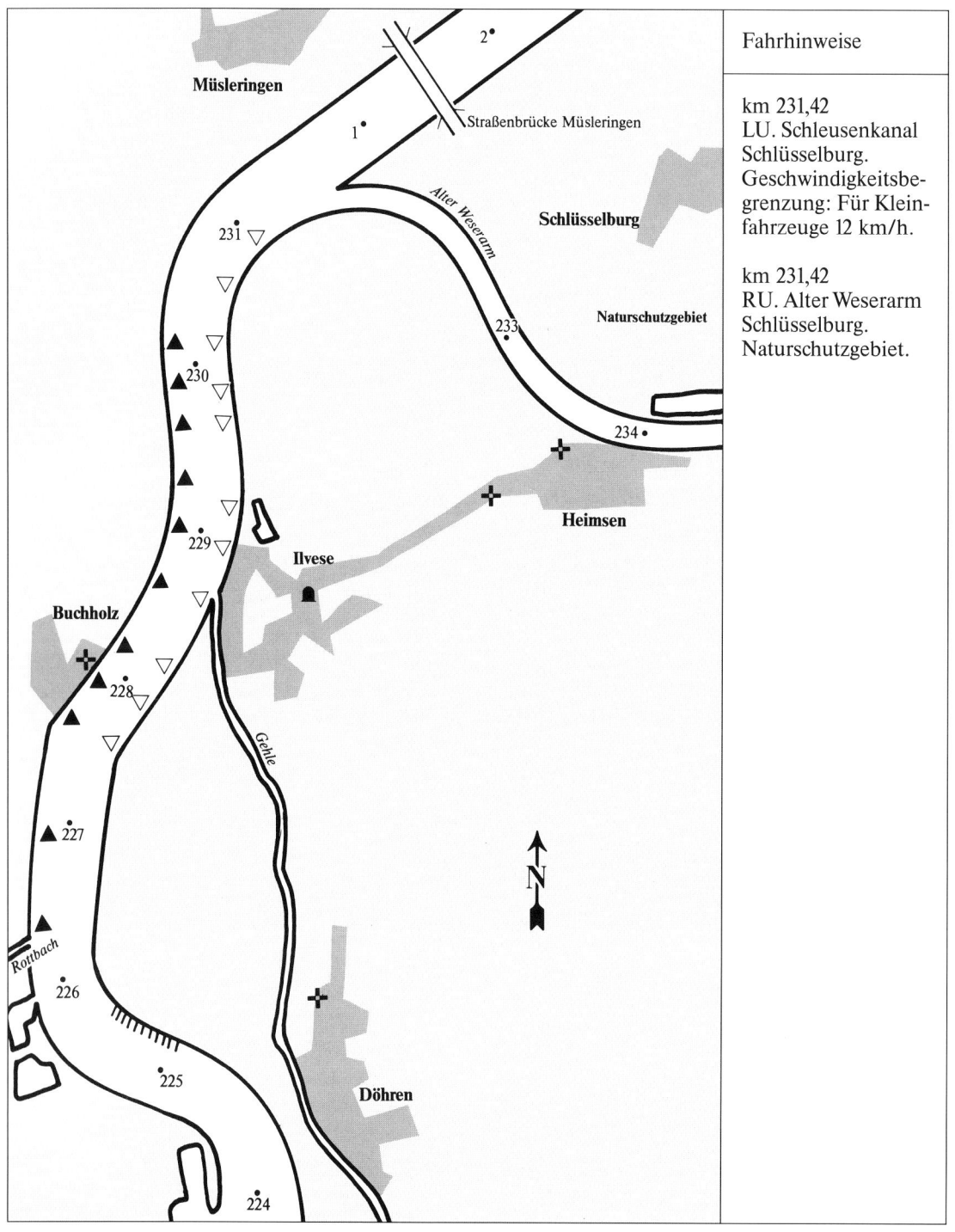

Müsleringen

2•

1•

Straßenbrücke Müsleringen

Alter Weserarm

Schlüsselburg

231•

Naturschutzgebiet

233•

230•

234 •

229•

Heimsen

Ilvese

Buchholz

228•

Gehle

227•

226•

Rottbach

N

225•

Döhren

224•

Fahrhinweise

km 231,42
LU. Schleusenkanal
Schlüsselburg.
Geschwindigkeitsbe-
grenzung: Für Klein-
fahrzeuge 12 km/h.

km 231,42
RU. Alter Weserarm
Schlüsselburg.
Naturschutzgebiet.

km	Uferseite	Streckenbeschreibung	Hinweise / Brücken / Schleusen
224,30	RU	Döhren	
225,80	LU	Einfahrt Kiesgrube Eggersmann	
226,34	LU	Einmündung Rottbach	
227,05	–		
227,15	–	Düker	Ankerverbot
227,90	LU	Buchholz	
228,68	RU	Einmündung Gehle	
228,75	RU	Ilvese	
228,70	–	Düker	Ankerverbot
229,45	–	Düker	Ankerverbot
230,42	–		
231,42	LU	Einmündung Schleusenkanal Schlüsselburg	Interne Kilometrierung.
0,40	RU	Einmündung Weser	Weiterfahrt und Kilometrierung Weser
0,40	RU	Fahrtrichtungsanzeiger	
0,75	LU	Müsleringen	
1,51	–	Straßenbrücke Nr. 34 Müsleringen	DF 1 / DFH 4,50 m / DFB 25,00 m

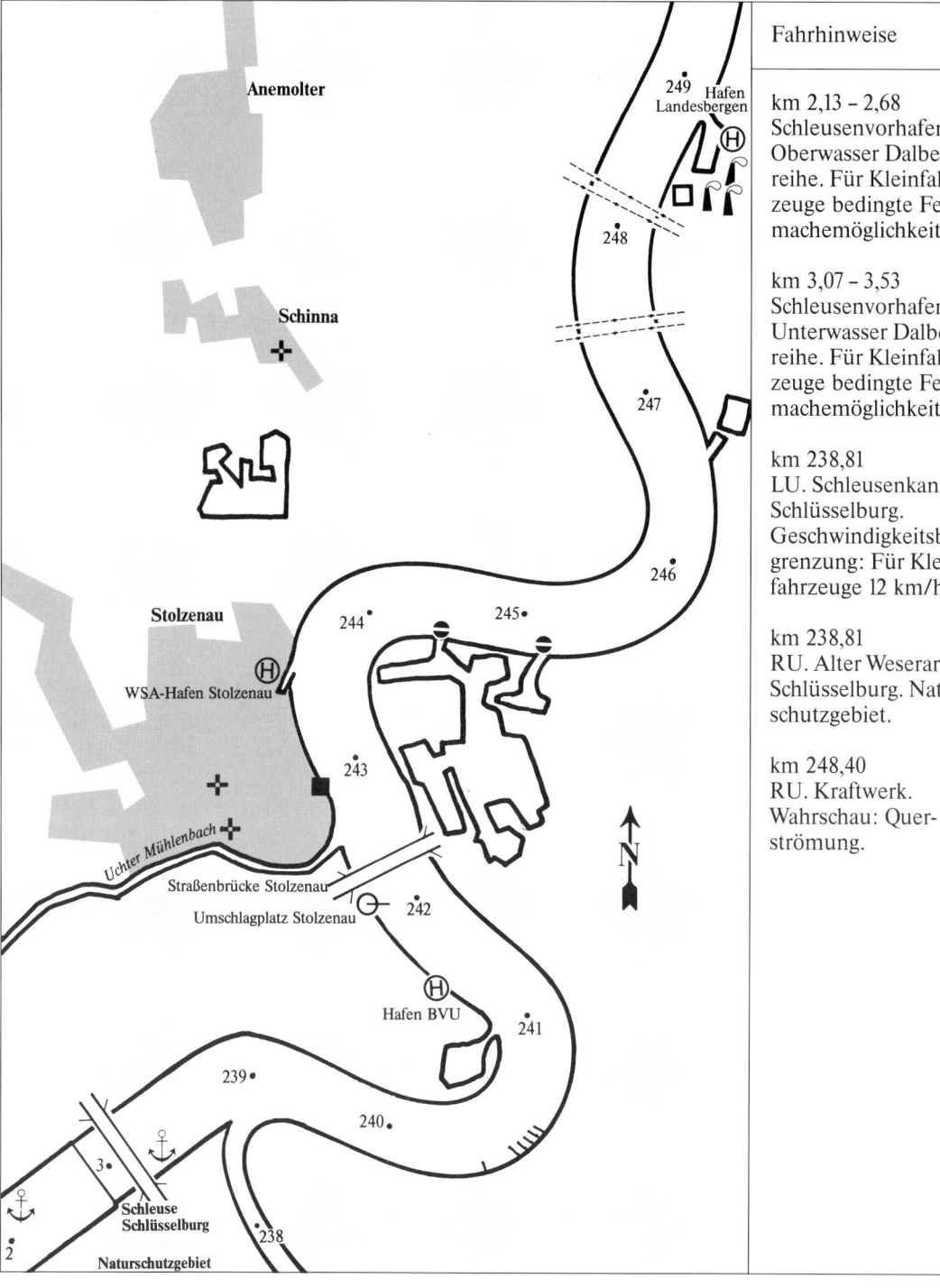

Fahrhinweise

km 2,13 – 2,68
Schleusenvorhafen.
Oberwasser Dalben-
reihe. Für Kleinfahr-
zeuge bedingte Fest-
machemöglichkeiten.

km 3,07 – 3,53
Schleusenvorhafen.
Unterwasser Dalben-
reihe. Für Kleinfahr-
zeuge bedingte Fest-
machemöglichkeiten.

km 238,81
LU. Schleusenkanal
Schlüsselburg.
Geschwindigkeitsbe-
grenzung: Für Klein-
fahrzeuge 12 km/h.

km 238,81
RU. Alter Weserarm
Schlüsselburg. Natur-
schutzgebiet.

km 248,40
RU. Kraftwerk.
Wahrschau: Quer-
strömung.

km	Uferseite	Streckenbeschreibung	Hinweise / Brücken / Schleusen
2,13 –			
2,68 –		Schleusenvorhafen	
2,13 –			
2,68	LU	Schiffsliegeplatz 11 P	
2,81 –		Schleuse Schlüsselburg	K 1 / L 223,0 m / B 12,30 m / HH 4,50 m
			UKW-Kanal 18. Telefon 05761/78 64
			Anlegepontons für Sportboote
2,93 –		Straßenbrücke Nr. 35	DF 1 / DFH 5,59 m / DFB 12,50 m
		über Schleuse	
3,07 –			
3,53 –		Schleusenvorhafen	
3,27 –			
3,35	RU	Schiffsliegeplatz	Für Fahrzeuge mit blauem Kegel
3,60	RU	Fahrtrichtungsanzeiger	
3,60	LU	Einmündung Weser	Weiterfahrt und Kilometrierung Weser
238,81	LU	Einmündung	Interne Kilometrierung
		Schleusenkanal Schlüsselburg	
240,64 –		Düker	Ankerverbot
241,08	LU	Einfahrt Kiesgrube Könnemann	
241,55	LU	Hafen BVU	
242,30 –			
242,51	LU	Umschlagplatz Stolzenau	
242,34 –		Straßenbrücke Nr. 36 Stolzenau	DF 1 / DFH 4,50 m / DFB 30,00 m
242,50	LU	Einmündung Uchter Mühlenbach	
242,60	LU	Stolzenau	
242,60	RU	Domäne Stolzenau	
242,90	LU	Bootshaus	Kanu- und Segelclub Stolzenau
243,39	LU	Pegel Stolzenau	
243,48	LU	WSA-Hafen Stolzenau	
244,52	RU	Einfahrt Kiesgrube Baltus	Einfahrt verboten
245,10	RU	Einfahrt Kiesgrube Röhrs	Einfahrt verboten
246,48	RU	Einmündung Baggersee	
247,20 –		Rampe	
248,40	RU	Kraftwerk	
248,82	RU	Hafen Landesbergen	
248,96 –		Düker	Ankerverbot
248,98 –		Düker	Ankerverbot

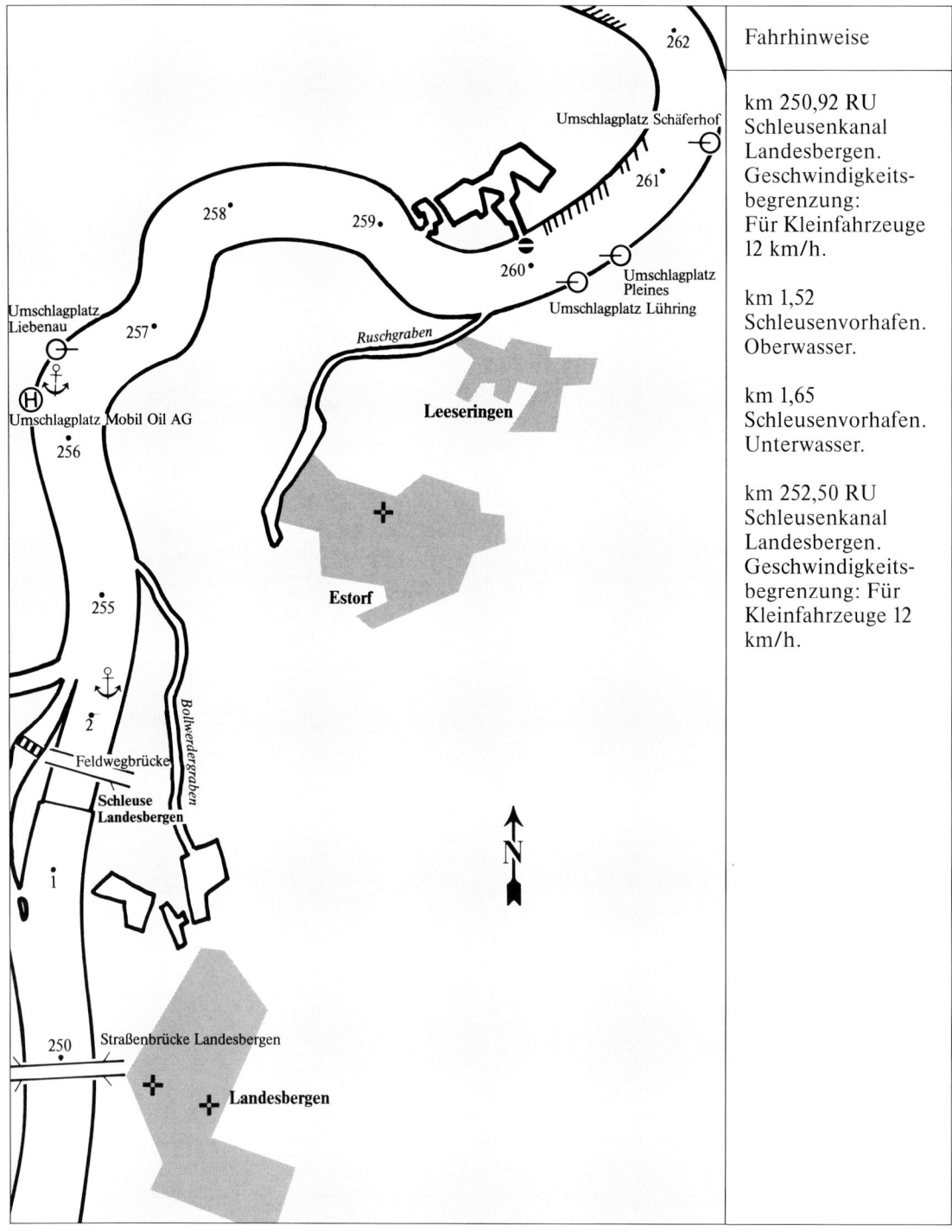

262

Umschlagplatz Schäferhof

261

258

259

260

Umschlagplatz
Pleines

Umschlagplatz Lühring

Umschlagplatz
Liebenau

257

Ruschgraben

Leeseringen

Umschlagplatz Mobil Oil AG

256

Estorf

255

Bollwerdergraben

2

Feldwegbrücke

Schleuse
Landesbergen

1

N

250

Straßenbrücke Landesbergen

Landesbergen

Fahrhinweise

km 250,92 RU
Schleusenkanal
Landesbergen.
Geschwindigkeits-
begrenzung:
Für Kleinfahrzeuge
12 km/h.

km 1,52
Schleusenvorhafen.
Oberwasser.

km 1,65
Schleusenvorhafen.
Unterwasser.

km 252,50 RU
Schleusenkanal
Landesbergen.
Geschwindigkeits-
begrenzung: Für
Kleinfahrzeuge 12
km/h.

km	Uferseite	Streckenbeschreibung	Hinweise / Brücken / Schleusen
249,10	–	Düker	Ankerverbot
249,30	RU	ehemaliges Fährhaus	im Sommer kleiner Anleger und Slipbahn des Wassersport-Vereins Landesbergen e.V.
249,90	RU	Landesbergen	
249,98	–	Straßenbrücke Nr. 37 Landesbergen	DF 1 / DFH 4,50 m / DFB 58,00 m
250,92	RU	Einmündung Schleusenkanal Landesbergen	Interne Kilometrierung
0,73	LU	Einmündung Weser	Weiterfahrt und Kilometrierung Weser
0,85	LU	Querverbindung zum Weseraltarm	
1,52	–	Schleuse Landesbergen	K 1 / L 222,00 m / B 12,30 m / HH 5,50 m UKW-Kanal 22. Telefon 05025/16 56 Anlegepontons für Sportboote
1,65	–	Feldwegbrücke 40 a über Schleuse	DF 1 / DFH 4,60 m / DFB 12,50 m
1,89	–		
1,99	RU	Schiffsliegeplatz	Für Fahrzeuge mit blauem Kegel
2,22	LU	Einmündung Weser	Weiterfahrt und Kilometrierung Weser
252,50	RU	Einmündung Schleusenkanal Landesbergen	Interne Kilometrierung
254,52	LU	Einmündung Alter Weserarm	
255,20	RU	Einmündung Bollwerdergraben	
256,04	LU	Pegel	
256,33	–		
256,43	LU	Schiffsliegeplatz	Für Fahrzeuge mit blauem Kegel
256,36	LU	Umschlagplatz Mobil Oil AG	
256,40	LU	Umschlagplatz Liebenau	
256,50	RU	Rampe	
259,35	LU	Einfahrt Kiesgrube	Einfahrt verboten
259,50	RU	Leeseringen	
259,53	RU	Rampe der ehemaligen Fähre Leeseringen	
259,60	–	Düker	Ankerverbot
259,67	–	Rampe	
259,75	RU	Einmündung Ruschgraben	
259,98	LU	Einfahrt Kiesgrube Rheinumschlag	
260,05	RU	Umschlagplatz Lühring	
260,22	RU	Umschlagplatz Pleines	
261,35	RU	Umschlagplatz Schäferhof	

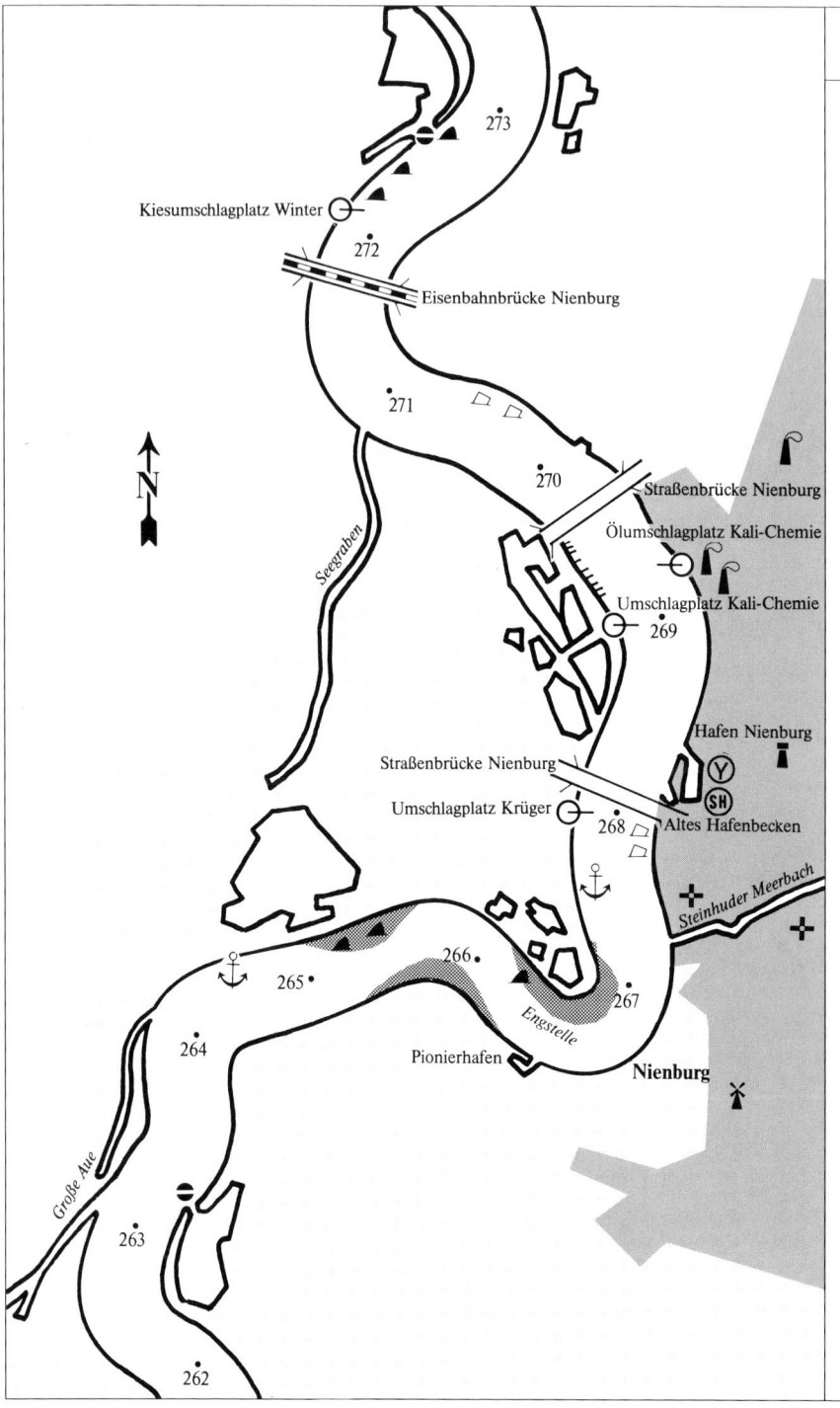

273

Kiesumschlagplatz Winter

272

Eisenbahnbrücke Nienburg

271

270

Straßenbrücke Nienburg

Ölumschlagplatz Kali-Chemie

Umschlagplatz Kali-Chemie

269

N

Seegraben

Hafen Nienburg

Straßenbrücke Nienburg

Umschlagplatz Krüger

268

Altes Hafenbecken

Steinhuder Meerbach

266

265

267

264

Engstelle

Pionierhafen

Nienburg

Große Aue

263

262

Fahrhinweise

km 265,40 – 267,00
Wahrschau: Fahrwas-
serenge – Gegenver-
kehr beachten.

km 266,52 RU
Pionierhafen. Wahr-
schau: Übungsge-
biet.

km 268,40 RU
Kanu-Club Nienburg.
Anschrift: Am Hafen,
31582 Nienburg,
Telefon:05021/4171
(Clubhaus).
3 Schwimmstege für
Boote bis 14x4,5 m.
Wasser und Strom
am Steg. Gastplätze
vorhanden. Bewirt-
schaftetes Clubhaus.
Öffnungszeiten: täg-
lich ab 17 Uhr. WC,
Duschen. Müllent-
sorgung. Nächste
Straßentankstelle in
Nienburg, Verdener
Landstr.; 1 km. Ver-
sorgungsmöglichkei-
ten und Gaststätten
im Zentrum; 100 m.
Hinweis: 3-t-Kran
beim „Lagerhaus
Mittelweser", km
268,20 (LU).
Einrichtungen zum
Kranen müssen mit-
gebracht werden.

km 269,80 LU
Straßenbrücke.
Nur linke Durch-
fahrt befahrbar.
Fortsetzung S. 117

km	Uferseite	Streckenbeschreibung	Hinweise / Brücken / Schleusen
263,07	LU	Einmündung Große Aue	
263,07	RU	Einfahrt Kiesgrube	Einfahrt verboten
264,10	LU	Einmündung Große Aue	
264,45 –			
264,65	LU	Schiffsliegeplatz	Für Fahrzeuge mit blauem Kegel
265,40 –			
267,00	–	Fahrwasserenge	
267,00	–	Düker	Ankerverbot
267,20	RU	Einmündung Steinhuder Meerbach	
267,69	LU	Schiffsliegeplatz 4 P	
267,97	LU	Umschlagplatz Krüger	
268,09	–	Nienburg	
268,09	–	Straßenbrücke Nr. 43 Nienburg	DF 1 / DFH 4,50 m / DFB 30,00 m
268,18	RU	Pegel Nienburg	
268,19	RU	Altes Hafenbecken	
268,20	LU	3-t-Kran beim „Lagerhaus Mittelweser"	
268,40	RU	Hafen Nienburg	Schutzhafen
268,40	RU	Sportbootanlage (Einfahrt)	Hafen Nienburg Kanu-Club Nienburg e.V.
269,02	LU	Kiesumschlagplatz Eggersmann	
269,33	RU	Umschlagplatz Kali-Chemie	
269,45	RU	Ölumschlagplatz Kali-Chemie	
269,60	RU	Wendestelle	
269,80	–	Straßenbrücke Nr. 43 Nienburg	DF 2 / DFH 5,25 m / DFB 75,00 m
271,00	LU	Einmündung Seegraben	
271,74	–	Eisenbahnbrücke Nr. 44 Nienburg	DF 1 / DFH 4,50 m / DFB 72,00 m
272,00	LU	Kiesumschlagplatz Winter	
272,80	LU	Einfahrt Kiesbaggerei Baltus	Einfahrt verboten

Fortsetzung Fahrhinweise von S. 116
km 271,74 LU
Eisenbahnbrücke. Wahrschau: Oberhalb Pfeiler
Inselgruppen.

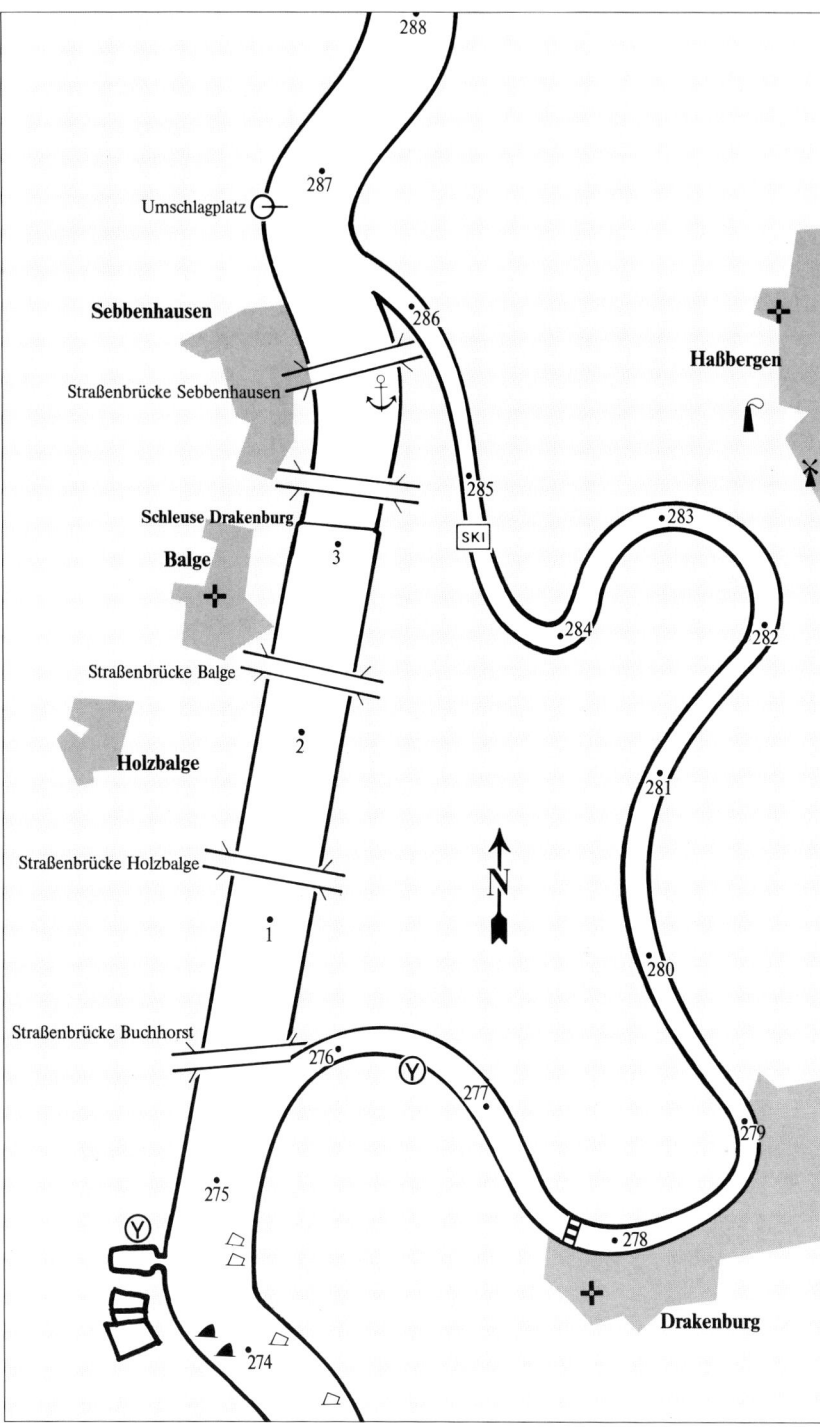

km 274,00 LU
Marina Mehlbergen.
Anschrift: Werderstr.,
31609 Mehlbergen,
Telefon: 05021/66212.
Schwimmstege für
Boote bis 15x4,5 m.
Wasser und Strom
am Steg. Gastplätze
vorhanden. Betonslip
für Boote bis 6 m.
Windenbetrieb mög-
lich. Abstellplatz
für Trailergespanne
auf dem Gelände.
Aufenthaltsraum mit
kleiner Küche in
einem Hausboot.
WC, Duschen. Müll-
entsorgung. Nächste
Straßentankstelle in
Lemke; 2,5 km. Ver-
sorgungsmöglichkei-
ten und Gaststätten
in Marklohe; 2 km.

km 275,61 LU
Schleusenkanal
Drakenburg.
Geschwindigkeitsbe-
grenzung: Für Klein-
fahrzeuge 12 km/h.

km 276,50 RU
Wassersportverein
Weser-Drakenburg
mit Campingplatz.
Anschrift:
31623 Drakenburg,
Telefon: 05024/8277.

Fortsetzung S. 119

km	Uferseite	Streckenbeschreibung	Hinweise / Brücken / Schleusen
274,00	LU	Sportboothafen	Marina Mehlbergen
274,18	–	Düker	Ankerverbot
275,00	RU	Drakenburg	
275,61	LU	Einmündung Schleusenkanal Drakenburg	Interne Kilometrierung
276,50	RU	Wassersportverein Weser-Drakenburg	Campingplatz
0,22	LU	Einmündung Weser	Weiterfahrt und Kilometrierung Weser
0,27	–	Straßenbrücke Nr. 45 Buchhorst	DF 1 / DFH 4,50 m / DFB 25,00 m
1,27	–	Straßenbrücke Nr. 46 Holzbalge	DF 1 / DFH 4,50 m / DFB 25,00 m
2,30	–	Straßenbrücke Nr. 47 Balge	DF 1 / DFH 4,50 m / DFB 25,00 m
2,39	LU	Balge	
2,48	–		
3,07		Schleusenvorhafen	
3,21	–	Schleuse Drakenburg	K 1 / L 223,00 m / B 12,30 m / HH 6,40 m UKW-Kanal 20. Telefon 04257/12 89 Anlegepontons für Sportboote
3,33	–	Straßenbrücke Nr. 48 über Schleuse	DF 1 / DFH 5,75 m / DFB 12,50 m
3,33	–		
3,83	–	Schleusenvorhafen	
3,70	–		
3,80	RU	Schiffsliegeplatz	Für Fahrzeuge mit blauem Kegel
4,00	–	Straßenbrücke Nr. 49 Sebbenhausen	DF 1 / DFH 4,50 m / DFB 25,00 m
4,00	LU	Sebbenhausen	
4,36	LU	Einmündung Weser	Weiterfahrt und Kilometrierung Weser
286,28	LU	Einmündung Schleusenkanal Drakenburg	Interne Kilometrierung
286,83	LU	Umschlagplatz Schweringen	

Fortsetzung Fahrhinweise von S. 118
100 teilweise parzellierte Stellplätze.
Feststeg für Boote bis 10 x 5 m. Strom am Steg,
Wasser auf dem Campingplatz. Gastplätze vorhanden. Betonslip für Boote bis 7 m. Windenbetrieb möglich. Abstellplatz für Trailergespanne
auf dem Gelände. Clubhaus. WC, Duschen,
Waschmaschine, Trockner und Mini-Küche. Müll-
und Chemietoilettenentsorgung. Nächste Straßentankstelle in Holtorf; 4 km. Versorgungsmöglichkeiten und Gaststätten in Drakenburg; ab 1,5 km.

Hinweis für Trailerfahrer: Die Zufahrt zum Platz
ist ab Drakenburg ausgeschildert.

km 2,48 – 3,07
Schleusenvorhafen. Oberwasser Dalbenreihe.
Anlegepontons für Sportboote

km 3,33 – 3,83
Schleusenvorhafen. Unterwasser Dalbenreihe.
Anlegepontons für Sportboote

km 284,00 – 285,83
Wasserskistrecke im unteren Wehrarm Drakenburg.

km 286,28
LU. Schleusenkanal Drakenburg. Geschwindig-
keitsbegrenzung: Für Kleinfahrzeuge 12 km/h.

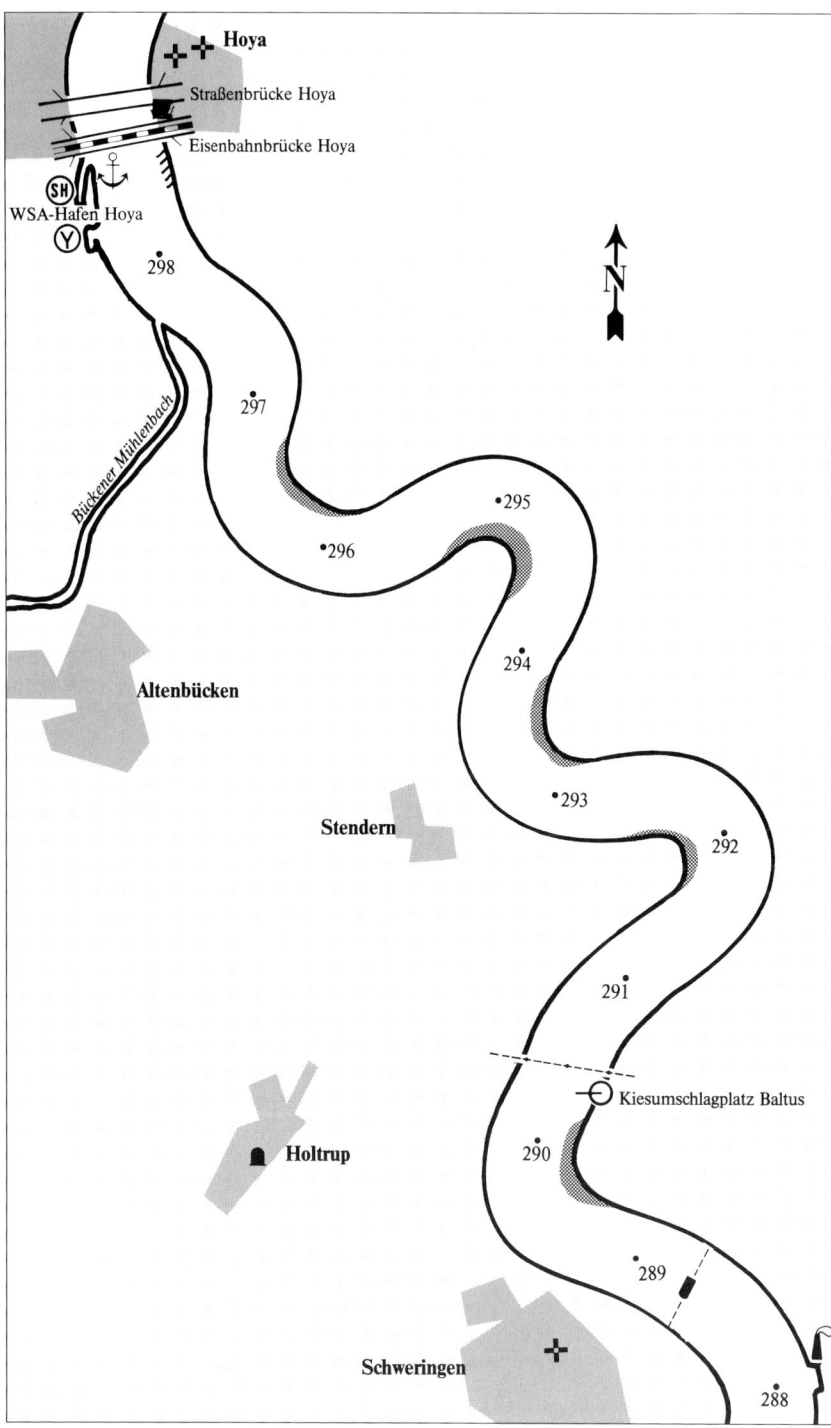

Fahrhinweise

km 288,66
Pendelfähre. Wahr-
schau: Auf gelbe
Bojen, Seil und Trä-
gerboot achten. Im
Bereich der Fähre
Schweringen Verbot
des Begegnens.

km 291 – 297,00
Wahrschau: Kurven-
reiche Strecke.
Gegenverkehr
berücksichtigen,
langsam fahren und
Manöver der Berufs-
schiffahrt beachten.

km 298,21 LU
Wassersport-Verein
Hoya.
Anschrift: Stettiner
Str., 27318 Hoya,
Telefon: 04251/2510
(Clubhaus).
Hafenbecken 60x22
m. Für Boote bis
8x3 m. Zusätzlich
an der Weser meh-
rere Schwimmstege
für größere Boote.
Wasser und Strom
am Steg. Gastplätze
vorhanden. Beton-
slip für Boote bis
7 m. Trecker steht
nach Absprache zur
Verfügung. Abstell-
platz für Trailerge-
spanne auf dem
Gelände. Clubhaus.
WC, Duschen. Müll-
entsorgung. Gas-
flaschentausch bei
bei Firma Isenbeck
Fortsetzung S.121

km	Uferseite	Streckenbeschreibung	Hinweise / Brücken / Schleusen
288,00	RU	Ziegelei	
288,66	–	Wagenfähre Schweringen	Pendelfähre, gelbe Bojen, Seil und Träger-boot beachten
288,67	–	Rampe	
289,00	LU	Schweringen	
290,00	LU	Holtrup	
290,35	RU	Kiesumschlagplatz Baltus	
293,25	LU	Stendern	
293,70	–	Rampe	
296,40	LU	Altenbücken	
297,85	LU	Einmündung Bückener Mühlenbach	
298,21	LU	Sportboothafen	Wassersport-Verein Hoya e.V.
298,70	LU	WSA-Hafen Hoya	Schutzhafen. Bedingte Liegemöglichkeiten
298,77	LU	Umschlagplatz	
298,79	–	Eisenbahnbrücke Nr. 51 Hoya	DF 1 / DFH 5,13 m / DFB 30,00 m
298,80	–	Bootshaus	Ruderverein Hoya von 1926 e.V.
298,94	–	Straßenbrücke Nr. 52 Hoya	DF 1 / DFH 4,50 m / DFB 38,00 m
298,97	–	Düker	Ankerverbot
299,00	RU	Hoya	

Fortsetzung Fahrhinweise von S. 120
(technische Gase) in der Bücker Str.; 900 m.
Nächste Straßentankstelle, Versorgungsmöglich-keiten und Gaststätten in Hoya-Ortsmitte; 1 km.

km 298,21 LU
Sportboothafen bis 8 x 3 m und 1 m Tiefgang geeignet. Größere Boote müssen an der Steg-anlage in der Weser festmachen.

km 299,00
Fahrhinweis: Im Stadtbereich Hoya Vermeidung von Wellenschlag und Ankerverbot.

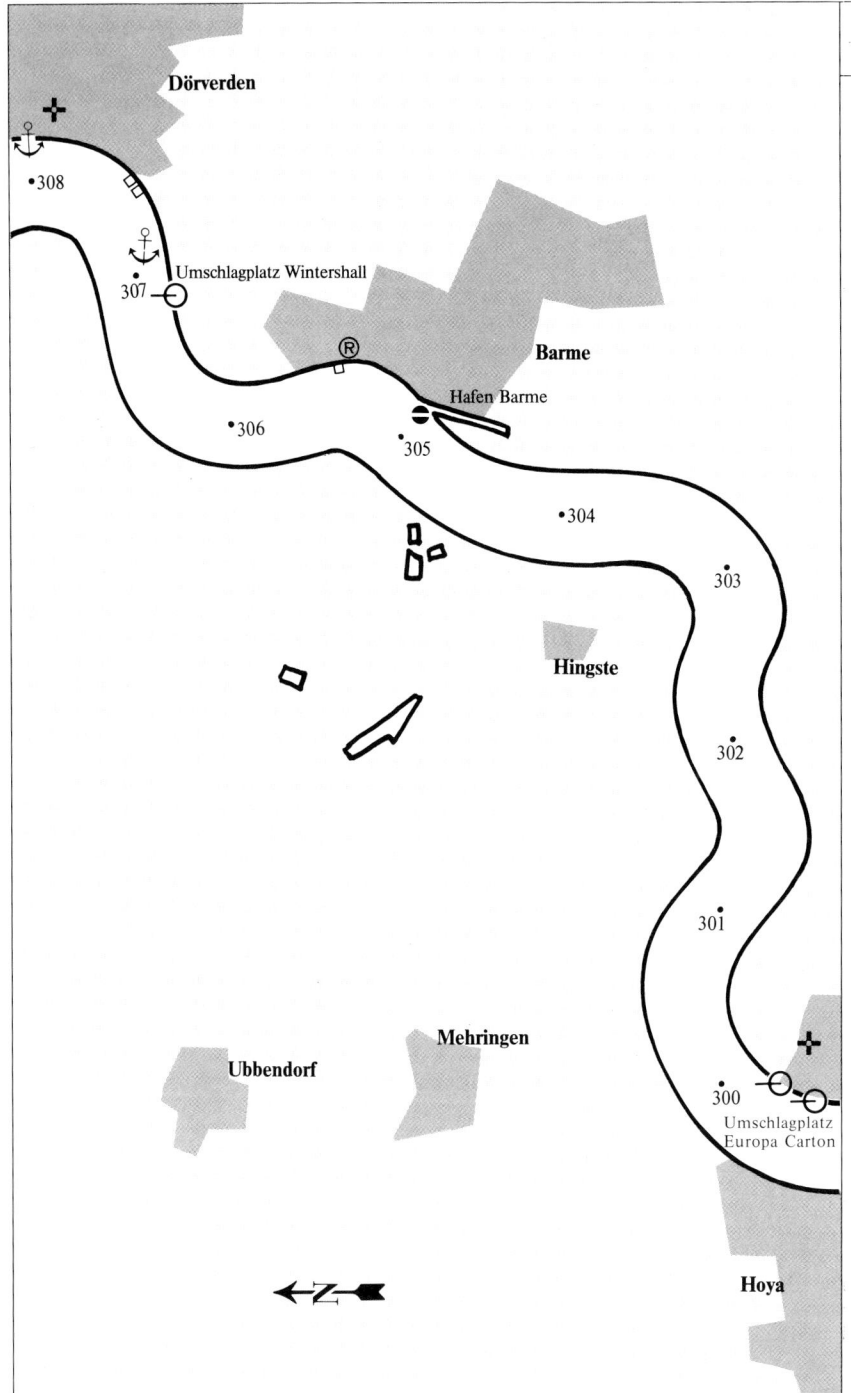

Dörverden

•308

307 Umschlagplatz Wintershall

® Barme

Hafen Barme

•306

•305

•304

3̇03

Hingste

3̇02

3̇01

Mehringen

Ubbendorf

3̇00
Umschlagplatz
Europa Carton

Hoya

Fahrhinweise

km 304,40
RU. Pioniermanöver-
bereich. Wahrschau:
Übungsgebiet.

km 304,95
RU. Hafen Barme.
Wahrschau: Pionier-
übungsgebiet.

km 305,50 RU
Restaurant und
Café „Weserlust".
Anschrift: 27313
Dörverden-Barme,
Telefon: 04234/1327.
20 m hauseigener
Holzanleger für
Gäste. Kein Wasser
und Strom. Über-
nachten im Boot
nach Absprache
möglich. Öffnungs-
zeiten: täglich ab 11
Uhr. Montag und
Dienstag Ruhetag.

km 308,40 RU
Wassersportverein
Dörverden.
Anschrift: An der
Kanalspitze, 27313
Dörverden, Telefon:
04234/2060 (Club-
haus).
Schwimmsteg für
Boote bis 10x3 m.
Wasser und Strom
am Steg. Gastplätze
vorhanden. Schwim-
mendes Clubhaus
mit Getränkever-
kauf. WC, Duschen.
Müllentsorgung.
Fortsetzung S. 123

122

km	Uferseite	Streckenbeschreibung	Hinweise / Brücken / Schleusen
299,53	RU	Umschlagplatz Europa-Carton AG	
299,60	RU	Industriegelände	
299,74	RU	Umschlagplatz Europa-Carton AG	
299,86	–	Düker	Ankerverbot
303,80	LU	Hingste	
304,50	–	Rampe	
304,95	RU	Hafen Barme	Bundeswehrhafen. Einfahrt verboten
305,30	RU	Barme	
305,50	RU	Gasthaus und Café Weserlust	Liegemöglichkeit an Steganlage des Gasthauses. Schwell der durchlaufenden Schiffahrt berücksichtigen!
306,99	RU	Umschlagplatz Wintershall	
307,00	–		
307,10	RU	Schiffsliegeplatz	Für Fahrzeuge mit blauem Kegel
307,50	RU	Anleger	Diverse Privatanleger
307,70	RU	Dörverden	
308,00	RU	Öffentlicher Anleger der Gemeinde Dörverden	Kurzfristiges Festmachen erlaubt. Straßentankstelle in 70 m.

Fortsetzung Fahrhinweise von S. 80
Nächste Straßentankstelle in Dörverden. Öffentlicher Anleger der Gemeinde Dörverden bei km 308,00 (RU). Kurzfristiges Festmachen erlaubt.

Zur Tankstelle 70 m Fußweg. Versorgungsmöglichkeiten und Gaststätten in Dörverden; 2 km.

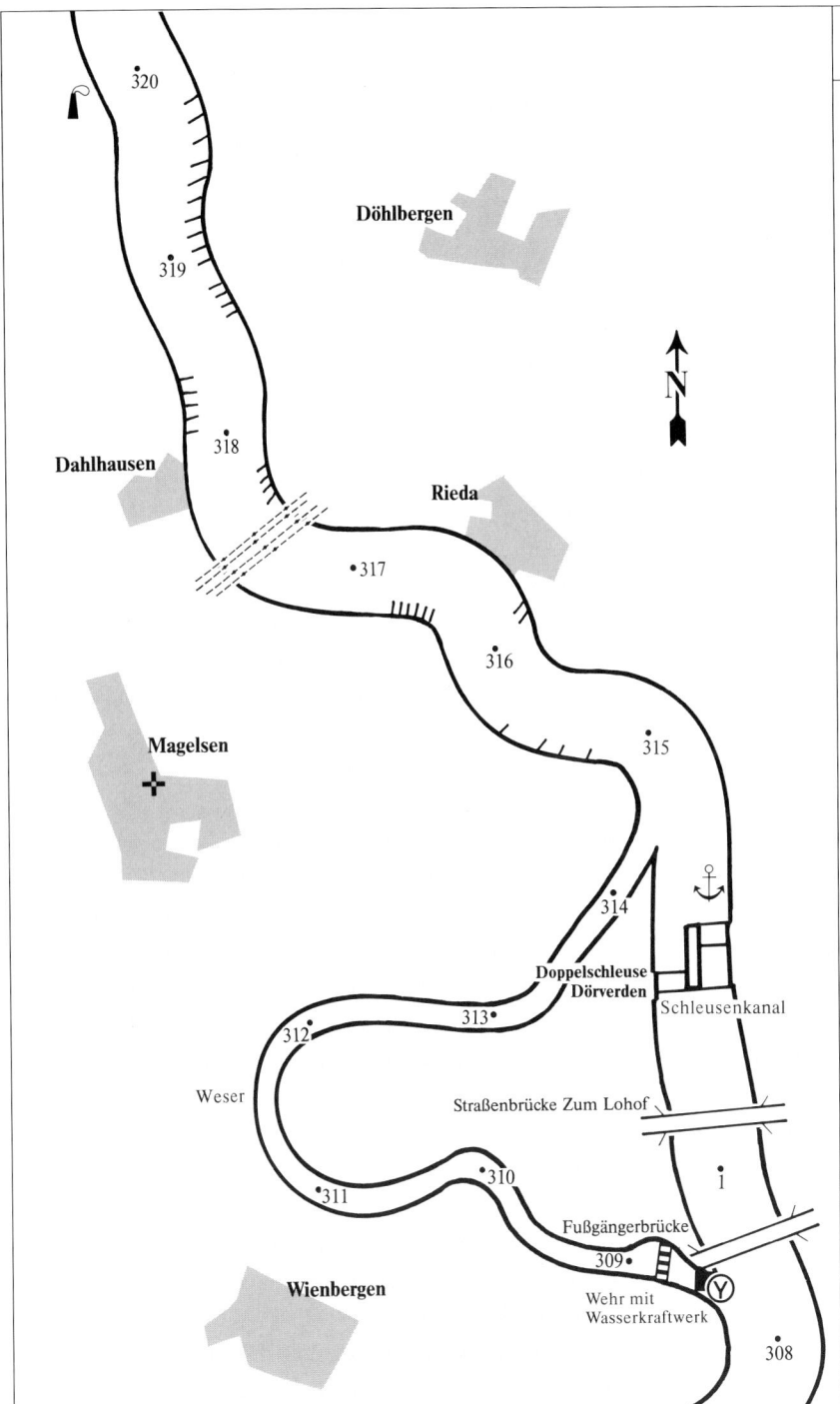

km 308,39 RU
Schleusenkanal
Dörverden.
Geschwindigkeitsbe-
grenzung: Für Klein-
fahrzeuge 12 km/h.

km 308,40 RU
Vereinsgebäude auf
der Landspitze zum
Schleusenkanal.
Stege und Schlengel
des Clubhauses an
der Weser.

km 1,50 – 1,89
Schleusenvorhafen.
Oberwasser Dalben-
reihe. Für Kleinfahr-
zeuge bedingte Fest-
machemöglichkei-
ten.

km 2,26 – 2,52
Schleusenvorhafen.
Unterwasser Dal-
benreihe. Für Klein-
fahrzeuge bedingte
Festmachemöglich-
keiten.

km 314,35 RU
Schleusenkanal
Dörverden.
Geschwindigkeitsbe-
grenzung: Für Klein-
fahrzeuge 12 km/h.

km	Uferseite	Streckenbeschreibung	Hinweise / Brücken / Schleusen
308,39	RU	Einmündung Schleusenkanal Dörverden	Interne Kilometrierung.
308,40	LU	Sportboothafen	Wassersportverein Dörverden e.V.
0,35	LU	Einmündung Weser	Weiterfahrt und Kilometrierung Weser
0,57	–	Fußgängerbrücke Nr. 53	DF 1 / DFH 6,50 m / DFB 25,00 m
1,22	–	Straßenbrücke Nr. 54 Zum Lohof	DF 1 / DFH 5,15 m / DFB 25,00 m
1,50	–		
1,89		Schleusenvorhafen	
2,07	–	Schleuse Dörverden	K 2 / L 225,00 m / B 12,30 / HH 4,60
	RU	Große Kammer	Anlegepontons für Sportboote
	LU	Kleine Kammer	L 85,00 m / B 12,30 m / HH 4,60 m / UKW-Kanal 18. Telefon 04234/13 58
2,26	–		
2,52	–	Schleusenvorhafen	
2,58	–		
2,64	RU	Schiffsliegeplatz	Für Fahrzeuge mit blauem Kegel
2,70	RU	Einmündung Weser	Weiterfahrt und Kilometrierung Weser
314,40	RU	Einmündung Schleusenkanal Dörverden	Interne Kilometrierung
316,25	RU	Rieda	
316,25	–	Düker	Ankerverbot
317,40	LU	Obernhude	
317,80	RU	Dahlhausen	

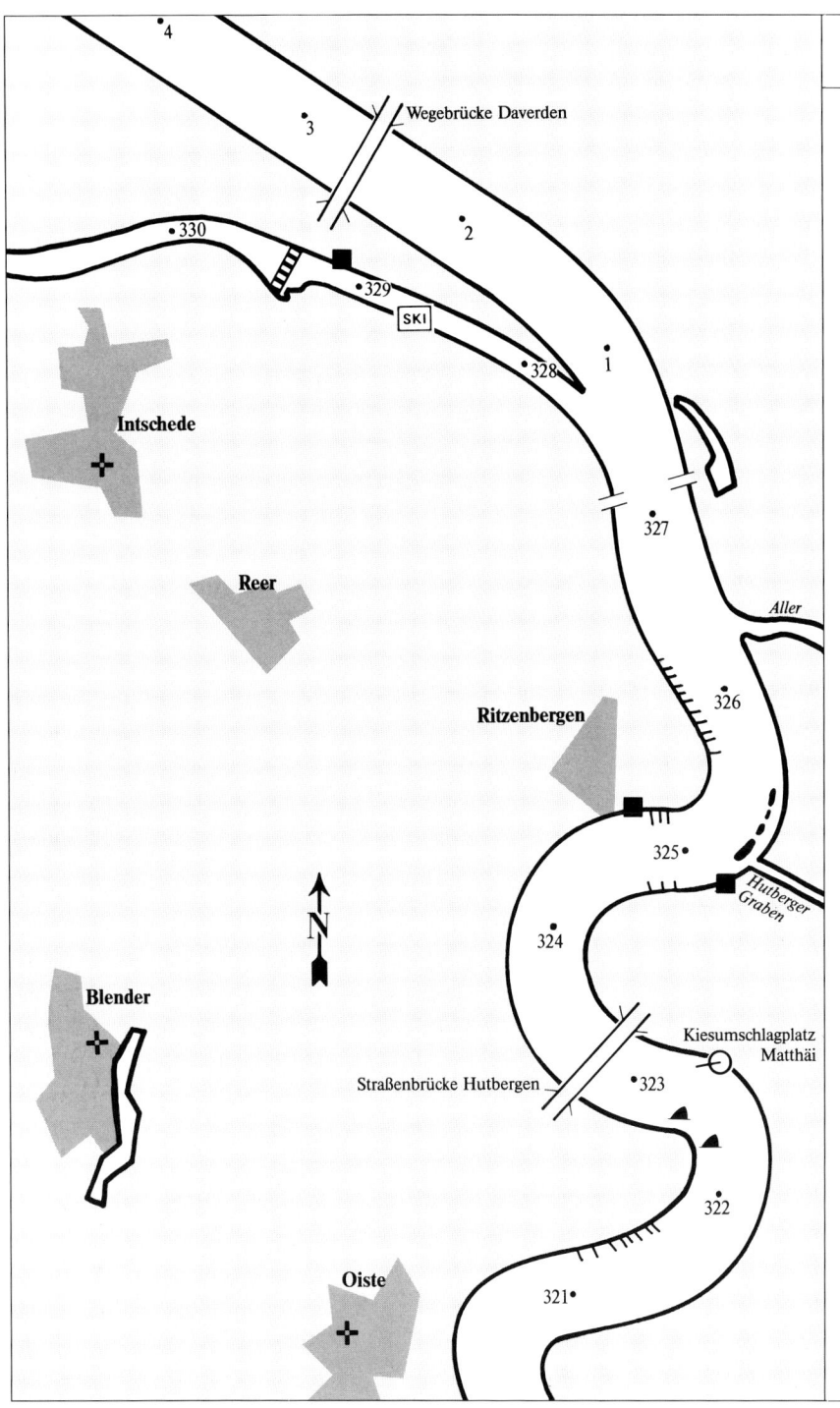

Fahrhinweise

km 327,10 RU u. LU
Slipmöglichkeit auf
einer ehemaligen
Nato-Rampe bei
den Ortschaften
Eissel und Ritzen-
bergen. Abstellplatz
für Trailergespanne
auf einer Wiese.
Hinweis für Trailer-
fahrer: Um Ärger
mit den Anwoh-
nern in Eissel und
Ritzenbergen zu
vermeiden, dort
wegen Staub und
Lärmbelästigung
unbedingt langsam
fahren.

km 327,66 RU
Schleusenkanal
Langwedel.
Geschwindigkeits-
begrenzung:
Für Kleinfahrzeuge
12 km/h.

327,80 – 329,10
Wasserskistrecke.
Oberer Wehrarm
Intschede – nur vom
1. Mai bis 30. Sep-
tember, freitags und
sonntags und an
gesetzlichen Feier-
tagen von 10.00 bis
17.00 Uhr, an Sams-
tagen von 10.00 bis
20.00 Uhr.

km	Uferseite	Streckenbeschreibung	Hinweise / Brücken / Schleusen
320,25	LU	Oiste	
322,82	–	Düker	Ankerverbot
322,84	RU	Kiesumschlagplatz Matthäi	
323,17	–	Straßenbrücke Nr. 55, Hutbergen	DF 1 / DFH 4,98 m / DFB 46,50 m
323,18	LU	Schiffsreparaturwerkstatt und Bunkerstation	Nur für Berufsschiffahrt
324,70	LU	Sportbootanlage	Bedingte Festmachemöglichkeiten
324,71	LU	Pegel	
324,80	LU	Ritzenbergen	
325,25	RU	Sportbootanlage	Bedingte Festmachemöglichkeiten
325,40	RU	Einmündung Hutberger Graben	
326,40	RU	Einmündung Aller	Karten 45 – 54 und Streckenbeschreibungen siehe Seite 157 ff.
327,10		beiderseits Betonslip	ehemalige Panzereinlaßstelle Ritzenbergen (LU), Klein Eissel (RU)
327,66	RU	Einmündung Schleusenkanal Langwedel	Interne Kilometrierung
0,67	RU	Einmündung Weser	Weiterfahrt und Kilometrierung Weser
2,65	–	Wegebrücke Nr. 58 Daverden	DF 1 / DFH 4,59 m / DFB 24,20 m

Schleuse Langwedel

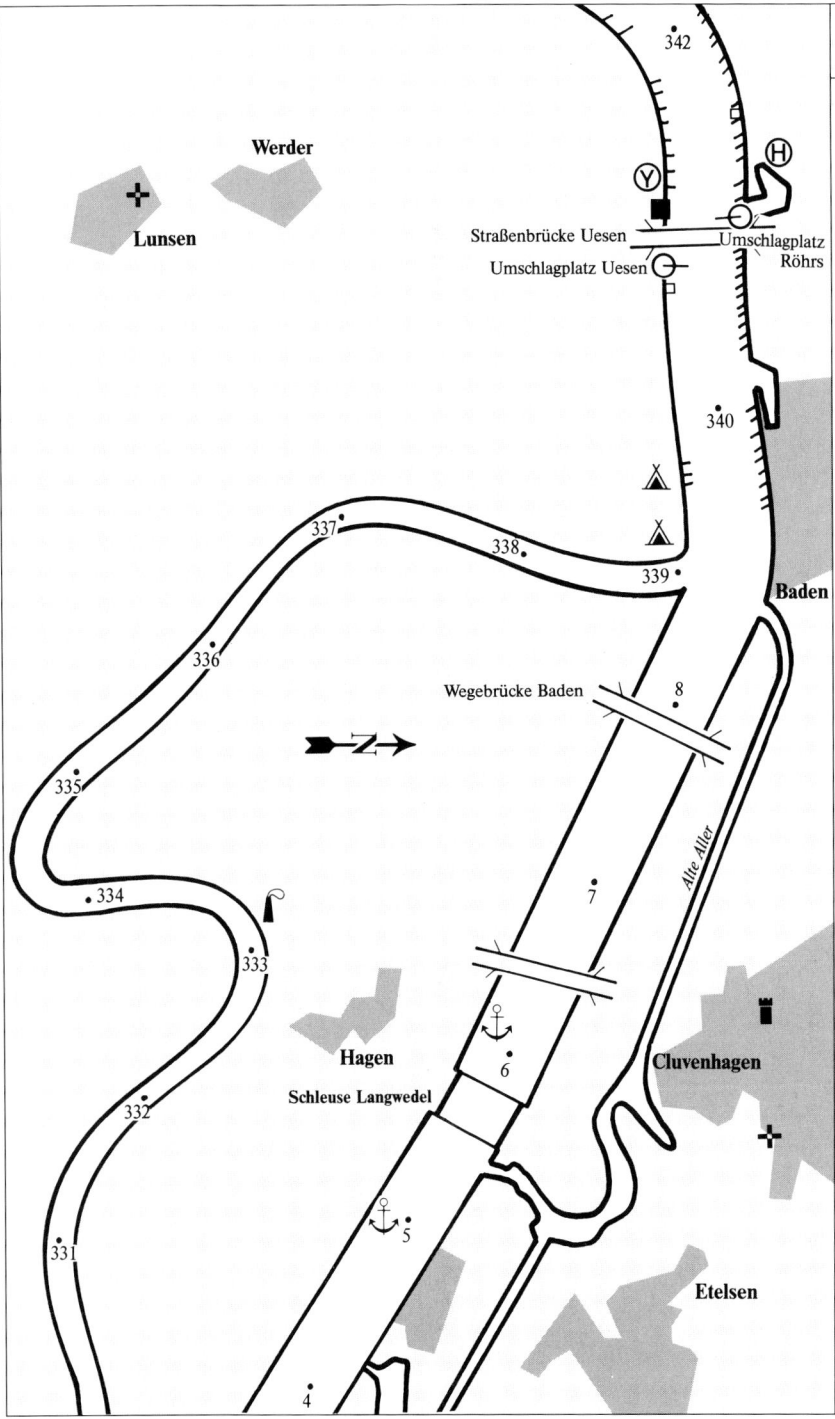

Fahrhinweise

km 4,87 – 5,42
Schleusenvorhafen.
Oberwasser Dalben-
reihe. Festmache-
möglichkeiten für
Sportboote am
Prahm.

km 5,68 – 6,34
Schleusenvorhafen.
Unterwasser Dal-
benreihe. Festma-
chemöglichkeiten
für Sportfahrzeuge
am Prahm.

km 338,92 RU
Schleusenkanal
Langwedel.
Geschwindigkeits-
begrenzung: Für
Kleinfahrzeuge
12 km/h.

km 341,00 LU
Boot-Sport-Verein
Achim-Thedinghau-
sen.
Anschrift:
Achimer Landstr. 29,
27321 Thedinghau-
sen, OT: Werder,
Telefon: 04204/
69324 (Clubhaus).
Mehrere Schwimm-
stege für Boote bis
10 x 3,30 m. Kopf-
steg für größere
Boote. Wasser und
Strom am Steg. Gast-
plätze vorhanden.
8-t-Kran. Abstell-
platz für Trailerge-
spanne auf dem
Gelände. Clubhaus.
Fortsetzung S. 129

km	Uferseite	Streckenbeschreibung	Hinweise / Brücken / Schleusen
4,60	RU	Cluvenhagen	
4,80	RU	Etelsen	
4,87	–		
5,42	–	Schleusenvorhafen	
4,91	–		Anlegeprahm für Sportboote
5,01	LU	Schiffsliegeplatz	Für Fahrzeuge mit blauem Kegel
5,55	–	Schleuse Langwedel	K 1 / L 223,00 m / B 12,30 m / HH 5,5 m. UKW-Kanal 22. Telefon 04235/23 58
5,68	–		Anlegepontons für Sportboote
6,34	–	Schleusenvorhafen	
6,14	–		Anlegeprahm für Sportboote.
6,23	LU	Schiffsliegeplatz	Für Fahrzeuge mit blauem Kegel
6,23	LU	Hagen	
6,40	–	Düker	Ankerverbot
6,42	–	Straßenbrücke Nr. 59	DF 1 / DFH 4,50 m / DFB 32,30 m / DF 1 / DFH 4,65 / DFB 25,10 m
8,53	LU	Einmündung Weser	Weiterfahrt und Kilometrierung Weser
338,92	RU	Einmündung Schleusenkanal Langwedel	Interne Kilometrierung
339,10	RU	Einmündung Alte Aller	
339,30	RU	Pegel Baden	
339,40	RU	Baden	
340,80	–	Düker	Ankerverbot
340,84	LU	Wirtshaus Ueserhütte	Liegemöglichkeiten
340,86	LU	Umschlagplatz Uesen	
340,88	–	Straßenbrücke Nr. 56 Uesen	DF 1 / DFH 4,50 m / DFB 30,00 m
341,00	LU	Sportboothafen	Boot-Sport-Verein Achim-Thedinghausen e.V. Liegemöglichkeiten.
340,97	RU	Umschlagplatz Röhrs	
341,00	RU	Hafen	
341,50	RU	Anleger	
342,00	LU	Mullwerder	

Fortsetzung Fahrhinweise von S. 128
WC, Duschen. Müllentsorgung. Nächste Straßentankstelle in Achim, Verdener Str.; 1 km. Gaststätte 50 m Fußweg. Versorgungsmöglichkeiten und weitere Gaststätten in Achim, OT. Uesen; 800 m (über die Brücke).

Hinweis für Trailerfahrer: Von Achim kommend, nach Passieren der Uesener Brücke, gleich rechts abbiegen und am Kieswerk vorbeifahren.

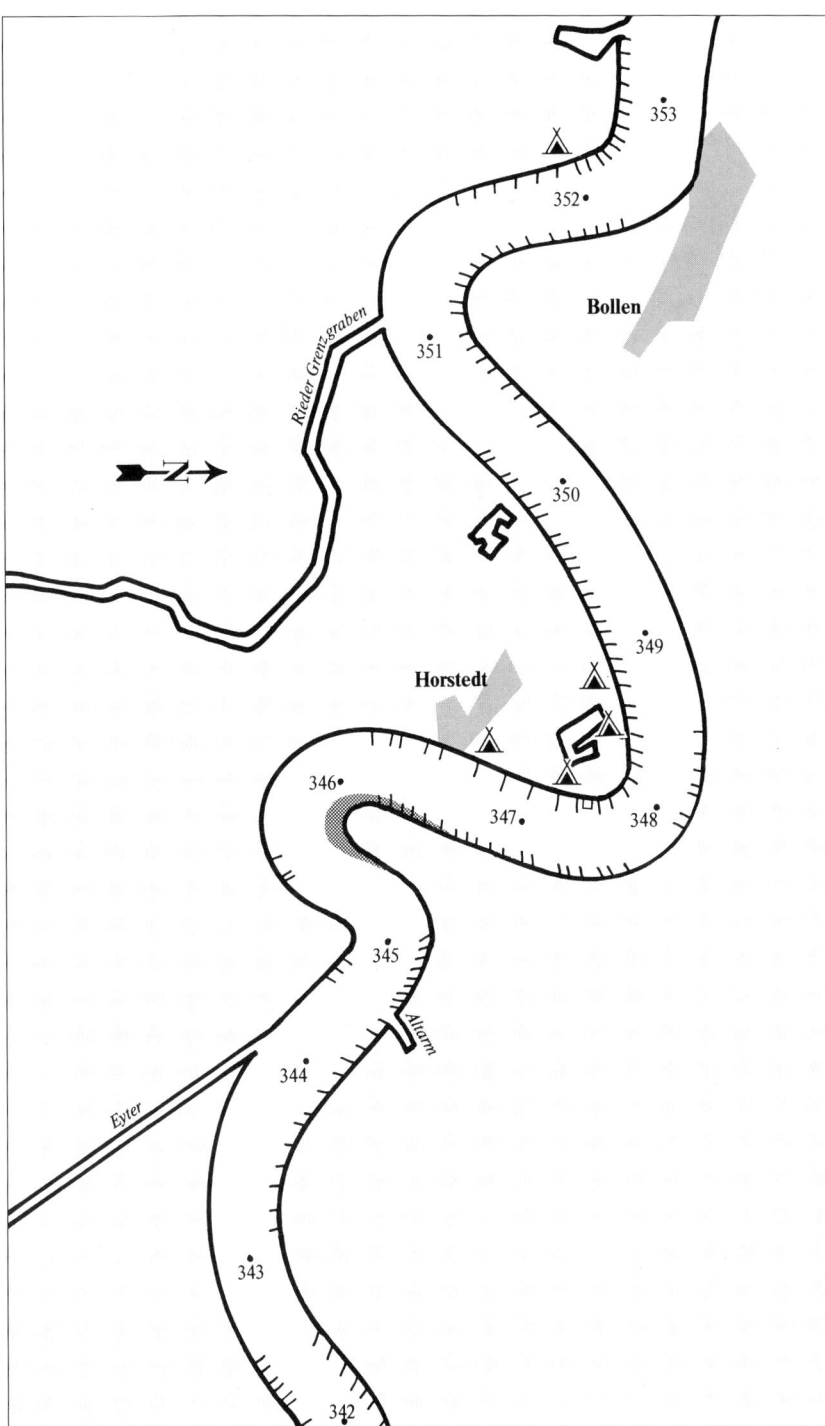

Fahrhinweise

km 345,00 – 346,50
Wahrschau: Enge
Kurve – Verbot der
Begegnung, lang-
sam fahren und
Manöver der Berufs-
schiffahrt beachten.

km 346,60 LU
Campingplatz Rie-
kers.
Anschrift: Fährstr. 13,
27321 Thedinghausen,
OT. Horstedt, Tele-
fon: 04204/270.
300 nicht parzel-
lierte Stellplätze.
Betonslip für Boote
bis 5 m. Abstellplatz
für Trailergespanne
auf dem Gelände.
WC, Duschen. Müll-
und Chemietoilet-
tenentsorgung. Pro-
pangasflaschen-
tausch. Keine Stra-
ßentankstelle in der
näheren Umgebung.
Neben dem Cam-
pingplatz liegt das
Restaurant „Fähr-
haus Horstedt" mit
Deichterrasse. Ver-
sorgungsmöglich-
keiten und weitere
Gaststätten in The-
dinghausen; 7 km.
Hinweis für Trailer-
fahrer: Einfache
Slipanlage. Der
untere Teil ist ver-
sandet. Metallbleche
sind vorhanden.

km	Uferseite	Streckenbeschreibung	Hinweise / Brücken / Schleusen
344,20	LU	Einmündung Eyter	
344,60	RU	Einmündung Altarm	
345,00 –			
346,50		Fahrwasserenge	
345,80	RU	Pegel Horstedt	
346,60	LU	Campingplatz Riekers	
346,65	LU	Horstedt	
347,25	LU	Anleger	Campingplatz ohne nautische Einrichtungen
347,81	–	Düker	Ankerverbot
348,00 –			
349,00	LU	Sandstrand	Anlegen und Betreten verboten
351,10	LU	Einmündung Rieder Grenzgraben	
351,70	–	Slipbahn	
352,30	RU	Bollen	
353,30	LU	Kiesgrube	Einfahrt versandet
353,57	–	Düker	Ankerverbot
353,84	–	Düker	Ankerverbot
355,10	LU	Sportboothafen Wieltsee	1. Wassersportgemeinschafft Tümmler
			2. Wassersportverein Wieltsee
			3. Segelclub Wieltsee
			4. Wassersportverein „Wiking" e.V.
			5. Postsportverein Bremen e.V., Segelabteilung
355,80	LU	Dreye	
355,90	LU	Hafen Dreye	Ehemaliger Schutzhafen.
356,50	LU	Baggersee Henkenwerder	Einfahrt verboten
357,20	RU	Bootshaus	Eisenbahnsportverein Bremen
357,21	–	Eisenbahnbrücke	DF 1 / DFH 5,50 m / DFB 35,00 m
357,60	LU	Winklersee	
358,51	–	Autobahnbrücke Bremen-Arsten	DF 1 / DFH 3,95 m / DFB 100,00 m
358,80	LU	Arsten	
359,00	LU	Korb-Insel	
359,10	RU	Sportboothafen	Marina Oberweser.
			Bremer Motor-Yacht-Club e.V.
359,10	RU	Bootstankstelle	Diesel + Super Marina Oberweser
359,21	RU	Baggersee	Einfahrt verboten
359,50	LU	Sportboothafen (Einfahrt)	WSV Hanse-Kogge e.V.
360,00	RU	Hemelingersee	
360,30	RU	Sportboothafen	Wassersport-Verein Hemelingen e.V.
360,60	–	Binnenhafengebiet Bremen-Hemelingen	
360,70	RU	Fuldahafen	Roland-Werft
360,80	LU	Sportboothafen	Sportboothafen Oberweser-Segel Verein e.V.
361,00	RU	Hemelingen	
361,15	RU	Werrahafen	
361,15	LU	Anleger	Gehört zur Werft Lühmann
361,40	LU	Richtungsweiser	Für die Bremer Weserschleuse

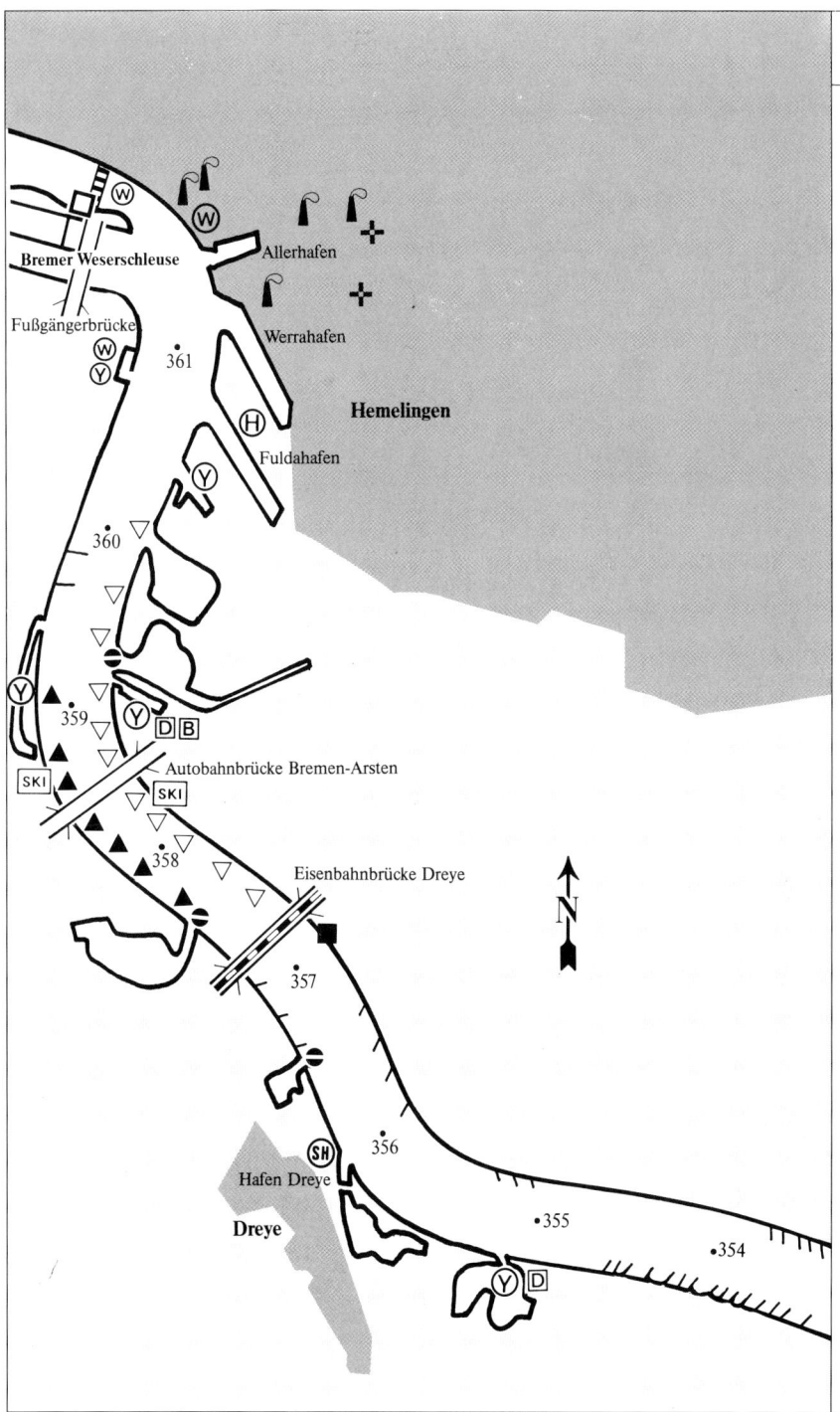

km 355,10 LU
Yachthafen Wieltsee.
Anschrift: Wieltsee,
28844 Weyhe, OT.
Dreye, Telefon:
04203/9447 (Hafen-
meisterbüro).
Am Wieltsee sind 5
Vereine ansässig:
– Wassersportge-
meinschaft Tümmler
– Wassersportverein
Wieltsee
– Segelclub Wieltsee
– Wassersportverein
Wiking
– Postsportverein
Bremen, Abt. Segeln
Alle Vereine haben
Stege für Boote bis
12 x 4 m. Wasser
und Strom am Steg.
Gastplätze vorhan-
den. Betonslip für
Boote bis 6 m.
Abstellplatz für Trai-
lergespanne (maxi-
mal 3 Tage, länger
nach Absprache).
Clubhäuser. WC,
Duschen. Müllent-
sorgung. Nächste
Straßentankstelle in
Sudweyhe; 5 km.
Gaststätte in Dreye;
2 km. Versorgungs-
möglichkeiten und
weitere Gaststätten
in Bremen-Arsten;
7 km. Hinweis: Der
Hafenmeister wohnt
auf dem Gelände
der WSG-Tümmler.

Fortsetzung S.133

km	Uferseite	Streckenbeschreibung	Hinweise / Brücken / Schleusen
361,45	RU	Allerhafen	Roland-Werft
361,50	–		
361,50	RU	Einmündung Wehrbereich	Einfahrt zur Werft Cordes (Motoren-Service) erlaubt
361,50	LU	Einmündung Schleusenkanal Bremer Weserschleuse	
361,50	–	Schleusenvorhafen	Warteplätze für Sportboote an Stb.-Spundwand
362,00	–	Bremer Weserschleuse	K 2
	LU	Große Kammer	L 350,00 / B 12,40 / HH tidenabhängig
	RU	Kleine Kammer	L 67,00 / B 12,40 / HH tidenabhängig UKW-Kanal 20. Telefon 0421/44 63 48
362,00	–	Fußgängerbrücke über Schleuse	DF 2 / DFH wasserstandsabhängig

Fortsetzung Fahrhinweise von S. 132
km 357,21 – 360,57
Wasserskistrecke unterhalb Eisenbahnbrücke
Dreye. Nur Mo–Fr von 10.00 – 18.00 Uhr.

km 359,10 RU
Marina Oberweser.
Anschrift: Zum Schlut 1a, 28309 Bremen,
Telefon: 0421/411666.
Feststege für Boote bis 15 x 4 m. Wasser und
Strom am Steg. Gastplätze vorhanden. Betonslip
für Boote bis 7 m. 8-t-Kran. Abstellplatz für
Trailergespanne (maximal 1 Woche). Tankstelle
am Wasser mit Diesel, Super bleifrei und Super
verbleit. Sanitärcontainer mit WC und Duschen.
Müll-, Chemietoiletten- und Altölentsorgung.
Boots- und Motorenservice. Gaststätte „Zum
Schlut"; 200 m Fußweg. Versorgungsmöglichkei-
ten in Bremen-Hemelingen; 3 km.

km 359,50 LU
Wassersportverein „Hansekogge".
Anschrift: Bunsackerweg 46, 28279 Bremen-
Habenhausen, Telefon: 0421/831321 (Clubhaus).
240 m Feststeg für Boote bis 14 x 4,5 m. Wasser
und Strom am Steg. Gastplätze vorhanden.
Betonslip für Boote bis 6 m. 18-t-Kran. Abstellplatz für Trailergespanne. Clubhaus mit WC und
Duschen. Müllentsorgung. Nächste Straßentankstelle in Bremen-Habenhausen; 1,5 km. Versorgungsmöglichkeiten in Bremen-Habenhausen;
ab 1 km.

km 360,30 RU
Wassersportverein Hemelingen.
Anschrift: Zum Sporthafen Hemelingen,
28309 Bremen, Telefon: 0421/451767.
2 Hafenbecken. Keine Stege. Festmachen mit
Bug an Spundwand, Heck an Dalben. Für Boote
bis 11 x 4,5 m. Wasser und Strom. Gastplätze vorhanden. Betonslip für Boote bis 7 m. 12-t-Kran.
Abstellplatz für Trailergespanne. Waschplatz mit
Auffangeinrichtung für Schmutzwasser. Bewirtschaftetes Clubhaus. WC, Duschen. Müllentsorgung. Nächste Straßentankstelle und Versorgungsmöglichkeiten in Bremen-Hemelingen; 1,5 km.

km 360,80 LU
Oberweser-Segelverein.
Anschrift: Wehrstr. 175, 28279 Bremen.
1 Hafenbecken. Keine Stege. Festmachen mit
Bug an Spundwand, Heck an Dalben. Für Boote
bis 10 x 3 m. Wasser und Strom. Gastplätze vorhanden. Betonslip für Boote bis 5 m. Abstellplatz für Trailergespanne. Bewirtschaftetes Clubhaus. WC, Duschen. Müllentsorgung. Nächste
Straßentankstelle, Versorgungsmöglichkeiten und
Gaststätten in Bremen-Habenhausen; ab 1,5 km.

km 361,50
Schleusenvorhafen. Oberwasser. Festmachemöglichkeiten für Sportboote – RU.

km 362,50
Schleusenvorhafen. Unterwasser. Für Kleinfahrzeuge bedingte Festmachemöglichkeiten.

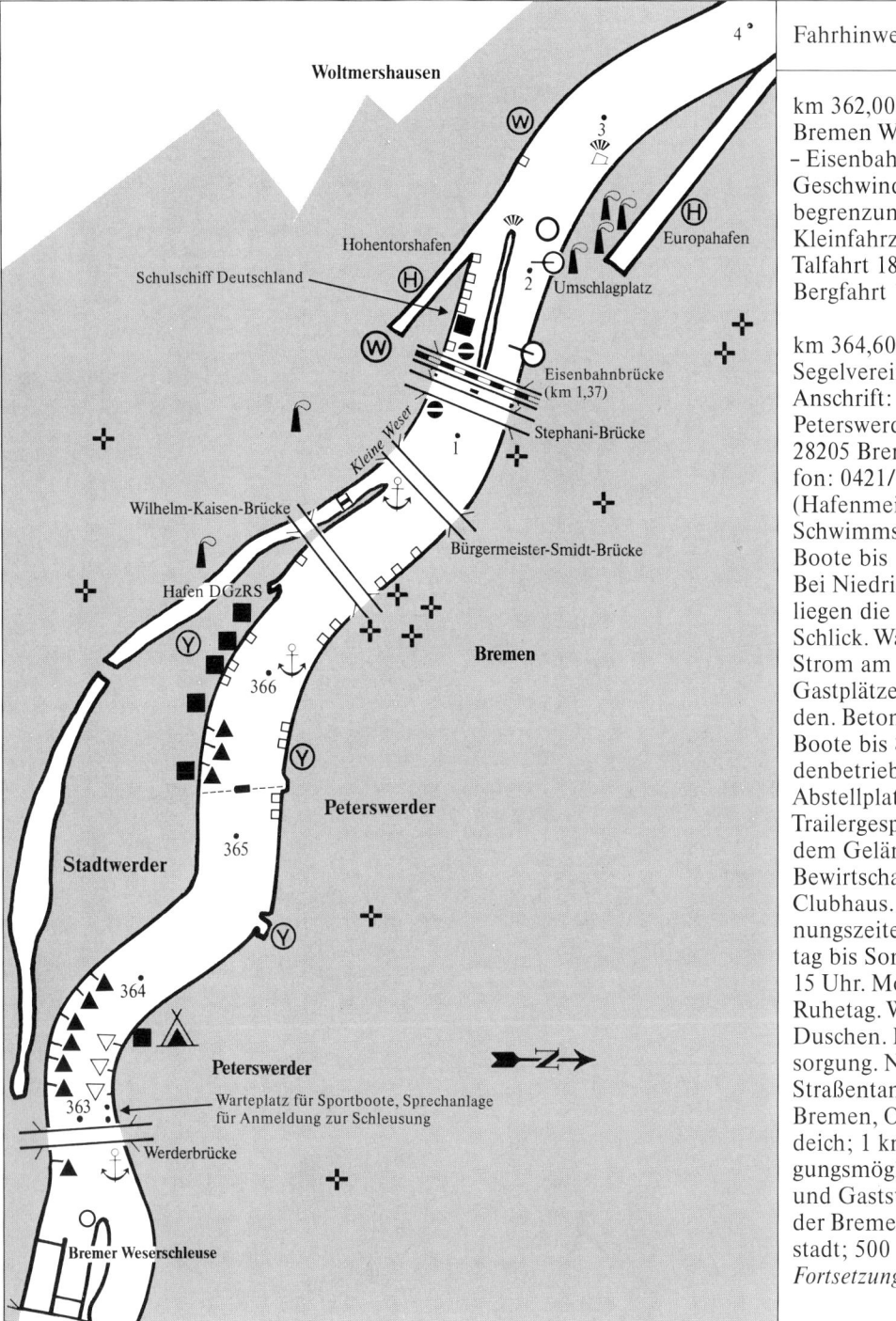

Fahrhinweise

km 362,00 – 368,05
Bremen Weserwehr
– Eisenbahnbrücke –
Geschwindigkeits-
begrenzung für
Kleinfahrzeuge:
Talfahrt 18 km/h,
Bergfahrt 12 km/h

km 364,60 RU
Segelverein „Weser".
Anschrift: Auf dem
Peterswerder 29,
28205 Bremen, Tele-
fon: 0421/490688
(Hafenmeisterbüro).
Schwimmsteg für
Boote bis 11 x 4 m.
Bei Niedrigwasser
liegen die Boote auf
Schlick. Wasser und
Strom am Steg.
Gastplätze vorhan-
den. Betonslip für
Boote bis 8 t. Win-
denbetrieb möglich.
Abstellplatz für
Trailergespanne auf
dem Gelände.
Bewirtschaftetes
Clubhaus. Öff-
nungszeiten: Diens-
tag bis Sonntag ab
15 Uhr. Montag
Ruhetag. WC,
Duschen. Müllent-
sorgung. Nächste
Straßentankstelle in
Bremen, Oster-
deich; 1 km. Versor-
gungsmöglichkeiten
und Gaststätten in
der Bremer Innen-
stadt; 500 m.
Fortsetzung S. 137

Woltmershausen

Hohentorshafen

Schulschiff Deutschland

Europahafen

Umschlagplatz

Eisenbahnbrücke
(km 1,37)

Stephani-Brücke

Kleine Weser

Wilhelm-Kaisen-Brücke

Bürgermeister-Smidt-Brücke

Hafen DGzRS

Bremen

366

Peterswerder

365

Stadtwerder

364

Peterswerder

363

Warteplatz für Sportboote, Sprechanlage
für Anmeldung zur Schleusung

Werderbrücke

Bremer Weserschleuse

km	Uferseite	Streckenbeschreibung	Hinweise / Brücken / Schleusen
362,60	RU	Einmündung Wehrarm	
362,50	LU	Einmündung Schleusenkanal	
		Weserschleuse Bremen-Hemelingen	
362,62	RU	Pegel	
362,75 –			
363,20	RU	Binnenschiffsliegeplatz	Dalbenreihe
362,90	–	Straßenbrücke, Werderbrücke	DF 1 / DFH 4,79 m / DFB 70,00 m
		Sportboot-Warteplatz für Schleuse	
		mit Sprechanlage zum Schleusen-	
		wärter zur Anmeldung	
363,30	RU	Pauliner Marsch	
363,70	RU	Bootshaus	Bremer Kanu-Wanderer
364,40	RU	Weserstadion	
364,60	RU	Sportboothafen	Segel-Verein „Weser" e.V., Osterdeich
365,00	LU	Stadtwerder	
365,18–			
366,40	RU	Dalbenreihen	Binnenschiffsliegeplätze
365,29	RU	Anleger	
365,40	–	Personenfähre Bremen	Sielwall/Stadtwerder
365,41	LU	Sportbootanlage	Segel-Club Niedersachsen Werder e.V.
365,50 –			
365,60	LU	Sportbootanlage	Segelverein Bremen von 1913
366,00	RU	Binnenschiffsliegeplatz	Dalbenreihe Osterdeich
365,65	RU	Binnenschiffsliegeplatz	
365,92	LU	Bootshaus	Postsportverein Bremen e.V., Ruderabt.
366,00	LU	Bootshaus	Ruderclub Hansa e.V.
366,05	LU	Bootshaus	Bremer Ruderverein von 1882
366,30 –			
366,35	RU	Binnenschiffsliegeplatz	
366,45	RU	Binnenschiffsliegeplatz	
366,55	LU	Hafen DGzRS	Hauptverwaltung und Werft
366,60	RU	Binnenschiffsliegeplatz	Dalbenreihe Tiefer – 6 m vor Kai
366,62	LU	Anleger	
366,68 =			Straßenbrücke
0,00	–	Wilhelm-Kaisen-Brücke	DF 1 / DFH 4,73 m / DFB 70,00 m

Hinweis:
Die Kilometrierung 00,00-366,68 der Ober-/Mittelweser endet an der Wilhelm-Kaisen-Brücke. Ab dort beginnt die neue Kilometerzählung der Unterweser von 0,00 bis zur Nordsee bei Kilometer 120,00.
Das Befahren der Hafenbecken mit Sportbooten ist in Bremen verboten.

km	Uferseite	Streckenbeschreibung	Hinweise / Brücken / Schleusen
		Diese Trennung ist nicht identisch mit der Grenze Binnenschiffahrtsstraßen-Ordnung und Seeschiffahrtsstraßen-Ordnung. Der Grenzpunkt für die Geltungsbereiche der Verordnungen liegt an der Eisenbahnbrücke bei Unterweser-Kilometer 1,37.	
0,10	RU	Anleger Fahrgastschiffahrt	Martini-Anleger
0,17	RU	Anleger Fahrgastschiffahrt	
0,35	RU	Anleger	Gaststättenschiff „Welle"
0,62	–	Straßenbrücke Bürgermeister-Smidt-Brücke	DF 1 / DFH 5,35 m / DFB 75,00 m
0,65	–		
0,70	LU	Schiffsliegeplatz	Schlepperliegeplatz
0,78	LU	Einmündung Kleine Weser	
0,80–1,24	LU	Binnenschiffsliegeplätze	
1,16	LU	Molenoberhaupt	
1,24	–	Straßenbrücke, Stephanibrücke	DF 1 / DFH 6,59 m / DFB 70,00 m
1,37	–	Eisenbahnbrücke	DF 1 / DFH 6,13 m / DFB 80,00 m
1,40	RU	Weserbahnhof	Schiffsliegeplatz
1,40–2,00	RU	Liege- und Umschlagplätze	Für Binnen- und Seeschiffe
1,40	LU	Liegeplatz	„Schulschiff Deutschland"
1,55	LU	Liegeplatz	DLRG
1,60	LU	Anleger	Hansestadt Bremen/Fachverband Segeln Bremen e.V.
2,10	LU	Zufahrt Liegeplatz „Schulschiff Deutschland" Stadtliegeplatzanlage für Sportboote „Bremer Gäste-Anleger" mit Sanitäranlage am Ufer und in der Seemannsschule beim „Schulschiff Deutschland" (nur während der Wassersportsaison)	Kleine Weser
2,10	LU	Zufahrt Hohentorshafen	
2,30	RU	Pegel	
2,55	LU	Woltmershausen	
2,60	LU	Schiffswerft Neptun	
2,95	RU	Öl-Umschlagplatz	
4,00	RU	Zufahrt Europahafen	

Fortsetzung Fahrhinweise von S. 134
km 365,40 LU
Segel-Club Niedersachsen-Werder.
Anschrift: Strandweg, 28201 Bremen, Telefon:
0421/550600 (Clubhaus).
Schwimmsteg für Boote bis 10,5x3,5 m. Wasser
und Strom am Steg. Gastplätze vorhanden.
Betonslip für Boote bis 6 m. Abstellplatz für Trailergespanne. Bewirtschaftetes Clubhaus. WC,
Duschen. Müllentsorgung. Versorgungsmöglichkeiten und Gaststätten in der Altstadt.

km 365,60 LU
Segelverein Bremen von 1913.
Anschrift: Am Stadtwerder 1, 28201 Bremen,
Telefon: 0421/532956 (Clubhaus).
180 m Schwimmsteg für Boote bis 10x3,5 m.
Wasser und Strom am Steg. Gastplätze vorhan-
den. Kombinierter Pkw- und Schienenslip für
Boote bis 8 m. Abstellplatz für Trailergespanne.
Clubhaus. WC, Duschen. Müllentsorgung. Ver-
sorgungsmöglichkeiten und Gaststätten in der
Altstadt.
*Boots- und Motorenservice zwischen Hann.-Mün-
den und Bremen, Freizeit-Sport Muhl*
Professor-Oelkers-Str. 12, 34346 Hann.-Münden,
Telefon: 05541/8045.
Vertragshändler für Volvo, Mercury, MerCruiser
und OMC. Reparaturen an Motoren aller Art.
Marine Richter
Schifferstr. 42, 37688 Beverungen, OT. Herstelle,
Telefon: 05273/7107.
Service an Innenbordmotoren aller Art. Kleine
Reparaturen an Außenbordmotoren.
Lutz Kunkel
Weserstr. 7, 31789 Hameln, Telefon: 05151/21171.
Vertragshändler für Mercury, MerCruiser, Evin-
rude, Volvo und OMC. Reparaturen an Außen-
und Innenbordmotoren aller Art.
Brandt Bootswerft
Fabrikstr. 41, 31840 Hessisch-Oldendorf,
Telefon: 05152/2414.
Reparaturen an GFK-Booten. Gutachter für
Unfallschäden. Geschäft mit Bootszubehör.
Boots-Center-Vlotho
Borlefzen 2, 32602 Vlotho, Telefon: 05733/80330.
Vertragshändler für Mercury, MerCruiser, John-
son, Force, Volvo und OMC. Reparaturen an
Außen- und Innenbordmotoren aller Art.
Bootsservice-Center Vette
Am Wasserwerk 30, 32547 Bad Oeynhausen, Tele-

fon: 05731/3100. Vertragshändler für MerCruiser,
Volvo, Yamaha und OMC. Reparaturen an
Außen- und Innenbordmotoren aller Art.
Bootscenter Krick
Im Meerfeld 15, 32547 Bad Oeynhausen, Telefon:
05731/27027. Handel mit Sunseeker-Booten.
Wassersport Heinemeyer
Klausenwall 24, 32423 Minden, Telefon: 0571/
27137. Vertragshändler für Evinrude und Mariner.
Reparaturen an Außenbordmotoren Evinrude,
Johnson, Mariner, Mercury und Force.
Boote-Motoren Welschar
Simionsplatz 21, 32427 Minden, Telefon: 0571/
22419. Vertragshändler und Service für OMC,
Mercury, MerCruiser, Yamaha und Honda.
Helmut Oppermann
Mindener Landstr. 61, 31582 Nienburg, Telefon:
05021/13464.
Kleine Reparaturen an Motoren aller Art.
Bootsservice Uwe Wolter
Triftweg 36, 31623 Drakenburg, Telefon: 05024/
1221. Vertragshändler für Yamaha. Reparaturen an
Motoren aller Art. Reparaturen an GFK-Booten.
Yachtbau Krabs
Hertzstr., 27318 Hoya, Telefon: 04251/7320.
Reparaturen an Motoren aller Art. Reparaturen
an GFK-, Holz- und Stahlbooten.
Motorenservice Johann Strahmann
Meislahnstr. 11, 28832 Achim, Telefon: 04202/
61608. Reparaturen an Motoren aller Art.
Bootscenter Hartwig
Mittelwendung 39, 28844 Weyhe, OT. Dreye,
Telefon: 04203/3545.
Reparaturen an Motoren aller Art. Reparaturen
an GFK-, Holz- und Stahlbooten.
Yachtagentur und Yachtbau D. Drettmann
Mittelwendung 12, 28844 Weyhe, OT. Dreye,
Telefon: 04203/1092-94.
Reparaturen an Motoren aller Art.
Weser-Motoren-Service
Bergfeldstr. 9, 28279 Bremen, Telefon: 0421/
834055. Vertragshändler und Service für Evinrude
und Volvo. Handel mit Zodia-Schlauchbooten.
Boote & Service Bremermann (Marina Oberweser)
Zum Schlut 1a, 28309 Bremen, Telefon: 0421/
411666. Vertragshändler und Service für Volvo,
Johnson, Evinrude, Mercury und MerCruiser.
Mobilservice. Bootshandel. Reparaturen an
GFK-Booten.

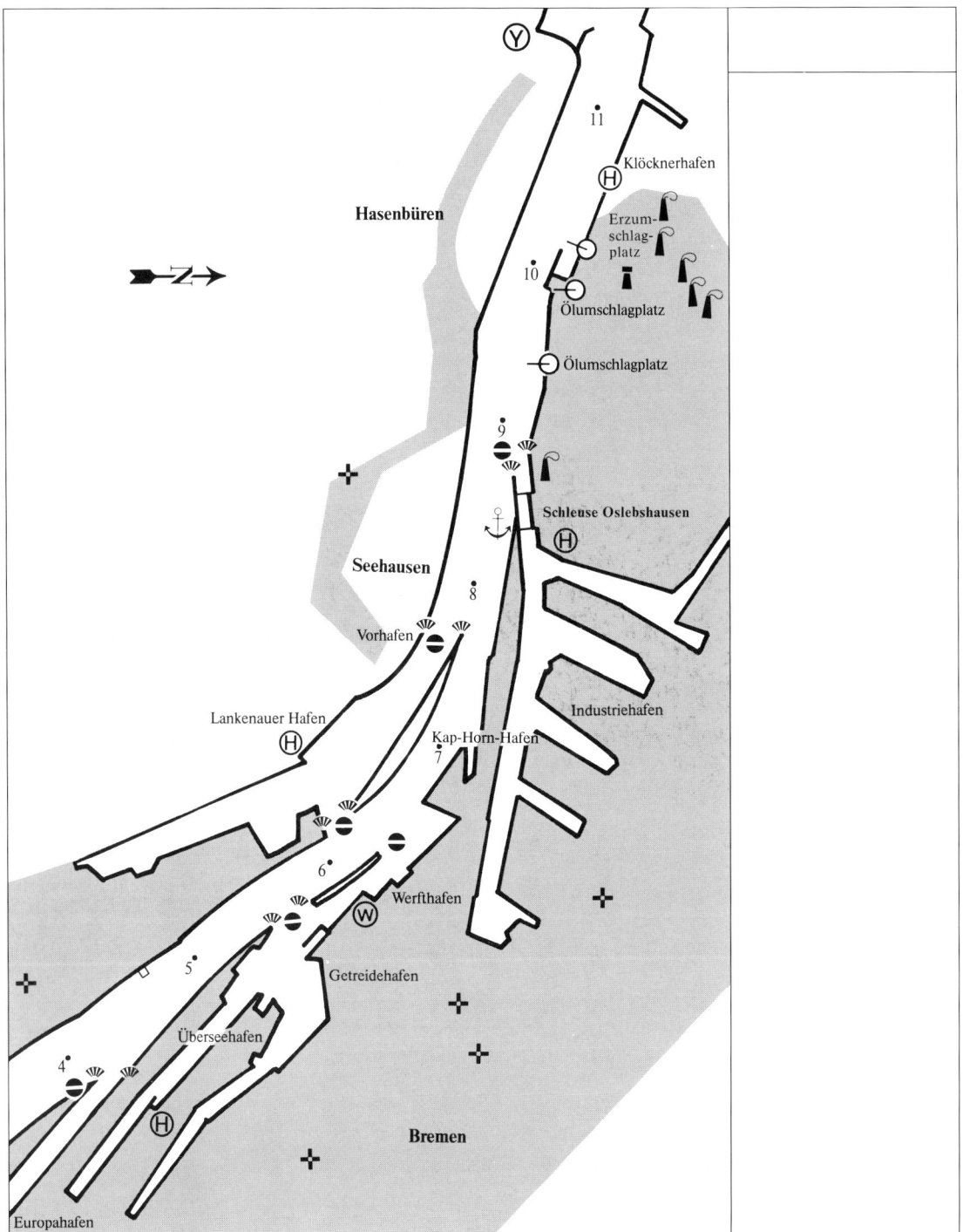

Y

11

H Klöcknerhafen

Hasenbüren

Erzum-
schlag-
platz

10

Ölumschlagplatz

Ölumschlagplatz

9

Schleuse Oslebshausen

H

Seehausen

8

Vorhafen

Lankenauer Hafen

Industriehafen

H

Kap-Horn-Hafen

7

6

Werfthafen

W

5

Getreidehafen

Überseehafen

4

H

Bremen

Europahafen

km	Uferseite	Streckenbeschreibung	Hinweise / Brücken / Schleusen
4,50	LU	Wendebecken Europahafen	
5,65	RU	Zufahrt Überseehafen	
5,65	RU	Zufahrt Getreidehafen	
5,84 –			
6,30	RU	Werfthafen mit vorgelagerter Insel	
6,10	LU	Zufahrt Lankenauer Hafen	
6,25 –			
7,70	LU	„Die Insel"	Vogelschutzgebiet
6,45	RU	Zufahrt Werfthafen	
6,61	LU	Hafenkanal	Obere Einfahrt z. Neustädter Hafen
7,25 –			
8,75	RU	Kap-Horn-Hafen	
7,75	LU	Zufahrt Vorhafen	Untere Einfahrt z. Neustädter Hafen
8,30	LU	Klärwerk Seehausen	
8,35 –			
8,50	RU	Schiffsliegeplatz	
8,50	LU	Seehausen	
8,50	RU	Einfahrt Schleusenvorhafen	Zufahrt durch Hafenschleuse Oslebshausen zu Hütten- u. Ölhafen, Kohlenhafen, Kalihafen
		Schleuse Oslebshausen: K 1 / L 230,00 / B 49,00 HH tidenabhängig UKW-Kanal 12 / Oslebshausen Lock	
9,30 –			
9,60	RU	Öl-Umschlagplatz	
9,65	LU	Hasenbüren	
9,90	RU	Umschlagplatz	
10,00 –	RU	Ölumschlagplatz	Klöckner-Hütte
10,20			
10,00 –	RU	Erzumschlagplatz	Klöckner-Hütte
10,40			
11,20	RU	Einmündung Kühlwasserkanal	Klöckner-Hütte

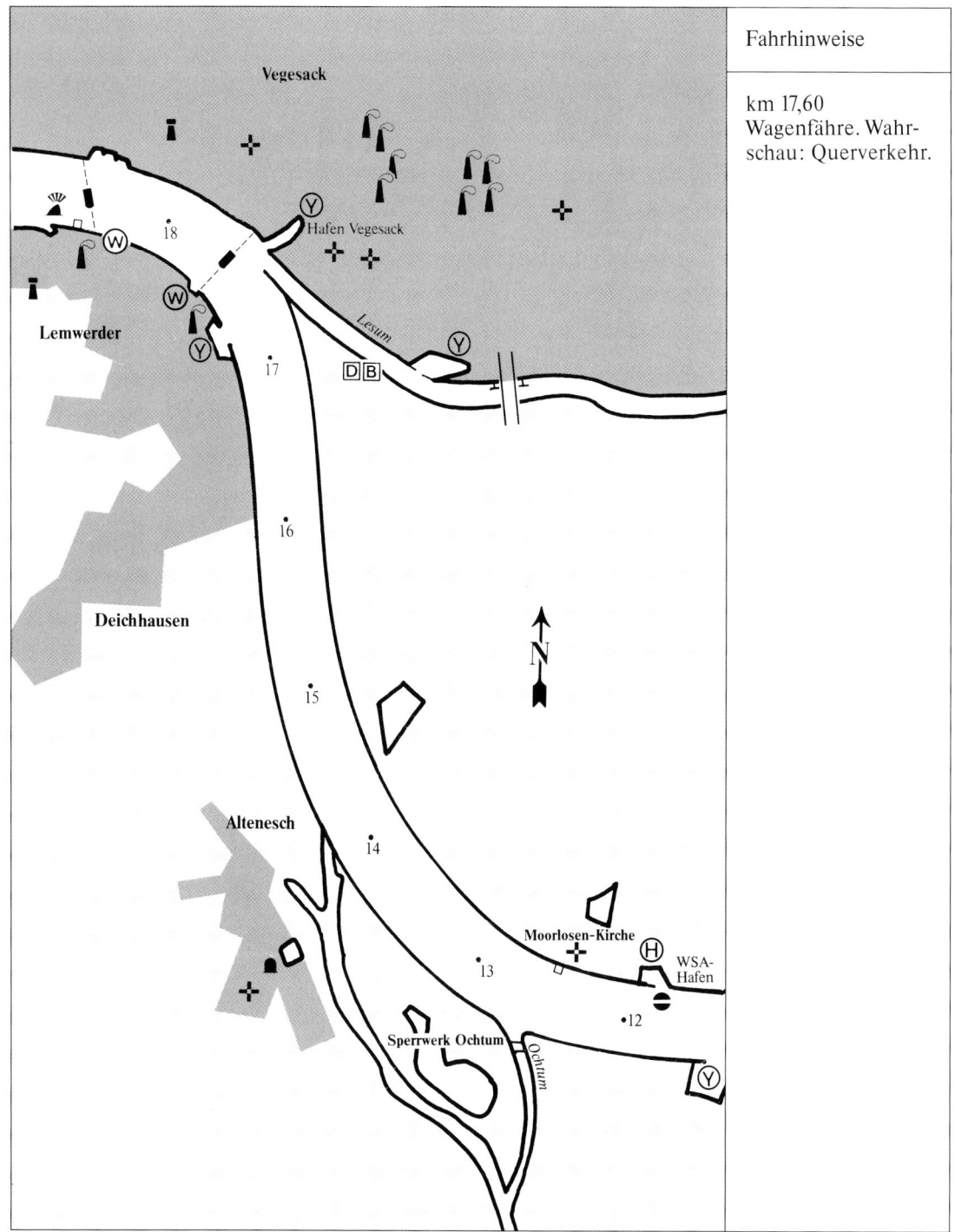

Fahrhinweise

km 17,60
Wagenfähre. Wahr-
schau: Querverkehr.

km	Uferseite	Streckenbeschreibung	Hinweise / Brücken / Schleusen
11,45	LU	Sportboothafen Hasenbüren	Liegeplatz für – Bremer Yacht-Club e.V. – Wassersportverein Woltmershausen e.V. – Segler-Vereinigung der Hanseaten e.V. – Segelverein Bremen e.V. (Nebenstelle) – Steggemeinschaft (Nebenstelle von Vereinen, die in der Stadt und an der Mittelweser liegen.)
11,87	RU	WSA-Hafen	
12,10	RU	Schiffahrtspegel	
12,30	RU	Wasserentnahmebauwerk	Klöckner-Hütte
12,40	RU	Moorlosen-Kirche	
12,45	RU	Anleger Fahrgastschiffahrt	
12,80	LU	Einmündung Ochtum	Ochtum Sperrwerk
13,80	LU	Altenesch	150 m hinter dem Sperrwerk beginnen die Sportbootanlagen der Interessengemeinschaft Ochtum mit den Vereinen:
15,50	LU	Deichhausen	– Delmenhorster Segelclub St. Veit e.V.
16,70	LU	Lemwerder	– Wassersport-Club Ochtum e.V. – Wassersportverein Strom e.V. – Segelclub Ochtum e.V.
17,20	LU	Hafen Lemwerder	Liegeplatz des Weser Yacht Club Bremen e.V., Bootshaus; vor und hinter der Einfahrt an Steuerbord Liegeplätze der Werft Abeking & Rasmussen.
17,50	LU	Werft Abeking & Rasmussen	
17,50	RU	Einmündung der Lesum (Hamme und Wümme)	Karten 55-59 und Streckenbeschreibung siehe Seite 177 ff
17,55	RU	Hafen Vegesack	Liegeplatz Vegesacker Kutter-Verein e.V. keine Sportbootanlage, Liegemöglichkeit an Spundwand oder längsseits an Kuttern oder Berufsschiffahrt
17,60		Wagen- und Personenfähre Vegesack-Lemwerder	
17,80	RU	Vegesack	
17,84	RU	Anleger Fahrgastschiffahrt	
18,40	LU	Werft Lürssen	
18,50	RU	Schlepperliegeplatz Aumund	
18,65		Fähre der Bremer Vulkan-Werft	

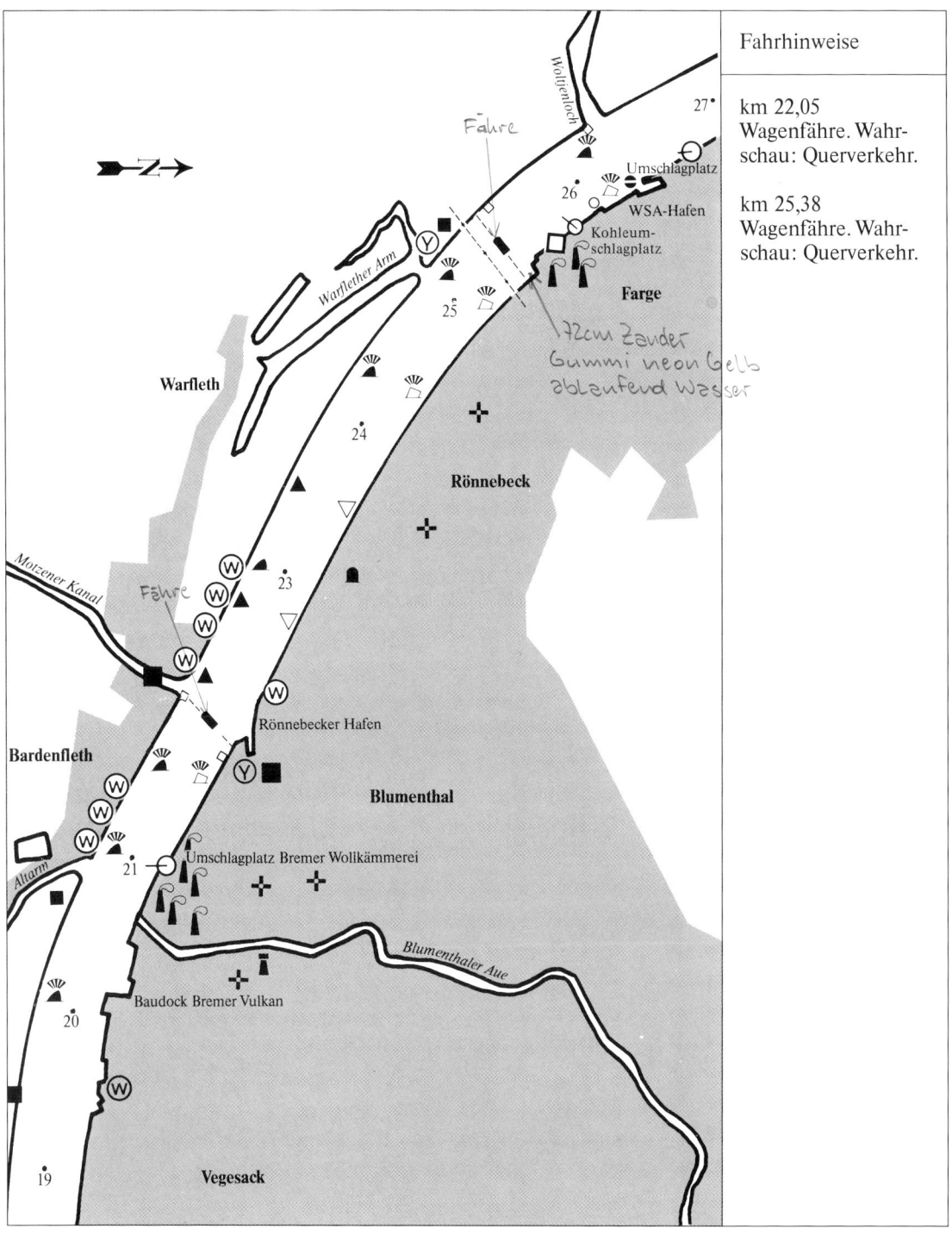

Fahrhinweise

km 22,05
Wagenfähre. Wahr-
schau: Querverkehr.

km 25,38
Wagenfähre. Wahr-
schau: Querverkehr.

27

Umschlagplatz

26

WSA-Hafen

Kohleum-
schlagplatz

Farge

*72cm Zander
Gummi neon Gelb
ablaufend Wasser*

25

Fähre

Woltjenloch

Warflether Arm

Warfleth

24

Rönnebeck

Motzener Kanal

Fähre

23

W

W

W

W

W

Rönnebecker Hafen

Y

Blumenthal

Bardenfleth

W

W

W

21

Altarm

Umschlagplatz Bremer Wollkämmerei

Baudock Bremer Vulkan

Blumenthaler Aue

20

19

W

Vegesack

km	Uferseite	Streckenbeschreibung	Hinweise / Brücken / Schleusen
19,50	LU	Bootshaus	DJK Lemwerder
19,50	RU	Schiffswerft Bremer Vulkan	
20,25	RU	Einfahrt Baudock Bremer Vulkan	
20,65	RU	Wasserbauwerk Einmündung Blumenthaler Aue	
20,80	RU	Bootshaus	WSV Motzen
20,85	LU	Einmündung Altarm	im Altarm Liegeplätze des WSV Motzen e.V. und des WSV Stedingen e.V. Liegeplätze fallen bei jeder Tide trocken.
21,00	RU	Umschlagplatz Bremer Wollkämmerei	
21,00	LU	Schiffswerft Schweers	
21,20	LU	Schiffswerft Schweers	
21,20	LU	Bardenfleth	
21,38	LU	Pegel	
21,50	LU	Schiffswerft Brandt	
21,95	RU	Anleger Fahrgastschiffahrt	
22,00	LU	Umschlagplatz Berne	
22,05	–	Wagenfähre Blumenthal-Motzen	
22,07	LU	Anleger	
22,09	LU	Einmündung Motzener Kanal	Sportbootanlage WSV Motzen
22,13	RU	Blumenthal	
22,15	RU	Rönnebecker Hafen	Wassersportverein Blumenthal e.V.
22,20	LU	Schiffswerft Faßmer	
22,50	LU	Schiffswerft Hegemann	
22,70	LU	Anleger Schiffswerft Deters	
22,98	LU	Schiffswerft Hegemann	
23,50	RU	Rönnebeck	
24,00	LU	Warflether Sand	
24,95	LU	Einmündung Warflether Arm	Sportboothafen Wassersportverein Juliusplate-Berne e.V., Bootshaus, fällt bei jeder Tide trocken
25,20	LU	Juliusplate	
25,38	RU	Anleger Fahrgastschiffahrt	
25,40	–	Wagenfähre Farge-Berne	
25,42	LU	Anleger Fahrgastschiffahrt	
25,65	RU	Kraftwerk Bremen-Farge	Kohlenumschlagplatz
25,70	RU	Farge	
26,10	RU	Pegel	
26,30	LU	Woltjenloch	
26,35	RU	WSA-Hafen Farge	
26,70	RU	Umschlagplatz	Tankerlöschanlage

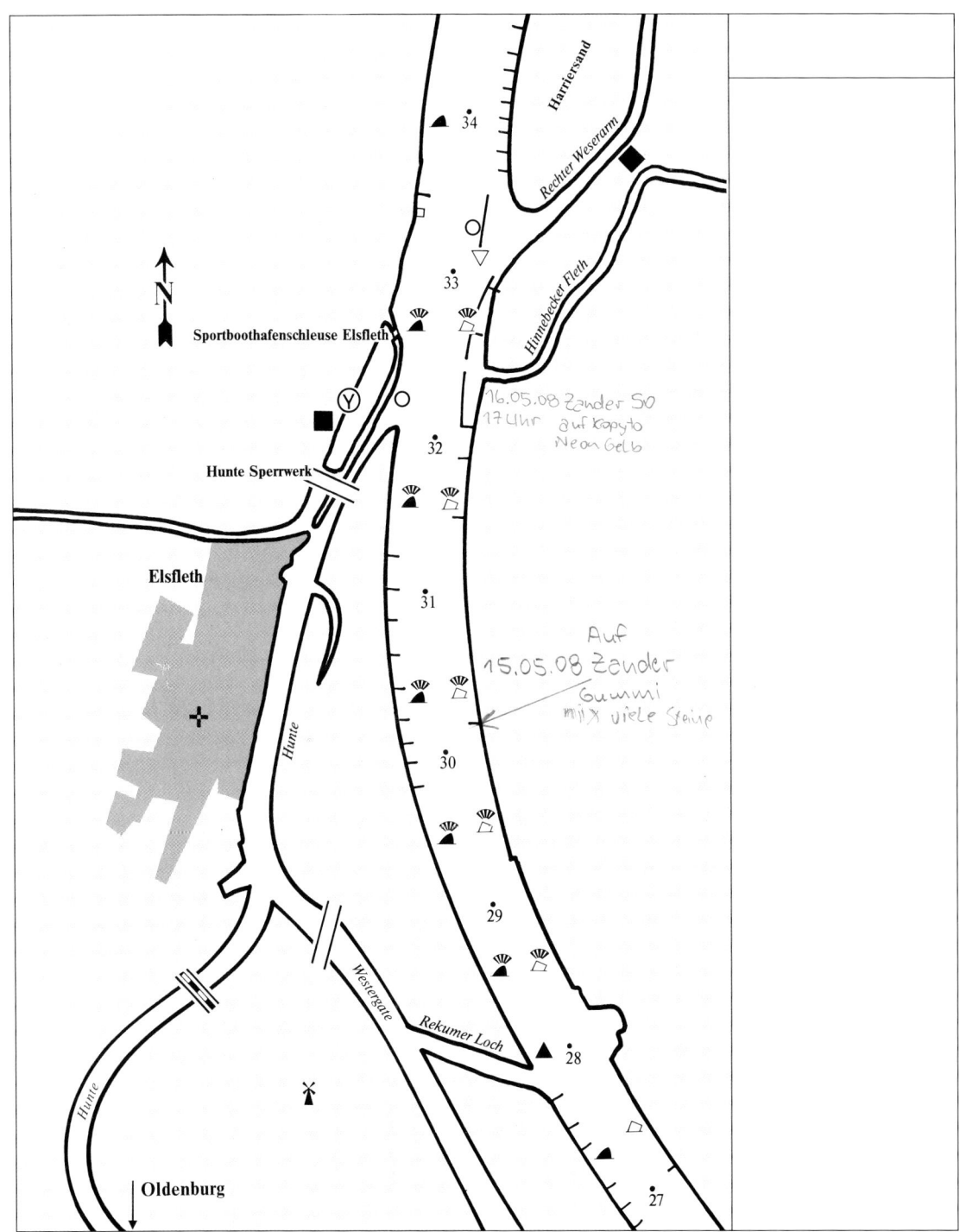

Harriersand

Rechter Weserarm

Hinnebecker Fleth

34

33

N

Sportboothafenschleuse Elsfleth

Y

16.05.08 Zander SO
17 Uhr auf Kopyto
Neon Gelb

32

Hunte Sperrwerk

Elsfleth

31

Auf
15.05.08 Zander
Gummi
mit x viele Steine

30

Hunte

29

28

Westergate

Rekumer Loch

Hunte

27

Oldenburg

km	Uferseite	Streckenbeschreibung	Hinweise / Brücken / Schleusen
27,80	LU	Einmündung Rekumer Loch	zur Westergate nicht befahrbar
27,90	RU	Ehemaliger U-Boot-Bunker	
32,25	LU	Einmündung Hunte	Weiterfahrt über Hunte, Küstenkanal zum Dortmund-Ems-Kanal oder über Elisabeth-Fehn-Kanal und Leda zur Unterems. Hinweise s. Seite 189
32,39	RU	Einmündung Hinnebecker Fleth	
32,40	RU	Pegel	in der Huntemündung
32,55	LU	Sportboothafen	Sportboothafen Elsfleth. Einfahrt nur durch Schleuse. Liegeplatz für: Segelclub „Weserstrand" e.V. Wassersportverein „Luv" e.V.
		Sportboothafenschleuse	K 1 / L 19,00 m / B 10,00 m / HH tidenabhängig Durchfahrtsbreite Schleusentore: 5,50 m.
33,00	RU	Fährplate	
33,15	RU	Obere Einmündung rechter Weseram	
33,30	LU	Pegel	
33,30	LU	Anleger des WSA	
33,30	LU	Oberhammelwarden	
33,40	RU	Pegel	
33,60	RU	Sportbootanlage	Im rechten Weserarm Sportbootanlage Wassersportverein Kleine Weser e.V., fällt bei jeder Tide trocken.

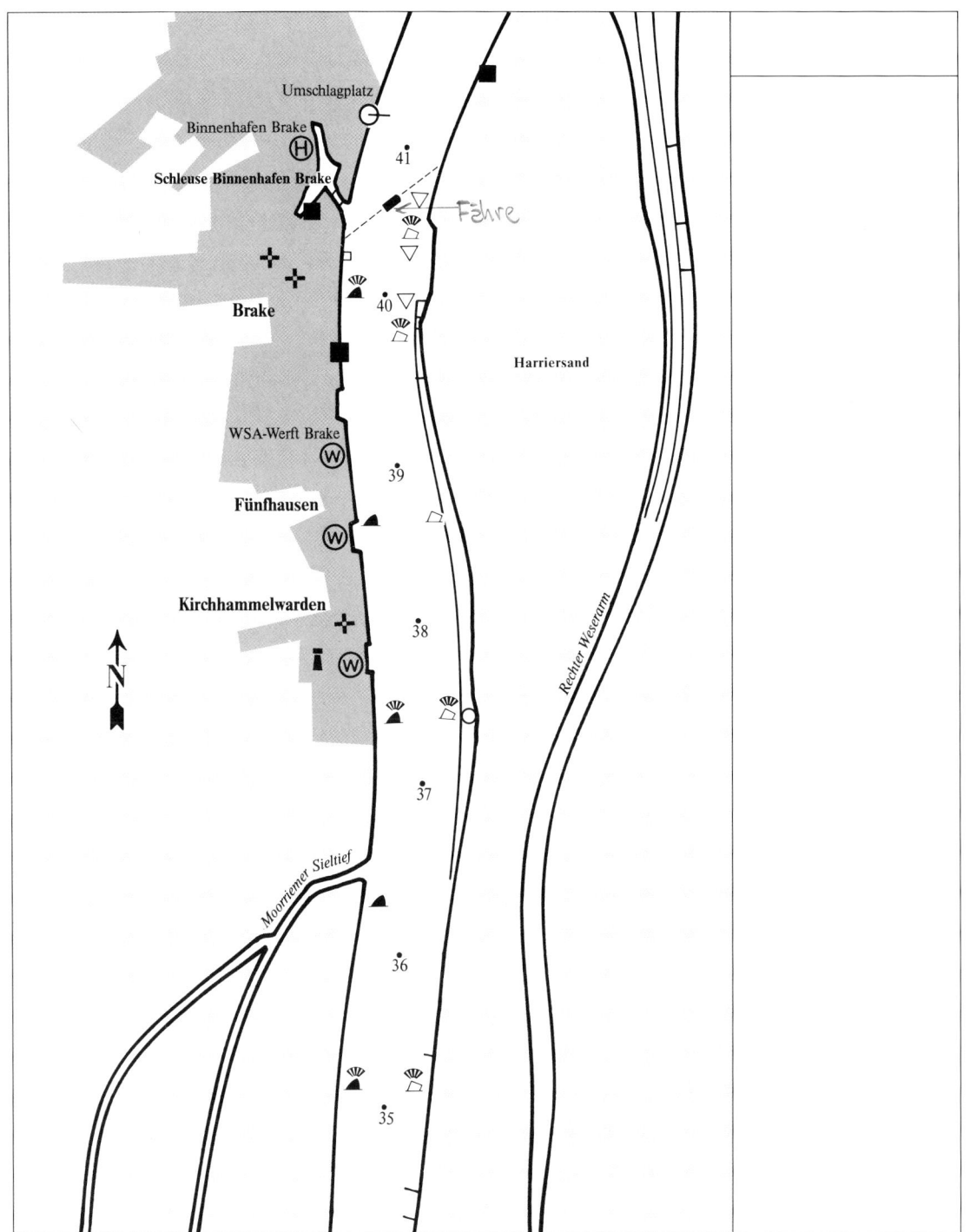

km	Uferseite	Streckenbeschreibung	Hinweise / Brücken / Schleusen
36,44	LU	Einmündung Moorriemer Sieltief	
37,43	LU	Schiffahrtspegel	
37,80	LU	Schiffswerft Lühring	
38,00	LU	Kirchhammelwarden	
38,80	LU	Fünfhausen	
39,15	LU	WSA-Werft Brake	
40,20	LU	Anleger	Schlepperliegeplatz
40,25	–	Personenfähre Brake-Strandbad	zur Insel Harriersand
40,50	LU	Zufahrt Binnenhafen Brake	
40,50	LU	Sportbootanlage	Im Süd-Teil des Binnenhafens Brake
			Sportbootanlage Braker
		Schleuse zum Binnenhafen Brake:	Ruder- und Segelverein e.V.
			K 1 / L 95,00 / B 16,00 /
			HH tidenabhängig
			UKW-Kanal 10. Telefon 04401/925-263 /
			Brake Lock
40,75	–		
41,60	LU	Umschlagplatz	
41,00	LU	Brake	
41,50	RU	Dalbenreihe mit Brücke,	Hinter Dalbenreihe Bojenreihe des
		Binnenschiffsliegeplätze	Fachverbandes Segeln Bremen e.V.
			für Sportboote

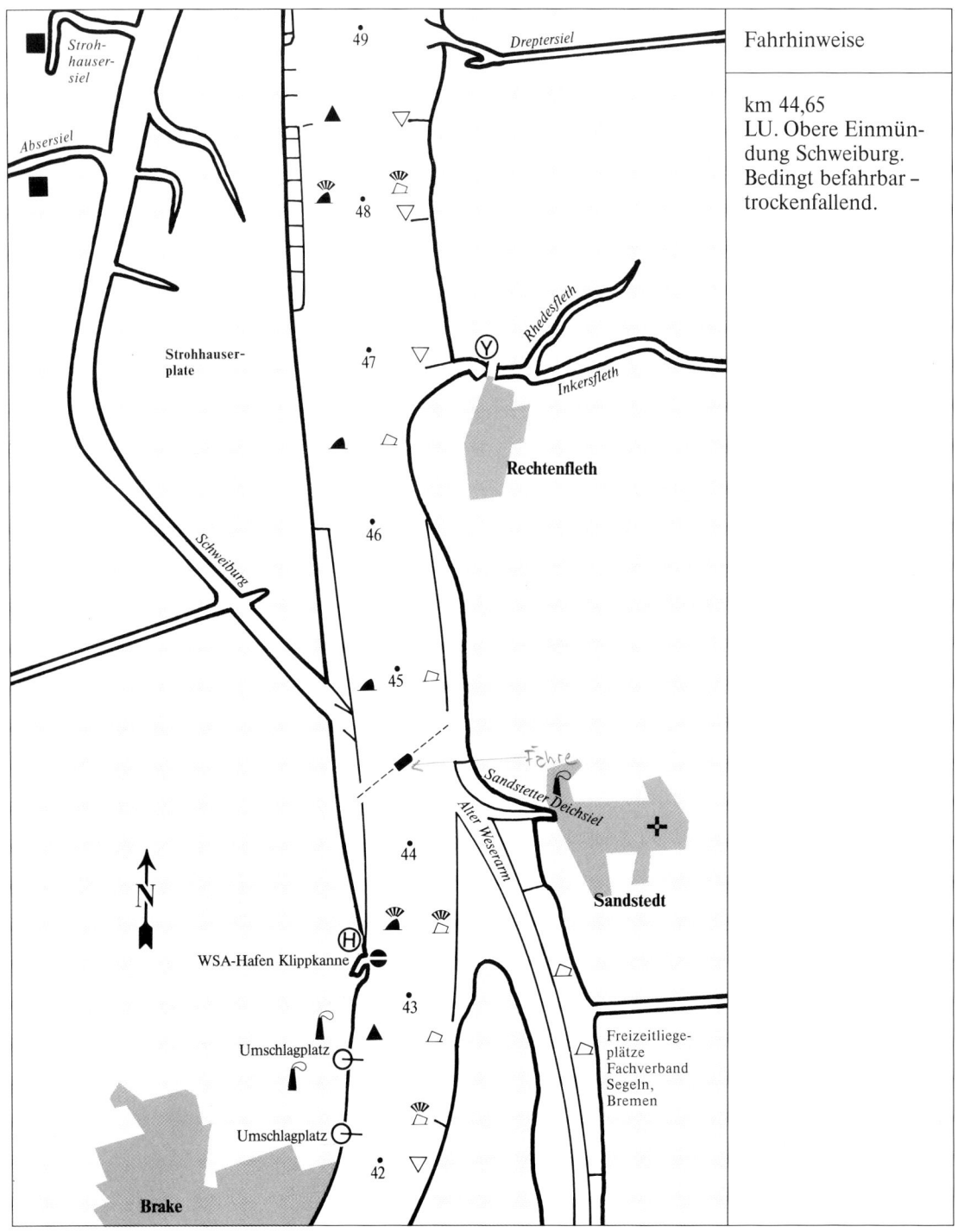

Fahrhinweise

km 44,65
LU. Obere Einmündung Schweiburg.
Bedingt befahrbar –
trockenfallend.

km	Uferseite	Streckenbeschreibung	Hinweise / Brücken / Schleusen
42,12	LU	Umschlagplatz	
42,60	LU	Raffinerie	
42,50	LU	Tankerlöschanlage	
43,20	RU	Einmündung Alter Weserarm	Im Alten Weserarm Bojenreihe Fachverband Segeln Bremen e.V. für Sportboote ∼ 1,20 m bei NNW
43,50	LU	WSA-Hafen Klippkanne	
43,60	LU	Anleger der Bundesmarine	
44,30	RU	Einmündung Alter Weserarm und Sandstedter Deichsiel	
44,20	RU	Sandstedt	
44,20 – 44,38		Wagen- und Personenfähre Brake-Sandstedt	
44,65	LU	Südliche Einmündung Nebenfahrwasser Schweiburg	
44,70	UR	Rechtenfleth	
46,95	RU	Sportboothafen	Wassersportverein Rechtenfleth e.V. fällt bei jeder Tide trocken
48,20	LU	Im Nebenfahrwasser Schweiburg das Absersiel	Sportbootanlagen Abser Wassersportverein e.V. Stadlander Yachtclub Absen e.V.
49,00	LU	Im Nebenfahrwasser Schweiburg das Strohhausersiel	Sportbootanlage
49,05	RU	Einmündung Dreptersiel	

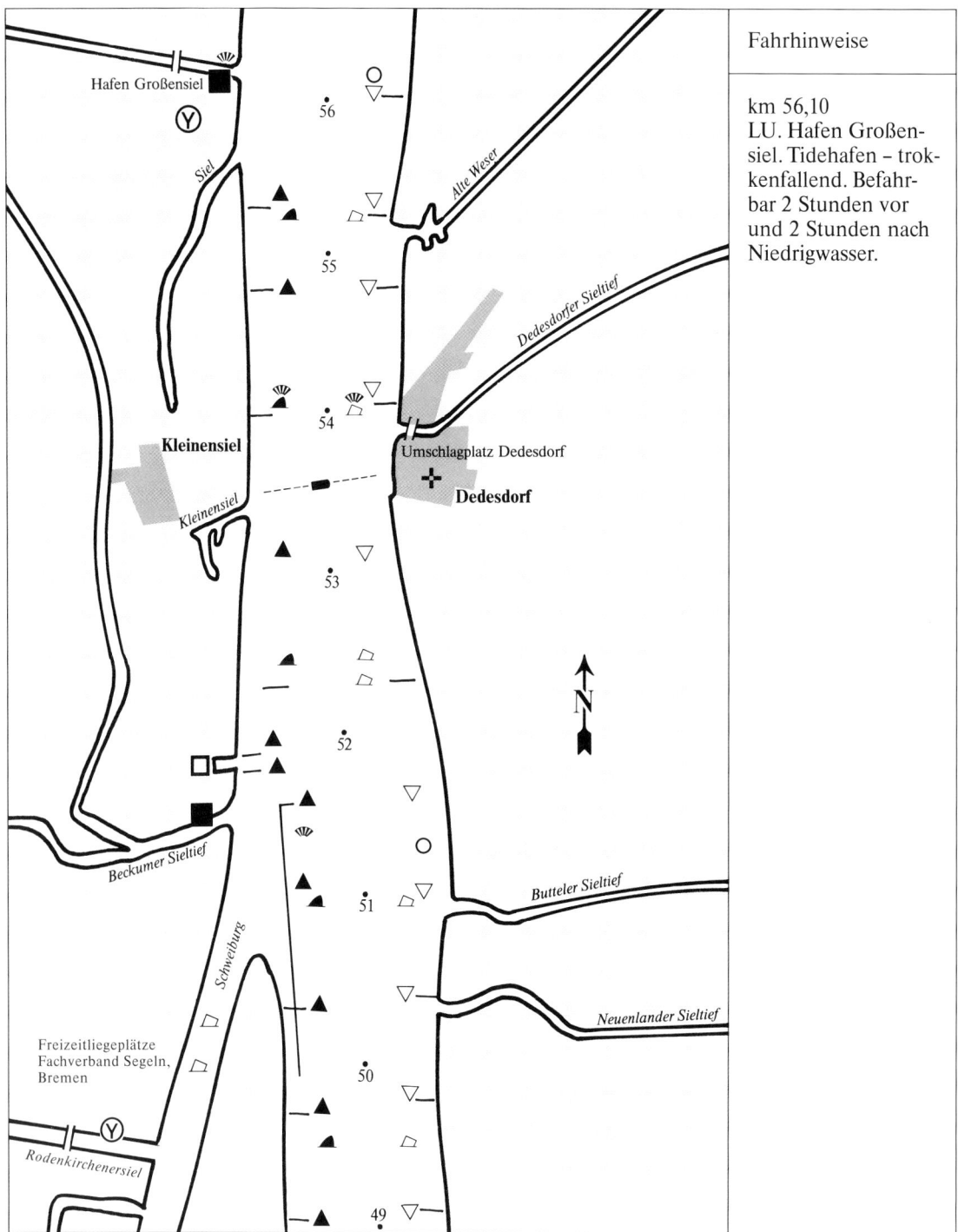

Hafen Großensiel

Siel

56

Alte Weser

Dedesdorfer Sieltief

55

54

Kleinensiel

Kleinensiel

Umschlagplatz Dedesdorf

Dedesdorf

53

N

52

Beckumer Sieltief

Schweiburg

Butteler Sieltief

51

Neuenlander Sieltief

Freizeitliegeplätze
Fachverband Segeln,
Bremen

50

Rodenkirchensiel

49

Fahrhinweise

km 56,10
LU. Hafen Großen-
siel. Tidehafen – trok-
kenfallend. Befahr-
bar 2 Stunden vor
und 2 Stunden nach
Niedrigwasser.

km	Uferseite	Streckenbeschreibung	Hinweise / Brücken / Schleusen
49,40	LU	Im Nebenfahrwasser Schweiburg das Rodenkirchenersiel	Marina Rodenkirchen
50,10	LU	Im Nebenfahrwasser Schweiburg	Bojenreihe d. Fachverbandes Segeln Bremen e.V. für Sportboote
50,30	RU	Einmündung Neuenlander Sieltief	
50,40	LU	Bauwerk für Kühlwasserauslauf des Kernkraftwerks Unterweser	Sportbootanlage für Angehörige des Kernkraftwerks, Anlage nur über das Betriebsgelände begehbar, Anlage fällt trocken
50,90	RU	Einmündung Butteler Sieltief	
51,55	RU	Schiffahrtspegel	
51,60	LU	Einmündung Beckumer Sieltief	
51,80	LU	Kernkraftwerk Unterweser, Kühlwassereinlauf	
53,45	LU	Einmündung Kleinensiel	
53,50	RU	Dedesdorf	
53,50		Wagen- und Personenfähre Dedesdorf-Kleinensiel	
53,50	LU	Kleinensiel	
53,90	RU	Einmündung Dedesdorfer Sieltief	
55,10	RU	Einmündung Siel Alte Weser	
55,58	LU	Einmündung Siel	
56,04	RU	Schiffahrtspegel	
56,10	LU	Einfahrt zum Hafen Großensiel	Sportboothafen Nordenhamer Sporboothafen-Gemeinschaft e.V. Liegeplatz für: – Wassersportverein Blexen e.V. – Wassersportverein Nordenham e.V. – Wassersportclub Großensiel e.V. – Segelclub Nordenham e.V. – Nordenhamer Sportbootverein e.V. – Fachverband Segeln Bremen e.V. Hafen fällt bei jeder Tide trocken

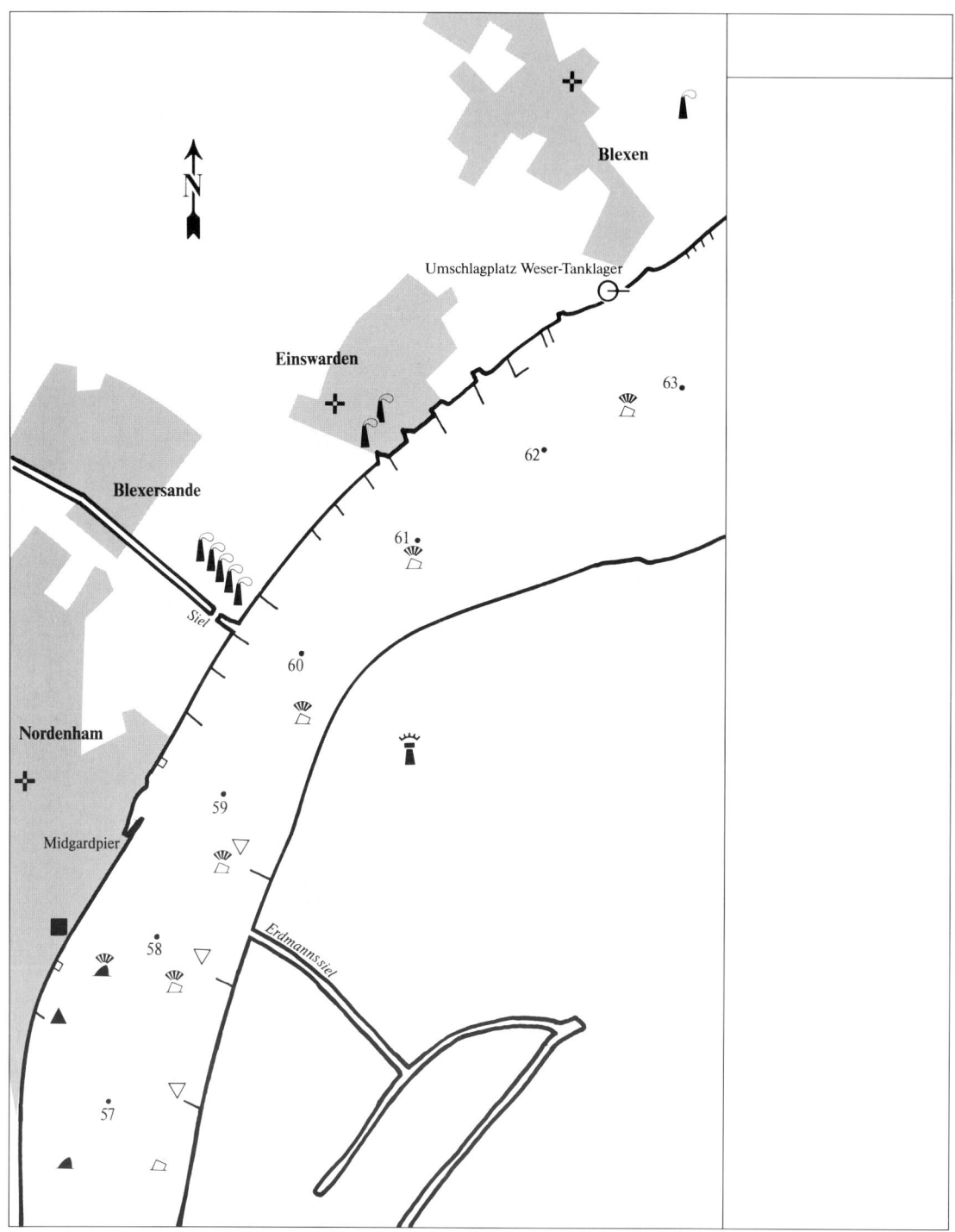

Blexen

Umschlagplatz Weser-Tanklager

Einswarden

63.

62•

Blexersande

61•

Siel

60

Nordenham

59

Midgardpier

58

Erdmannssiel

57

km	Uferseite	Streckenbeschreibung	Hinweise / Brücken / Schleusen
57,25	LU	Schiffahrtspegel	
57,60	LU	Nordenham	
57,80	LU	Bootshaus	Nordenhamer Ruderclub
58,00 –			
58,55	LU	Midgardpier	
58,12	RU	Einmündung Erdmannssiel	
59,00	LU	Norddeutsche Seekabelwerke Nordenham	
59,90	LU	Einmündung Siel	
60,10	LU	Blexersande	
60,50	LU	Friedrich-August-Hütte	
61,00	LU	MBB Einswarden	
61,50	LU	Einswarden	
62,00 –			
65,00	RU	Blexen-Reede	
62,00	LU	Asbestwerke	
62,40	LU	WSA-Anleger	
62,70	LU	Umschlagplatz Weser-Tanklager	
63,25	RU	Blexen	Auf der Strecke von Großensiel km 56,10 bis Bremerhaven Geestemündung km 65,50 gibt es keine Anlegemöglichkeit für Sportboote

Einfahrt zur Geeste in Bremerhaven

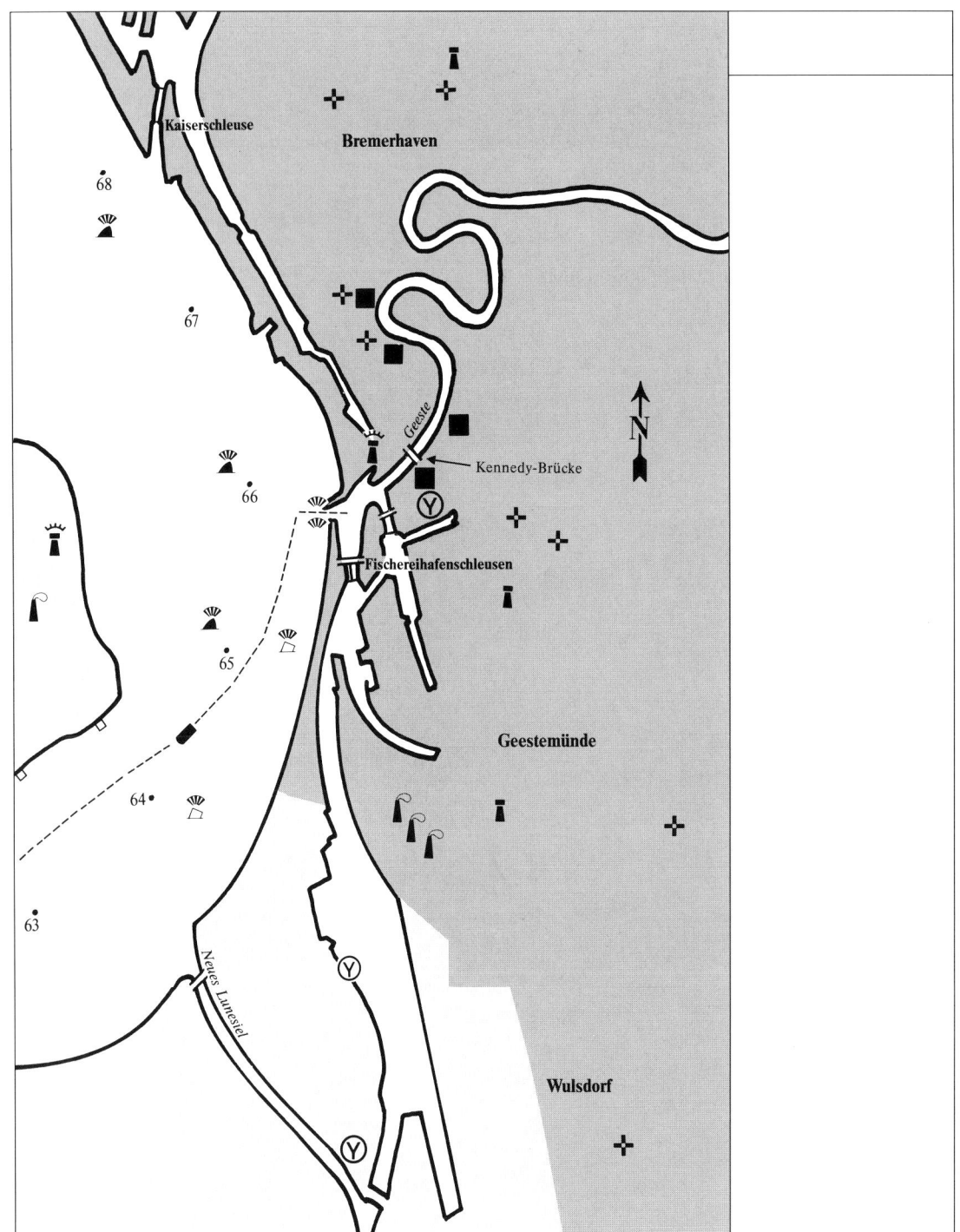

km	Uferseite	Streckenbeschreibung	Hinweise / Brücken / Schleusen
63,00	LU	Anleger Wagen- und Personen-fähre Bremerhaven-Blexen	
63,40	RU	Einmündung Neues Lunesiel	
63,50	LU	Schwimmdockbauplatz (Slipanlage) Gutehoffnungshütte	
64,20	LU	Anleger (Pier) Kronos-Titan	
64,70	RU	Geestemünde	
65,00	LU	Titan-Werk (sehr hoher Schornstein, 153 m)	
65,80	LU	Radarturm	
65,80	RU	Einfahrt zur Geeste/ Bremerhaven	In der Geeste liegen im Bereich Bremerhavens vier Sportanlagen: ① Anlage für Segelboote Stadt Bremer-haven ② Anlage für Motorboote Stadt Bremer-haven ③ Wassersportverein Geeste e.V. ④ Wassersportverein Neptun e.V. Die Anlagen ③ und ④ fallen bei jeder Tide trocken. Die Geeste ist Zufahrt zum Hadelner Kanal (Schiffahrtsweg Elbe-Weser) Hinweise siehe Seite 193
			Zufahrt Fischereihafen durch die Fischerei-hafenschleuse: Westliche Kammer:　　　Östliche Kammer: L 105,00/B 11,20 m L 100,00/B 29,90 m HH tidenabhängig HH tidenabhängig UKW-Kanal 12. Telefon 0471/9 47 46 28
			Im Fischereihafen sind drei Yachthäfen: Ⓐ Weser Yacht-Club Bremerhaven e.V., Bootshaus Ⓑ Marina mit Nordsee Yacht Club Bremerhaven e.V., Bootshaus Ⓒ Wassersportverein Wulsdorf e.V., Bootshaus
66,55	RU	Neuer Vorhafen	
67,00	RU	Bremerhaven	
67,80	RU	Vorhafen zur Kaiserschleuse Kaiserschleuse	K1/L223,00 m/B 28,00 m/HH UKW-Kanal 12. Telefon 0471/9 47 46 17 Bremerhaven Port
		tidenabhängig	
67,80– 68,80	RU	Columbuskaje	

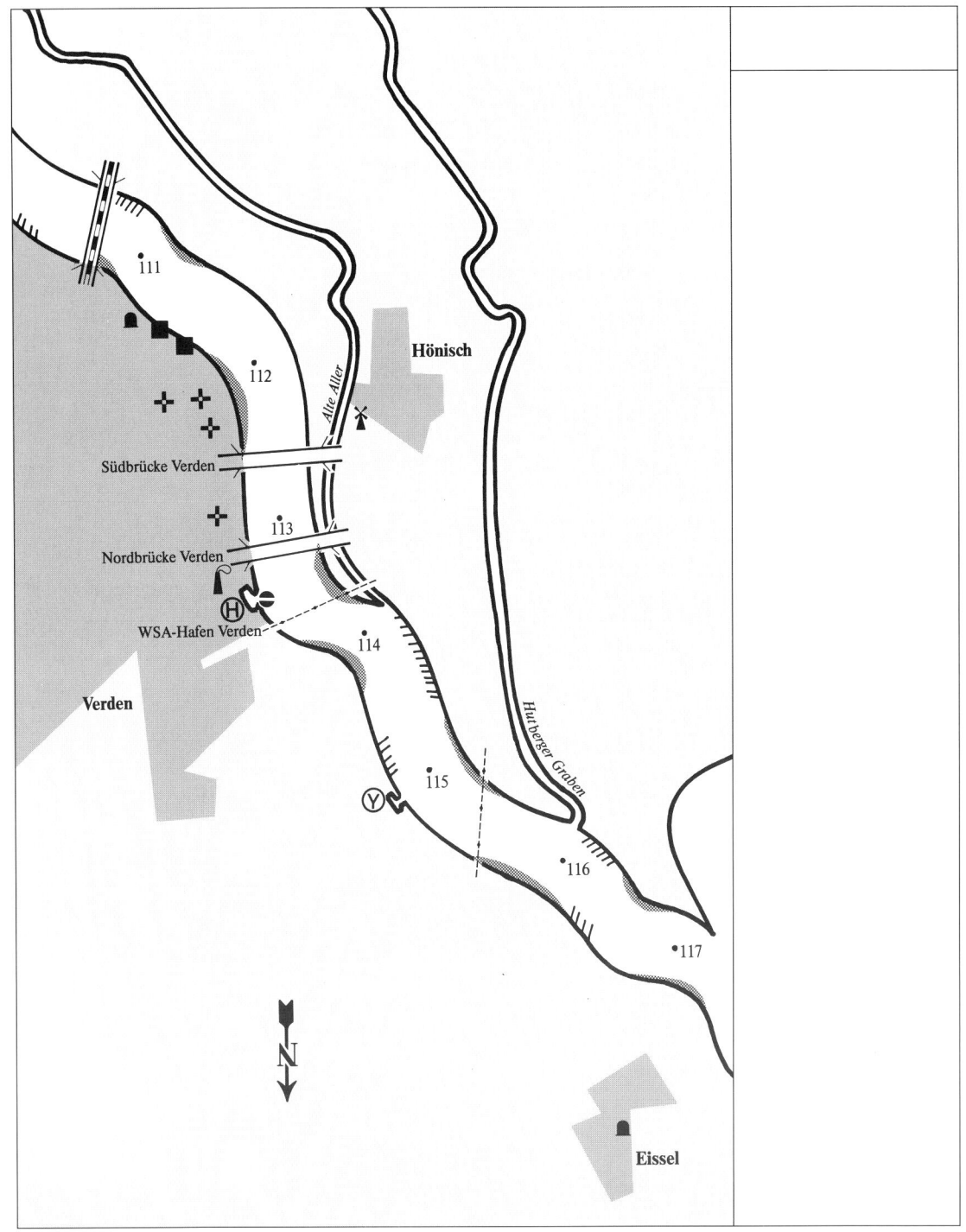

111

112

Südbrücke Verden

Hönisch

Alte Aller

113

Nordbrücke Verden

WSA-Hafen Verden

Verden

114

115

116

117

Hutberger Graben

N

Eissel

km	Uferseite	Streckenbeschreibung	Hinweise / Brücken / Schleusen

Streckenbeschreibung Aller

km	Uferseite	Streckenbeschreibung	Hinweise / Brücken / Schleusen
117,16	–	Einmündung Weser	Kilometer 326,40
117,00	LU	Alte Schanze	
115,97	LU	Einmündung Hutberger Graben	
114,90	RU	Sportboothafen	Verdener Motorboot Verein e.V.
113,90	LU	Einmündung Alte Aller	
113,42	RU	WSA-Hafen Verden	Einfahrt verboten. WSA Verden, Telefon 04231/89 80
113,18	–	Straßenbrücke Nr.12 Nordbrücke Verden	DF 1 / DFH 5,35 m / DFB 20,00 m
112,70	RU	Verden	
112,67	–	Straßenbrücke Nr. 11 Südbrücke Verden	DF 1 / DFH 4,53 m / DFB 18,00 m
112,68	LU	Hönisch	
111,50	RU	Bootshaus	WSV Verden. Liegemöglichkeiten bedingt und auf Anfrage
111,30	RU	Bootshaus	Ruderverein Verden. Liegemöglichkeiten bedingt und auf Anfrage
110,73	–	Eisenbahnbrücke Nr. 10	DF 1 / DFH 4,52 m / DFB 20,00 m

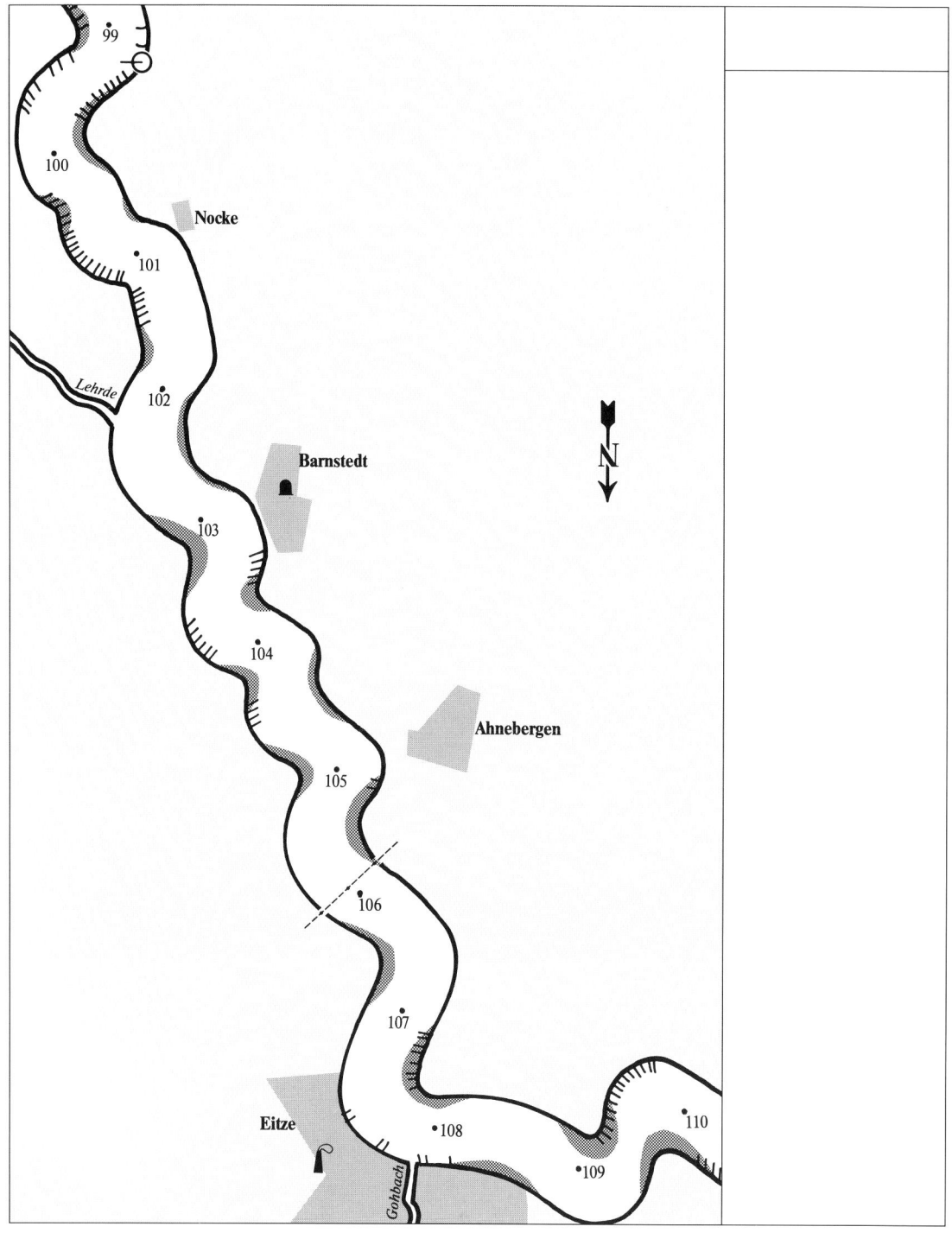

km	Uferseite	Streckenbeschreibung	Hinweise / Brücken / Schleusen
108,90	RU	Wendeplatz	
107,86	RU	Einmündung Gohbach	
107,60	RU	Eitze	
105,00	LU	Ahnebergen	
103,00	LU	Barnstedt	
102,20	RU	Einmündung Lehrde	
101,00	LU	Nocke	

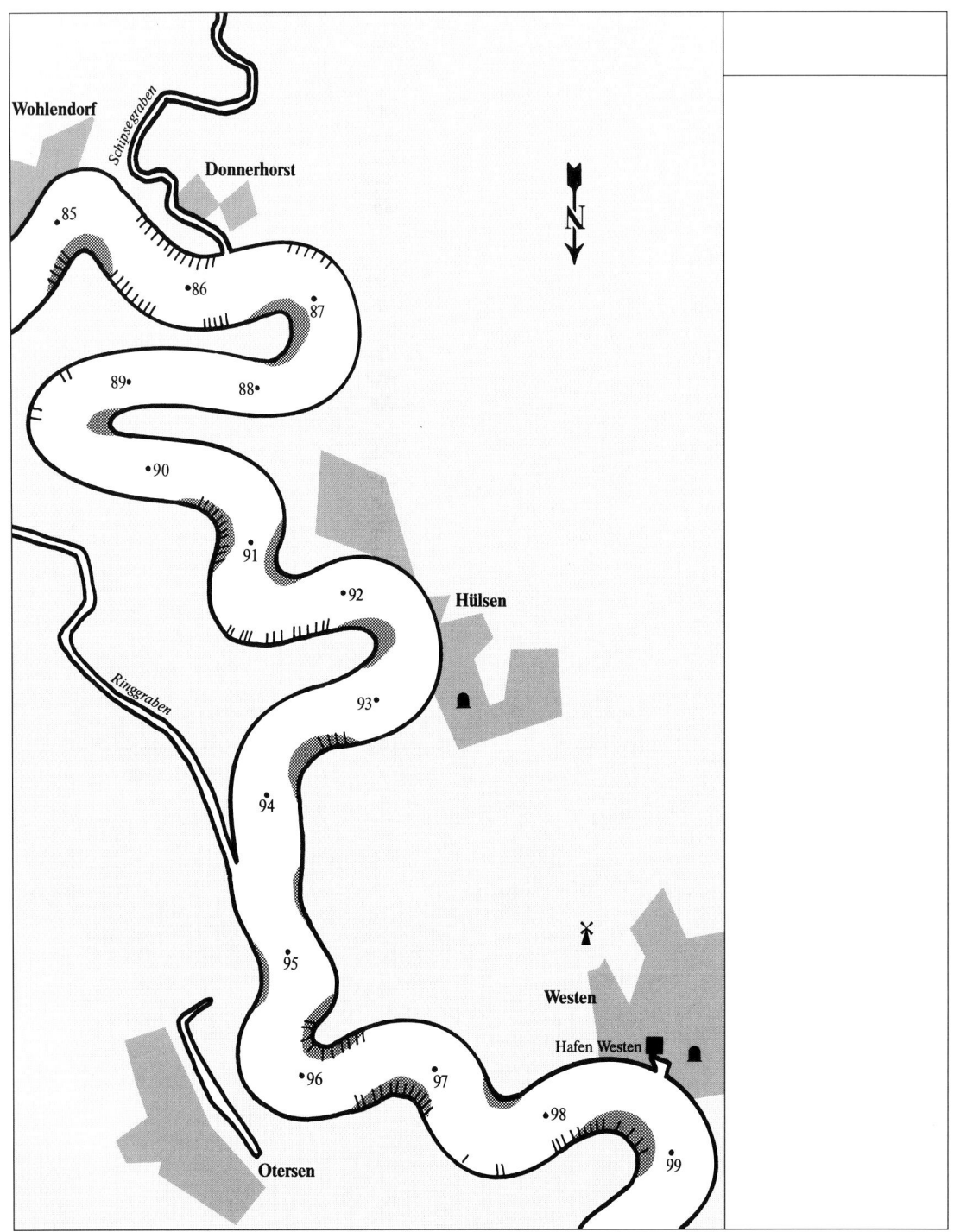

Wohlendorf

Schipsegraben

Donnerhorst

•85

•86

•87

89•

88•

•90

•91

•92

Hülsen

Ringgraben

93•

•94

•95

Westen

Hafen Westen

•96

•97

•98

Otersen

•99

km	Uferseite	Streckenbeschreibung	Hinweise / Brücken / Schleusen
98,50	LU	Westen	
98,76	LU	Hafen Westen	Bootshaus Wassersportclub Westen
95,80	RU	Otersen	
94,48	RU	Einmündung Ringgraben	
91,90	LU	Hülsen	
86,30	LU	Einmündung Schipsegraben	
85,80	LU	Donnerhorst	
85,00	LU	Wohlendorf	

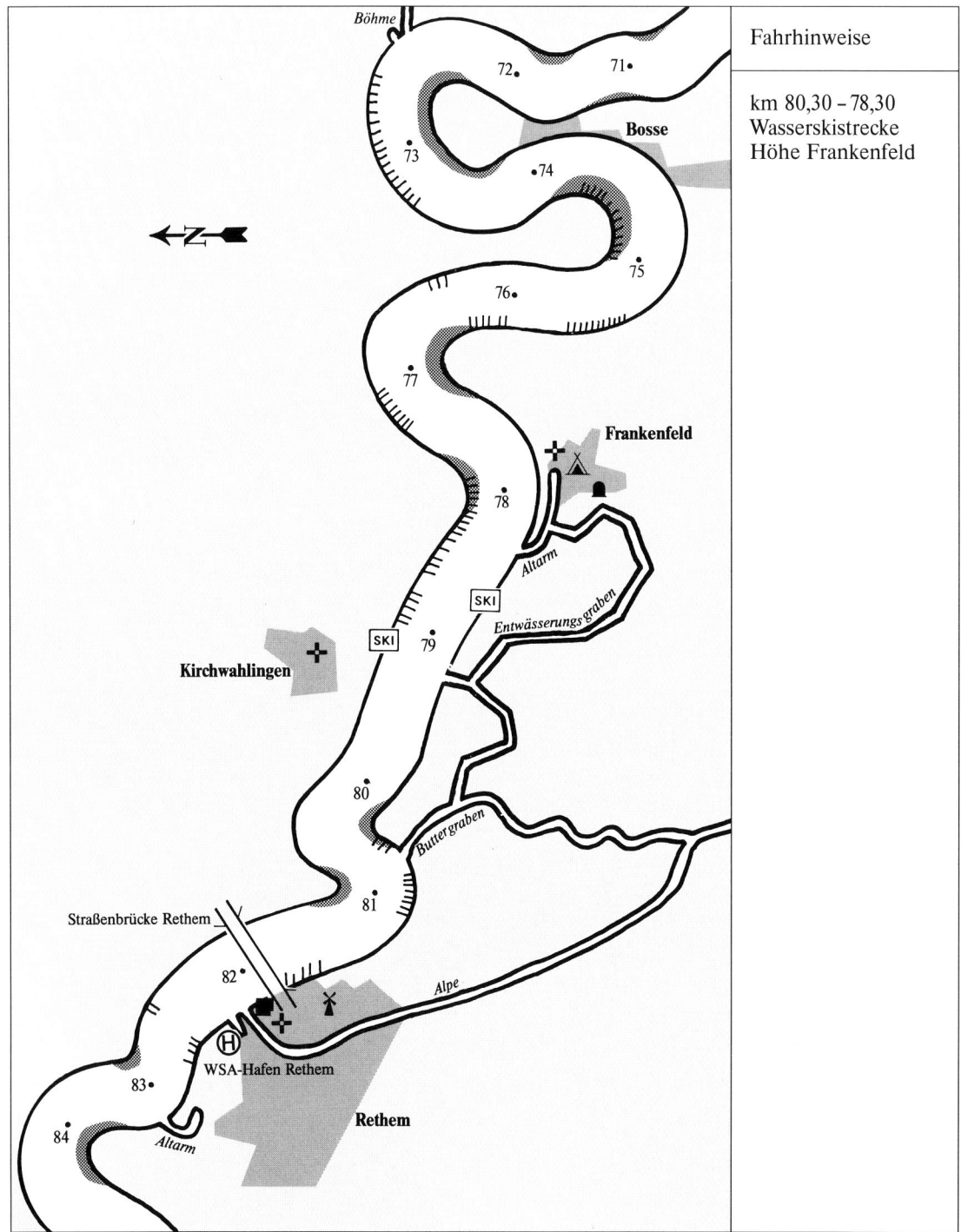

Fahrhinweise

km 80,30 – 78,30
Wasserskistrecke
Höhe Frankenfeld

km	Uferseite	Streckenbeschreibung	Hinweise / Brücken / Schleusen
83,10	LU	Einmündung Altarm	
82,33	LU	Pegel Rethem	
82,30	LU	WSA-Hafen Rethem	Bedingte Liegemöglichkeiten nach Rücksprache. WSA Verden, Telefon 04231/89 80
82,25	LU	Einmündung Alpe	
81,96	LU	Sportbootanlage	
81,92	LU	Rethem	
81,92	–	Straßenbrücke Nr. 9 Rethem	DF 1 / DFH 4,40 m / DFB 20,00 m
80,90	LU	Einmündung Buttergraben	
79,30	LU	Einmündung Entwässerungsgraben	
79,15	RU	Kirchwahlingen	
78,43	LU	Einmündung Altarm	
78,00	LU	Rittergut Frankenfeld	Bedingte Liegemöglichkeiten. Slipbahn
74,15	LU	Bosse	
72,58	RU	Einmündung Böhme	
71,60	LU	Bosse	Von Bosse bei Kilometer 74,15 beschreibt die Aller einen fast 3 Kilometer großen Bogen, um dann bei Kilometer 71,60 auf der anderen Seite wieder an Bosse vorbei zu fließen. Der Abstand von Ufer zu Ufer beträgt knapp 150 m.

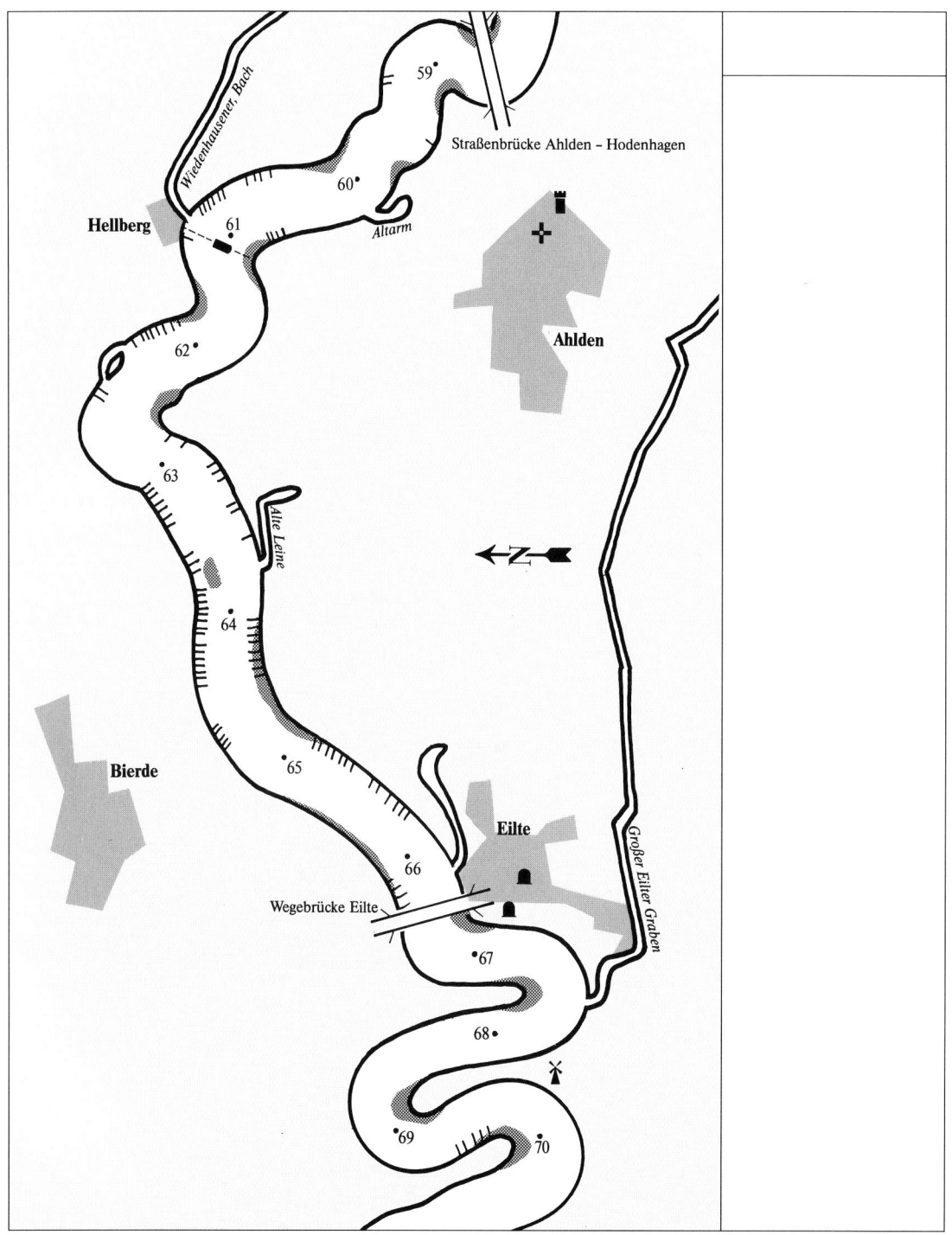

Straßenbrücke Ahlden – Hodenhagen

Hellberg

Ahlden

Wiedenhäuser Bach

Altarm

Alte Leine

Bierde

Eilte

Großer Eilter Graben

Wegebrücke Eilte

km	Uferseite	Streckenbeschreibung	Hinweise / Brücken / Schleusen
67,85	LU	Mühlenhof	
67,50	LU	Einmündung Großer Eilter Graben	
66,50	–	Wegebrücke Nr. 8a Eilte	DF 1 / DFH 5,50 m / DFB 21,88 m
66,50	LU	Eilte	
65,00	RU	Bierde	
63,75	LU	Einmündung Alte Leine	
61,10	RU	Hellberg	
61,07	–	Personenfähre Hellberg	
61,06	RU	Einmündung Wiedenhausener Bach	
60,05	LU	Einmündung Altarm	
58,50	LU	Schiffahrtspegel	
58,48	–	Straßenbrücke Nr. 8	DF 1 / DFH 4,87 / DFB 36,00 m
		Ahlden – Hodenhagen	
58,48	LU	Ahlden	

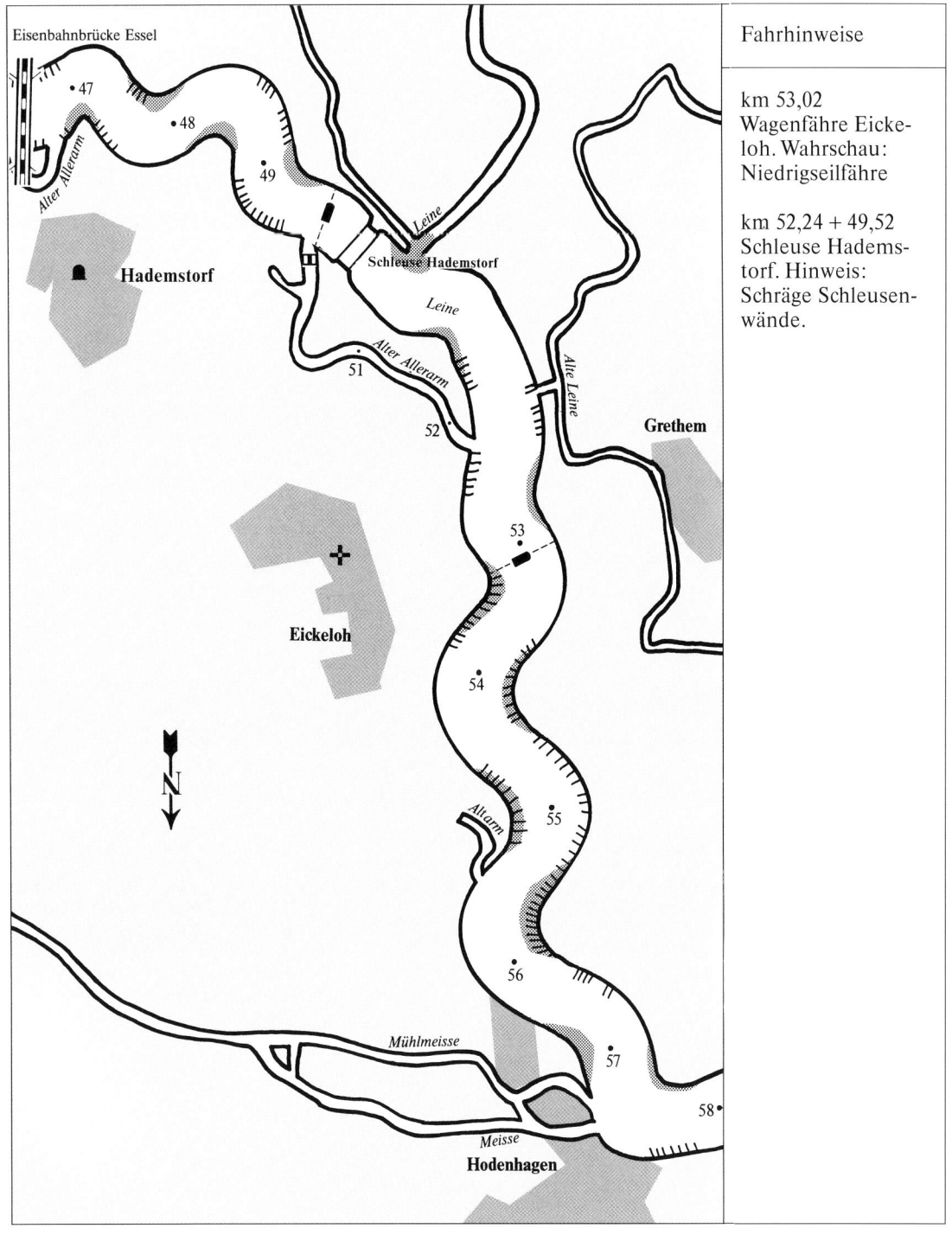

Eisenbahnbrücke Essel

Alter Allerarm

• 47

• 48

• 49

Hademstorf

Leine

Schleuse Hademstorf

Leine

Alter Allerarm

51

52

Alte Leine

Grethem

Eickeloh

53

54

N

Altarm

55

56

Mühlmeisse

57

58 •

Meisse

Hodenhagen

Fahrhinweise

km 53,02
Wagenfähre Eicke-
loh. Wahrschau:
Niedrigseilfähre

km 52,24 + 49,52
Schleuse Hadems-
torf. Hinweis:
Schräge Schleusen-
wände.

km	Uferseite	Streckenbeschreibung	Hinweise / Brücken / Schleusen
57,45	RU	Hodenhagen	
57,45	RU	Einmündung Meisse	
57,30	RU	Einmündung Mühlmeisse	
57,00	RU	Hudemühlen	
55,50	RU	Einmündung Allerarm	
53,02	–	Wagenfähre Eickeloh	
52,70	RU	Eickeloh	
52,70	LU	Grethem	
52,24	RU	Einmündung Alter Allerarm	
52,24	LU	Einmündung Leine	
		Die Schiffahrt verläuft bis zum Schleusenkanal Hademstorf (1,5 km) in der Leine.	
	LU	Pegel Hademstorf	
49,8	–	Schleuse Hademstorf	K 1 / L 159,00 m / B 10,00 m / HH 1,23 m Telefon 05071/7 36
49,63		Wagenfähre Hademstorf	Niedrigseilfähre
49,52	RU	Einmündung Wehrarm Aller	
49,52	LU	Einmündung Schleusenkanal Hademstorf	
46,85	RU	Einmündung Alter Allerarm	
46,80	LU	Schiffahrtspegel	
46,72	–	Eisenbahnbrücke Nr. 7 Essel	DF 1 / DFH 4,58 m / DFB 31,50 m

Allerfähre bei Hademstorf

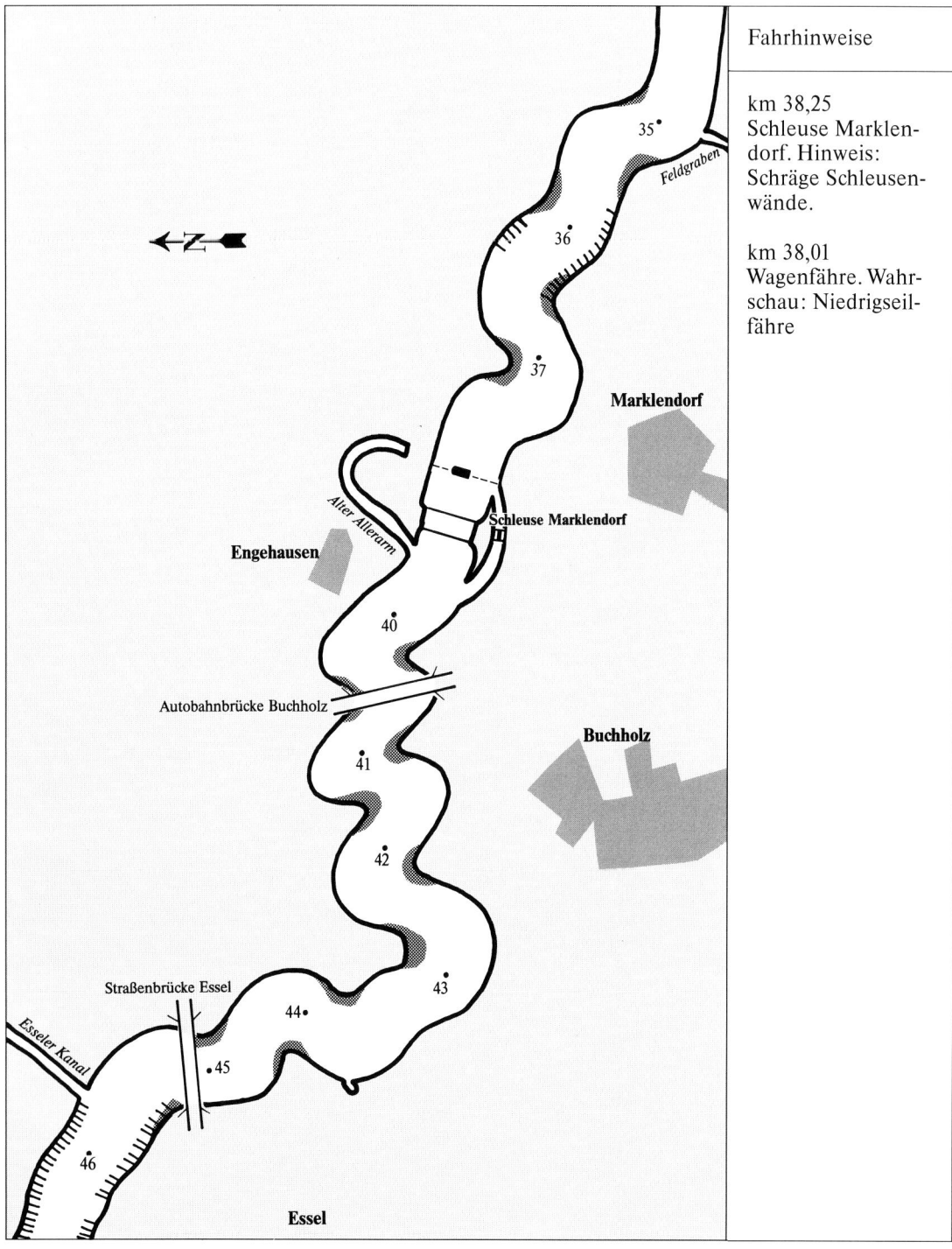

Fahrhinweise

km 38,25
Schleuse Marklen-
dorf. Hinweis:
Schräge Schleusen-
wände.

km 38,01
Wagenfähre. Wahr-
schau: Niedrigseil-
fähre

km	Uferseite	Streckenbeschreibung	Hinweise / Brücken / Schleusen
45,68	RU	Einmündung Esseler Kanal	
45,30	LU	Brückenhaus Essel	
45,25	–	Straßenbrücke Nr. 6 Essel	DF 1 / DFH 4,59 m /DFB 41,00 m
44,00	LU	Essel	
42,00	LU	Buchholz	
40,60	–	Autobahnbrücke Nr. 13 Buchholz	DF 1 / DFH 4,47 m / DFB 30,00 m
39,60	RU	Engehausen	
39,54	RU	Einmündung Wehrarm	
39,47	RU	Einmündung Alter Allerarm	
38,25	–	Schleuse Marklendorf	K 1 / L 159,00 m / B 10,00 m / HH 3,20 m / Telefon 05071/7 35
38,03	LU	Einmündung Wehrarm	
38,01	–	Wagenfähre Marklendorf	Niedrigseilfähre
37,20	LU	Marklendorf	
34,82	LU	Einmündung Feldgraben	

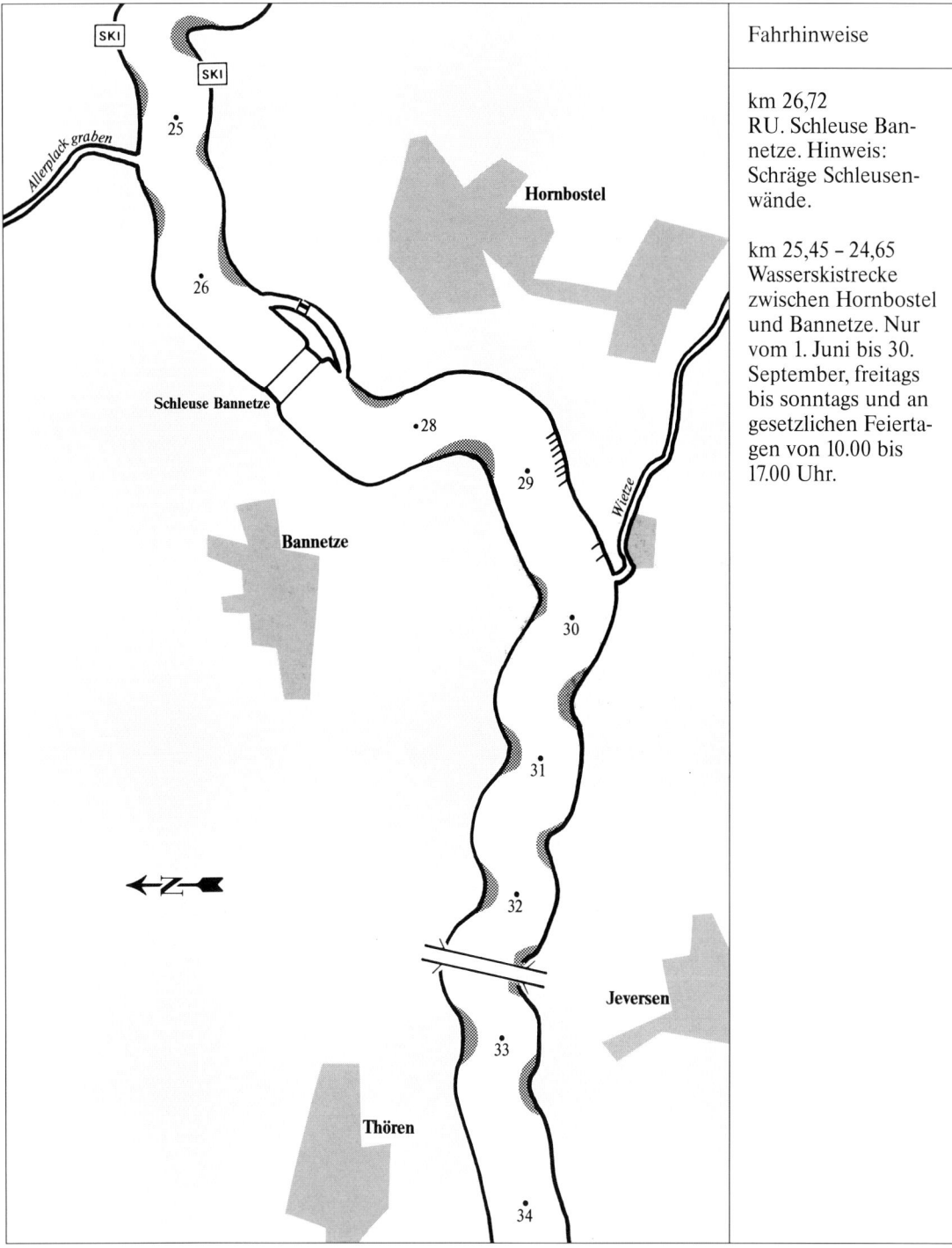

SKI

SKI

Allerplack graben

•25

•26

Hornbostel

Schleuse Bannetze

•28

•29

Wietze

Bannetze

•30

•31

•32

Jeversen

•33

Thören

•34

Fahrhinweise

km 26,72
RU. Schleuse Ban-
netze. Hinweis:
Schräge Schleusen-
wände.

km 25,45 – 24,65
Wasserskistrecke
zwischen Hornbostel
und Bannetze. Nur
vom 1. Juni bis 30.
September, freitags
bis sonntags und an
gesetzlichen Feierta-
gen von 10.00 bis
17.00 Uhr.

km	Uferseite	Streckenbeschreibung	Hinweise / Brücken / Schleusen
33,80	RU	Thören	
32,80	LU	Jeversen	
32,45	–	Straßenbrücke Nr. 5	DF 1 / DFH 4,50 m / DFB 19,60 m
29,90	LU	Erdölwerk	
29,85	LU	Einmündung Wietze	
27,50	RU	Bannetze	
27,15	LU	Einmündung Wehrarm	
26,72	RU	Schleuse Bannetze	K 1 / L 159,00 m / B 10,00 m / HH 2,20 m / Telefon 05146/85 84
26,56	LU	Einmündung Wehrarm	
25,50	LU	Hornbostel	
25,21	RU	Einmündung Allerplackgraben	

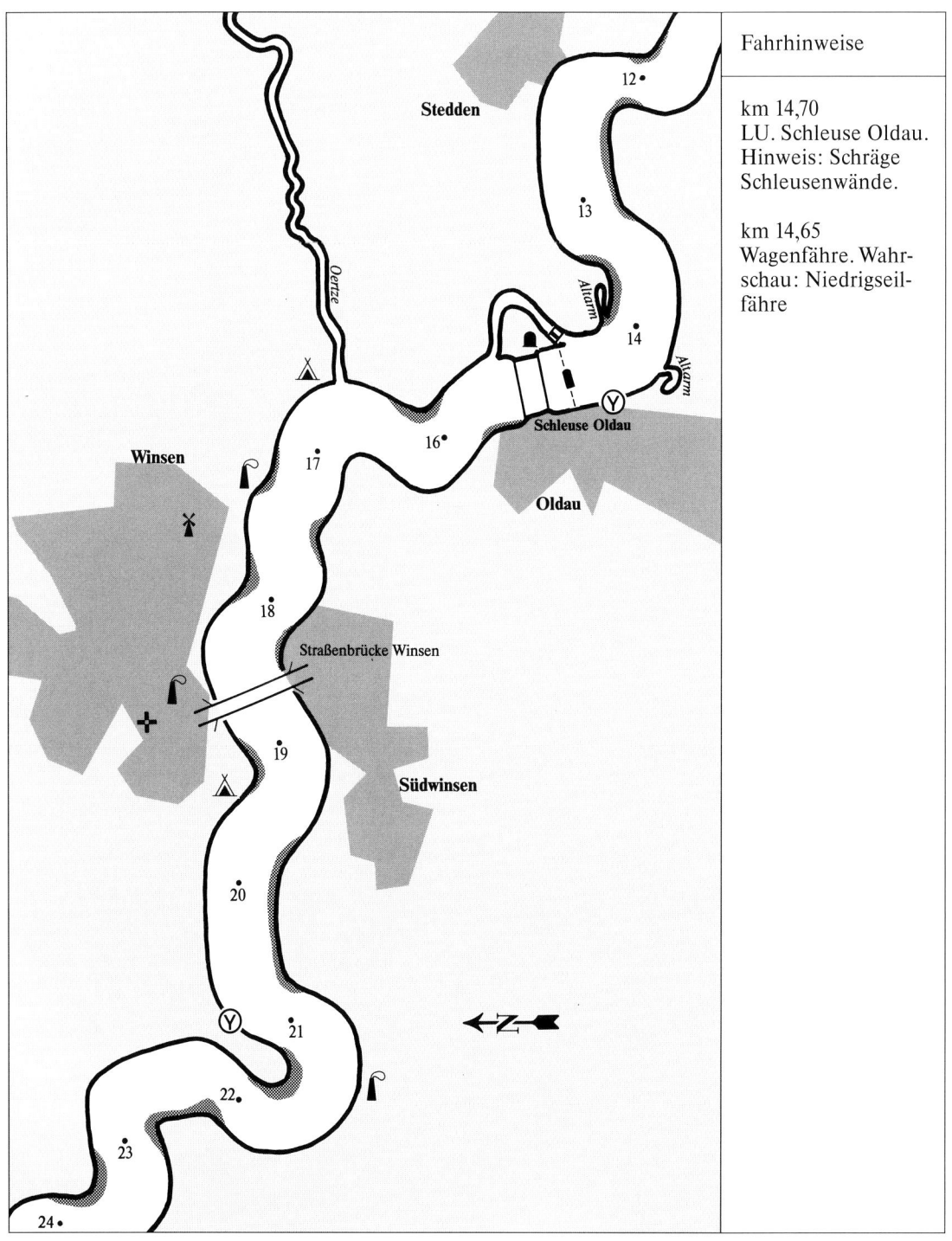

Fahrhinweise

km 14,70
LU. Schleuse Oldau.
Hinweis: Schräge
Schleusenwände.

km 14,65
Wagenfähre. Wahr-
schau: Niedrigseil-
fähre

Stedden

Oertze

Altarm

Altarm

12●

13●

14●

Schleuse Oldau

Oldau

16●

17●

Winsen

18●

Straßenbrücke Winsen

19●

Südwinsen

20●

21●

22●

23●

24●

km	Uferseite	Streckenbeschreibung	Hinweise / Brücken / Schleusen
21,30	LU	Fabrikanlagen	
20,80	RU	Sportbootanlage	Wasserski-Motorboot-Club Allertal e.V.
19,30	LU	Südwinsen	
18,65	–	Straßenbrücke Nr. 4 Winsen	DF 1 / DFH 4,50 m / DFB 32,00 m
18,65	RU	Winsen	
18,00	LU	Neuwinsen	
16,78	RU	Einmündung Oertze	
15,46	RU	Einmündung Wehrarm	
14,81	LU	Oldau	
14,70	LU	Schleuse Oldau	K 1 / L 159,00 m / B 10,00 m / HH 3,43 m / Telefon 05143/62 15
14,65	–	Wagenfähre Oldau	Niedrigseilfähre
14,61	RU	Einmündung Wehrarm	
14,40	LU	Sportbootanlage	Oldauer Bootsclub e.V.
14,18	LU	Einmündung Altarm	
14,05	RU	Einmündung Altarm	
12,50	RU	Stedden	

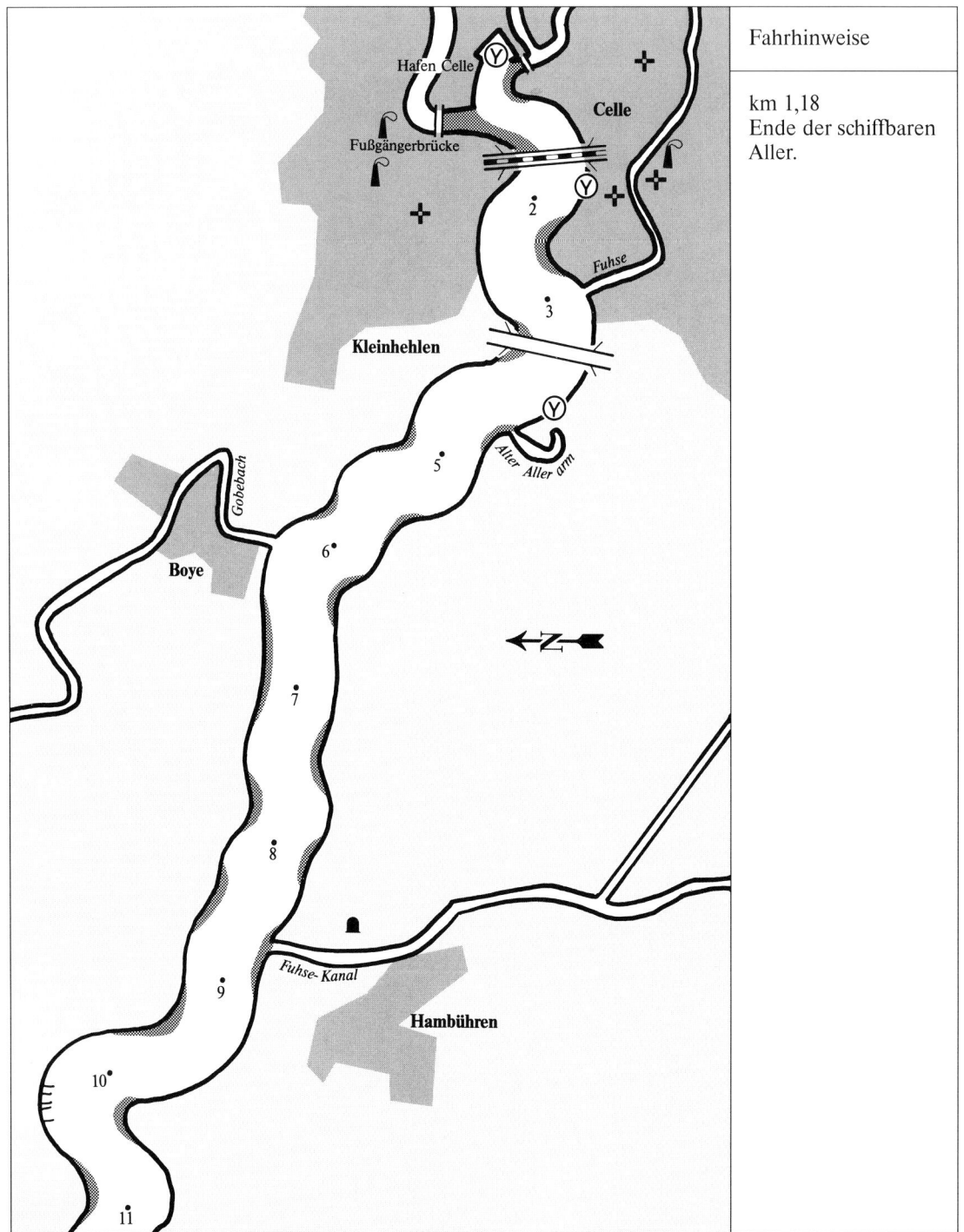

Fahrhinweise

km 1,18
Ende der schiffbaren
Aller.

Hafen Celle

Celle

Fußgängerbrücke

Fuhse

2

3

Kleinhehlen

Aller Aller arm

5

Gobebach

6

Boye

7

8

9

Fuhse-Kanal

Hambühren

10

11

km	Uferseite	Streckenbeschreibung	Hinweise / Brücken / Schleusen
9,00	LU	Hambühren	
8,85	LU	Einmündung Fuhse-Kanal	
6,22	RU	Boye	
6,22	RU	Einmündung Gobebach	
4,46	LU	Einmündung Alter Allerarm	
3,80	LU	Sportbootanlage	Wassersportclub „Unteraller"
3,38	–	Straßenbrücke Nr. 3a	DF 1 / DFH 4,50 m / DFB 30,00 m
3,07	LU	Einmündung Fuhse	Einfahrt verboten
2,30	RU	Kleinhehlen	
1,70	LU	Sportbootanlage	Eisenbahner Sport Verein „Fortuna" Celle e.V.
1,73	LU	Pegel Celle	
1,69	–	Eisenbahnbrücke Nr. 3	DF 1 / DFH 4,47 m / DFB 16,50 m
1,67	–	Fußgängerbrücke Nr. 2	DF 1 / DFH 4,79 m / DFB 20,00 m
1,18	LU	Zufahrt Hafen Celle Sportboothafen	Yacht-Club Celle e.V.
1,18	–	Celle	

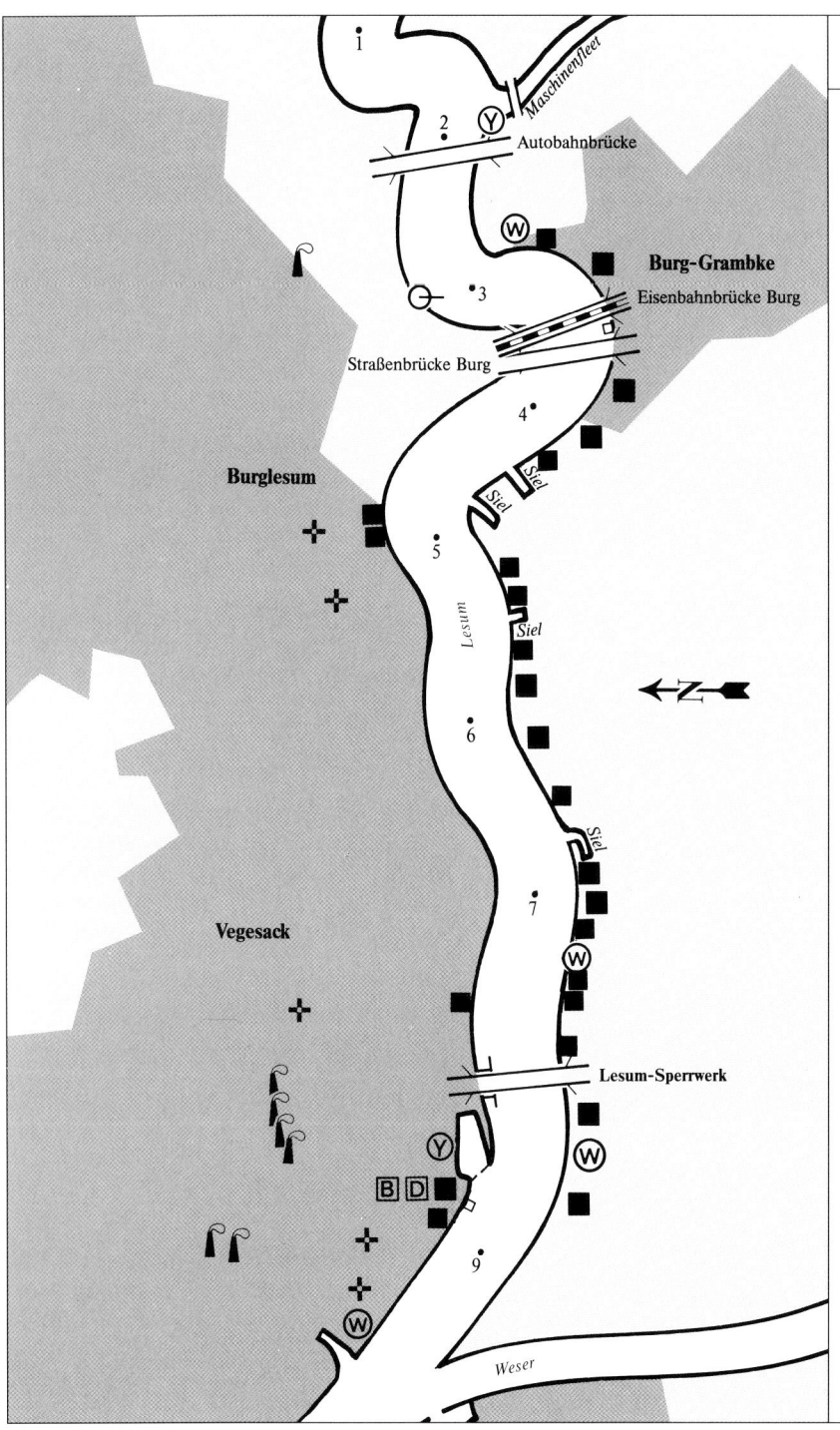

Fahrhinweise

km 7,95
Lesumsperrwerk.
Die Durchfahrtshö-
hen unter den geöff-
neten Hubtoren
wird an beiden Köp-
fen des Mittelpfei-
lers angezeigt. Fahr-
zeuge, für welche
diese Durchfahrts-
höhe nicht ausreicht,
steht die Schleuse
mit der Klappbrücke
zur Verfügung.
Schleusen- und Öff-
nungszeiten beach-
ten.

km 3,65
LU. Sportbootan-
lage. Auf der in der
Lesum liegenden
Steganlage steht bei
auf- oder ablaufen-
den Tiden starke
Strömung.

km 1,60 – 1,20
LU. Wahrschau: 2/3
Fahrwasser bis LU
untief. Liebesinsel.
Fahrrinne verläuft
dicht unter dem
rechten Ufer.

km	Uferseite	Streckenbeschreibung	Hinweise / Brücken / Schleusen

Streckenbeschreibung Lesum und Wümme

Auf Lesum und Wümme bis zur Franzosenbrücke bei Borgfeld gilt die Seeschiff-fahrtsstraßen-Ordnung. Beide Wasserwege liegen noch im Tidebereich. Die Hamme ist Landeswasserstraße.

km	Uferseite	Streckenbeschreibung	Hinweise / Brücken / Schleusen
9,84		Einmündung in die Weser bei Unterweser km 17,50	
9,80	RU	Vegesack	
9,70	RU	Werft Lürssen	
9,00	RU	Sportbootanlage Verein Wassersport Grohn e.V., Bootshaus	
8,90	RU	Anleger Vegesacker Ruderverein e.V., Bootshaus	
8,79	RU	Anleger Tankstelle, Diesel und Benzin	
8,65	RU	Anleger Wassersportverein Luv e.V. (Nebenstelle)	
8,57	RU	Sportboothafen Grohn	Liegeplatz für: – Verein Wassersport Vegesack e.V., Bootshaus – Wassersportverein Farge e.V. – Wassersportverein Aumund e.V. – Wassersportverein Roland e.V., schwimmendes Bootshaus
8,58	LU	Anleger – Privat	
8,40	LU	Bootswerft Winkler Sportboot-anlage	
8,10	LU	Sportbootanlage – Privat	
8,00		Lesum-Sperrwerk – Schleuse – Klappbrücke	DF 2/DFH tidenabhängig/DFB 14,50 m L27,00 m/B 13,50 m/HH tidenabhängig, die Schleuse wird bei Bedarf geöffnet. Telefon 0421/6 59-78 56
		Signal 2 x lang (– –) In der Zeit vom 16. März bis 31. Oktober ist die Schleuse nachts nicht besetzt. Die Brücke wird dann von 23.00 bis 5.00 Uhr jede Stunde automatisch für 15 Minuten geschlossen.	
7,80	LU	Sportbootanlage – Privat	
7,70	LU	Sportbootanlage – Privat	
7,65	LU	Bojenliegeplatz mit Fischkuttern	
7,60	LU	Sportbootanlage – Privat	
7,50	LU	Bootswerft Reiners 2 Sportbootanlagen	
7,50	RU	Sportbootanlage	Wassersport Bremer Schweiz e.V., Bootshaus

km	Uferseite	Streckenbeschreibung	Hinweise / Brücken / Schleusen
7,30	LU	Einmündung Siel	
7,25	LU	Sportbootanlage	Waller Wassersport-Verein e.V., Bootshaus
7,10	LU	Anleger – Privat	
7,05	LU	Anleger – Privat	
6,95	LU	Sportbootanleger	Wassersportverein Luv e.V. (Nebenstelle)
6,80	LU	Sportbootanlage – Privat	
6,65	LU	Einmündung Siel	
6,55	LU	Sportbootanlage	Lesumbroker Segelverein e.V.
6,00	LU	Sportbootanlage	Wassersportgemeinschaft Lesumbrok e.V.
5,85	LU	Sportbootanlage	Verein Bremer Segelfreunde e.V.
5,70	LU	Sportbootanlage – Privat	
5,60	LU	Einmündung Siel	
5,55	LU	Sportbootanlage	Segler-Verein Unterweser e.V., Bootshaus
5,35	LU	Sportbootanlage	Wassersportverein Munte 2 e.V., Bootshaus
5,25	RU	Anleger – Privat	
5,10	RU	Anleger – Privat	
4,91	LU	Einmündung Siel	
4,90	RU	Sportbootanlage	Segelkameradschaft Das Wappen von Bremen e.V.
4,80	RU	Sportbootanlage	Verein Wassersport Lesum e.V., Bootshaus
4,20	LU	Sportbootanlage	Segel-Club Niedersachsen Burg e.V., Bootshaus
4,17	LU	Schiffahrtspegel	
3,90	LU	Sportbootanlage	Segelverein Burg e.V., Bootshaus
3,73	LU	Sportbootanlage	Yacht-Club Bremen-Burg e.V.
3,70	RU	Burglesum	
3,70	LU	Burg-Grambke	
3,70		Straßenbrücke Burg	DF 1/DFH tidenabhängig, MTHW 3,20 m
3,69	LU	Anleger Fahrgastschiffahrt	.
3,66		Eisenbahnbrücke	DF 2/DFH tidenabhängig, MTHW 3,10 m
3,65	LU	Sportbootanlage	Segel-Verein Neptun e.V.
3,25	LU	Sportbootanlage – Privat	
3,10	LU	Bootswerft Egon Meyer	
2,07		Autobahnbrücke	DF 1/DFH tidenabhängig, MTHW 3,00 m
1,90	LU	Sportbootanlage	Wassersportverein Luv e.V., Bootshaus
1,87	LU	Einmündung Maschinenfleet	
1,60–			
1,20	LU	Fahrwasserenge	

Auf der Lesum bei Burg-Grambke

Wehr und Schleuse Ritterhude an der Hamme, Oberwasserseite. Auf der Unterwasserseite reicht bis hier die Weser/Lesum-Tide.

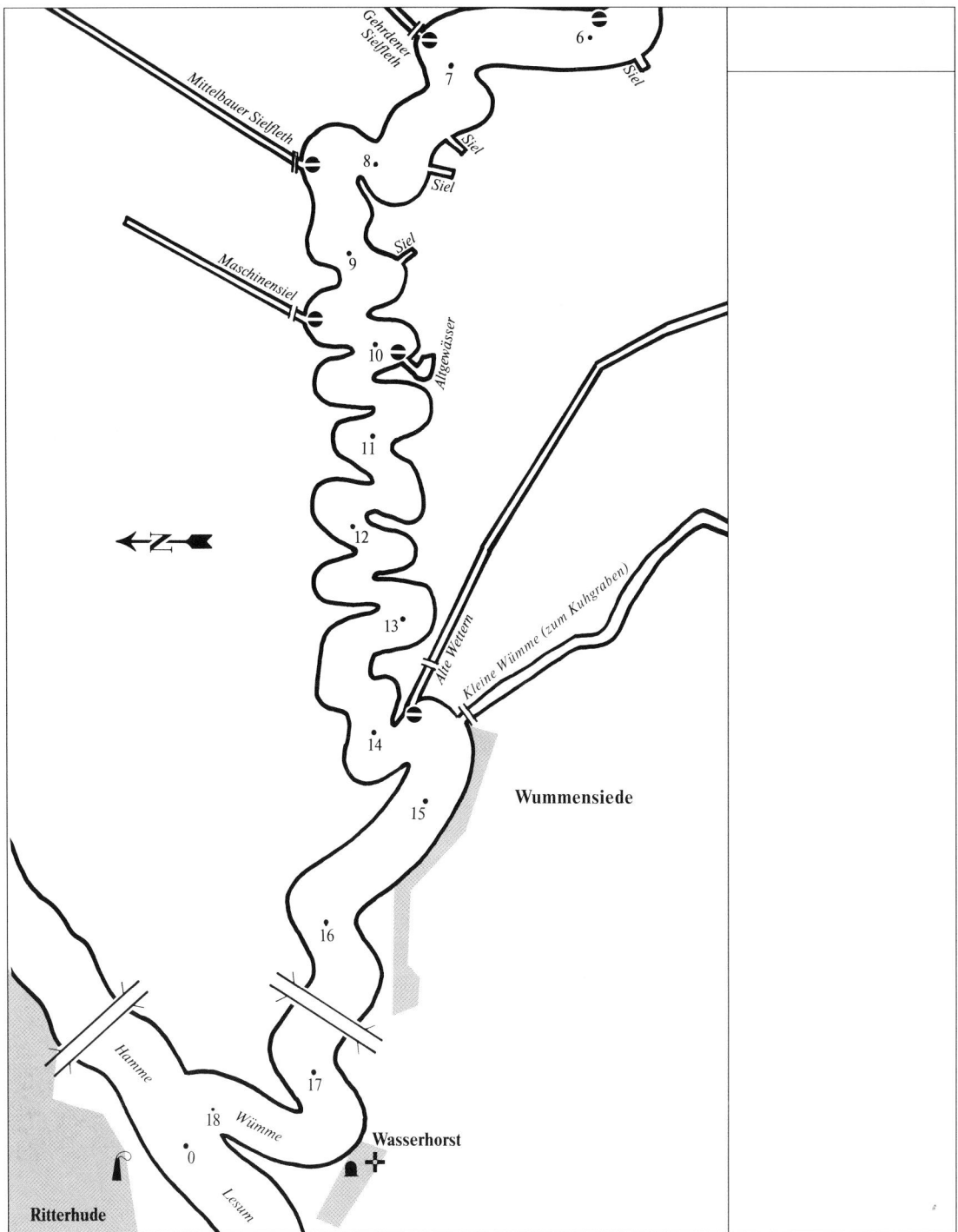

km	Uferseite	Streckenbeschreibung	Hinweise / Brücken / Schleusen
1,05	LU	Einmündung Siel	
0,00	RU	Einmündung Hamme	Karten 58 + 59
			und Streckenbeschreibung s. Seite 185
0,00	RU	Ritterhude	
0,00	LU	Einmündung Wümme	

Schiffahrt auf der Wümme

km	Uferseite	Streckenbeschreibung	Hinweise / Brücken / Schleusen
18,50	LU	Einmündung Lesum	
17,50	LU	Wasserhorst	
16,60	–	Straßenbrücke	DF 1 / DFH Tidenabhängig.
			MTHW 3,00 m
15,50	RU	Hagensfähr	
14,65	LU	Einmündung Kleine Wümme	Einfahrt für Fahrzeuge mit
			jeglicher Maschinenkraft verboten
14,50	LU	Dammsiel	
14,40	LU	Einmündung Alte Wettern	Einfahrt für Fahrzeuge mit
			jeglicher Maschinenkraft verboten
11,50	RU	Gasthof Höftdeich	
10,30	LU	Einmündung Altgewässer	Einfahrt für Fahrzeuge mit
			jeglicher Maschinenkraft verboten
9,65	RU	Einmündung Maschinensiel	Einfahrt für Fahrzeuge mit
			jeglicher Maschinenkraft verboten
9,12	LU	Einmündung Siel	
8,54	RU	Einmündung Mittelbauer Sielfleth	Einfahrt für Fahrzeuge mit
			jeglicher Maschinenkraft verboten
7,60	LU	Einmündung Siel	
7,35	LU	Einmündung Siel	
6,73	RU	Einmündung Gehrdener Sielfleth	Einfahrt für Fahrzeuge mit
			jeglicher Maschinenkraft verboten

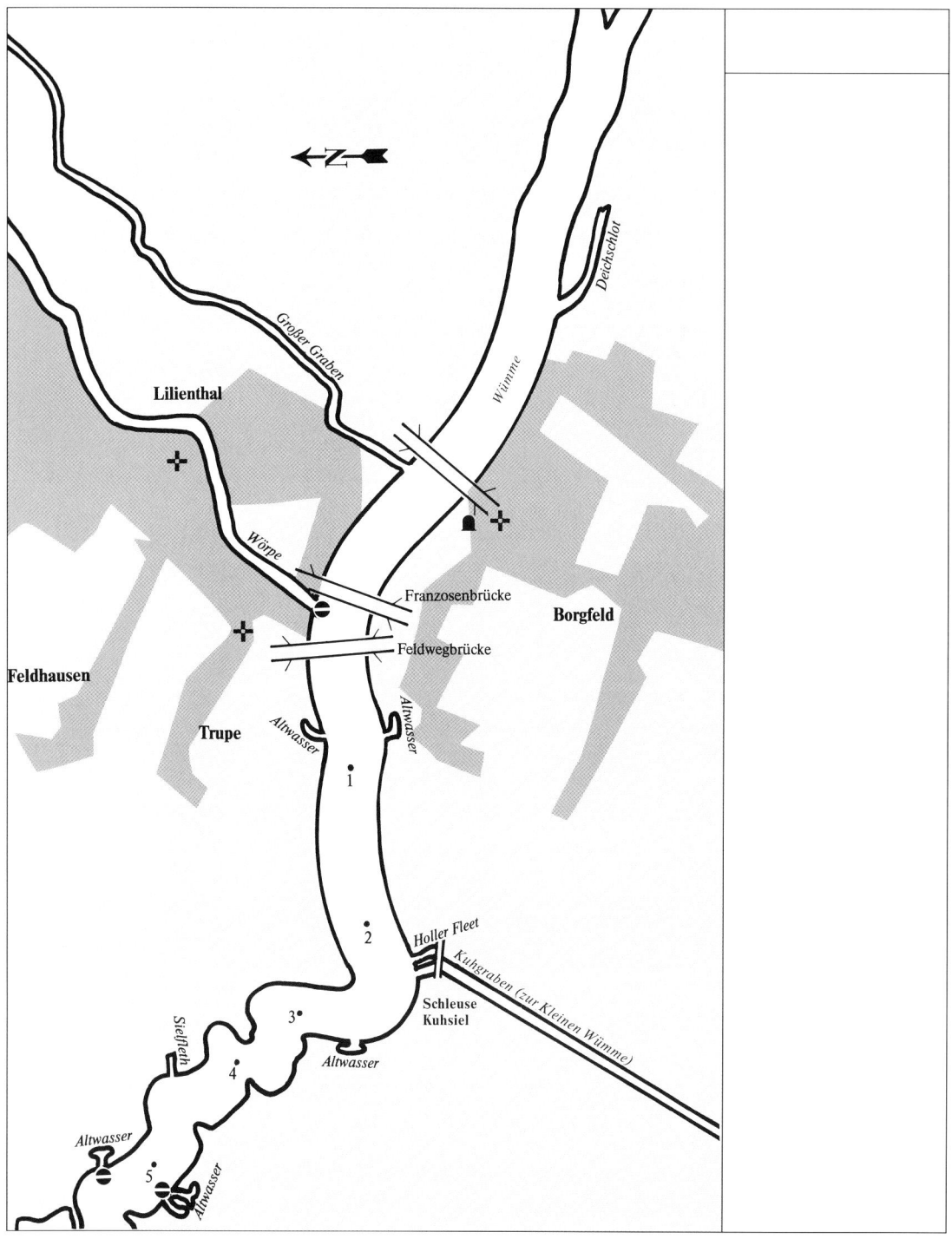

km	Uferseite	Streckenbeschreibung	Hinweise / Brücken / Schleusen
5,70	LU	Einmündung Siel	
5,56	RU	Einmündung Altwasser	Einfahrt für Fahrzeuge mit jeglicher Maschinenkraft verboten
5,30	RU	Einmündung Altwasser	Einfahrt für Fahrzeuge mit jeglicher Maschinenkraft verboten
5,06	LU	Einmündung Altwasser	Einfahrt für Fahrzeuge mit jeglicher Maschinenkraft verboten
4,55	RU	Einmündung Sielfleet	
2,80	LU	Einmündung Altwasser	
2,38	LU	Einmündung Kuhgraben	
2,30	LU	Einmündung Holler Fleet	
0,89	LU	Einmündung Altwasser	
0,85	RU	Einmündung Altwasser	
0,26	RU	Trupe	
0,26	–	Feldwegbrücke	DFH tidenabhängig
0,05	RU	Einmündung Wörpe	Einfahrt für Fahrzeuge mit jeglicher Maschinenkraft verboten
0,04	RU	Lilienthal	
0,04	LU	Pegel	
0,00	–	Straßenbrücke	DF 1 / DFH tidenabhängig.
79,00		Franzosenbrücke	
		Ende der Seeschiffahrtsstraße – Beginn der Landeswasser- straße. Ab Franzosenbrücke bei Borgfeld neue Kilometrie- rung.	
77,80	RU	Warf	
77,75	RU	Einmündung Altwasser	
76,90	RU	Einmündung Großer Graben	
76,95	–	Straßenbrücke	DF 1 / DFH tidenabhängig
76,90	LU	Borgfeld	
76,07	LU	Einmündung Siel	
75,75	RU	Wümme	Ende der Sportschiffahrt – ausgenommen Kanuten und Ruderer
75,75	LU	Deichschloot	Ende der Sportschiffahrt – ausgenommen Kanuten und Ruderer

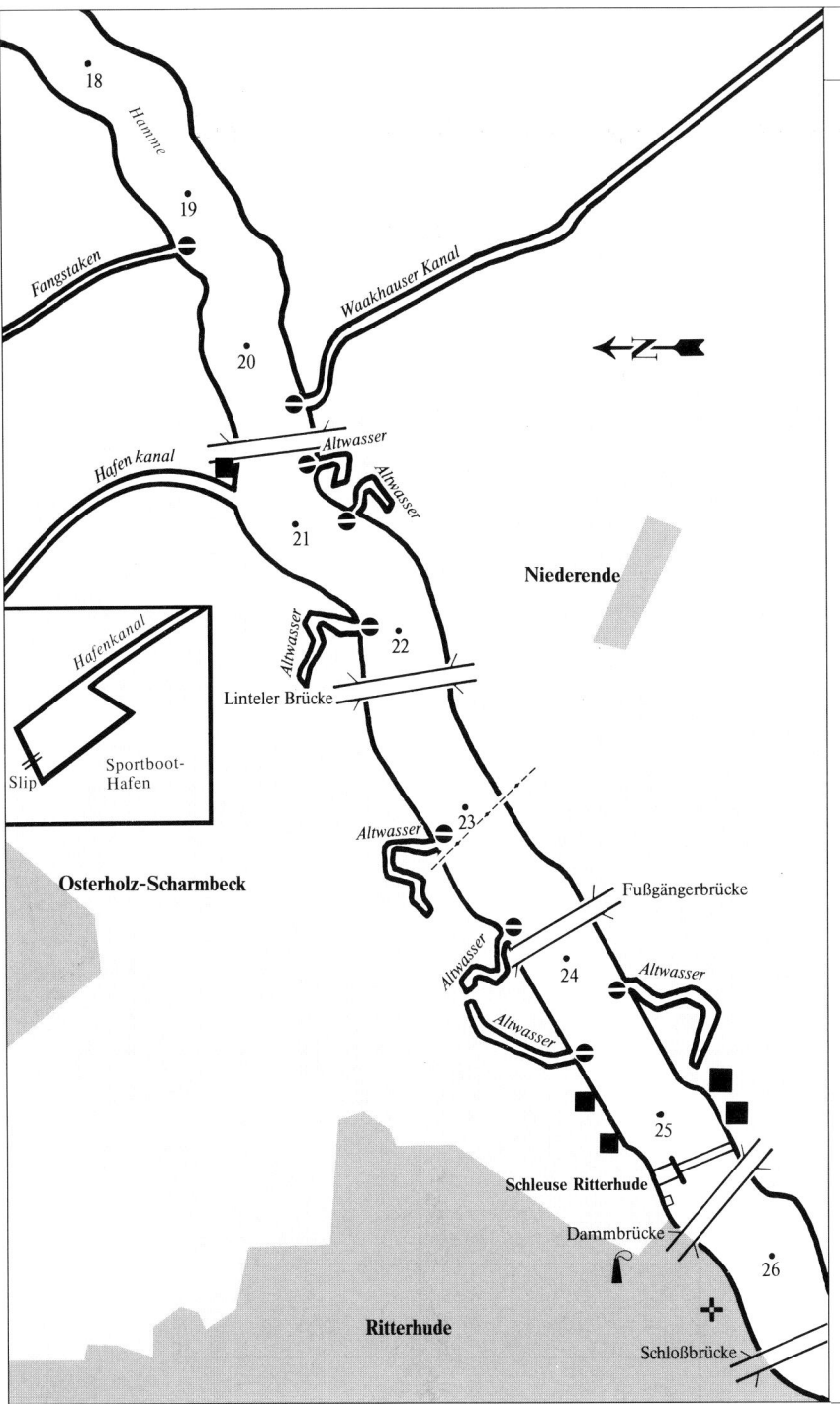

Fahrhinweise

km 25,37
RU. Schleusenvor-
hafen. Unterwasser.
An der Spundwand
Festmachemöglich-
keiten.

km 25,35
RU. Schleuse Ritter-
hude. Bei Gleich-
stand wird die
Schleuse zur Durch-
fahrt ohne Schleu-
sung geöffnet.

km 25,30
RU. Schleusenvor-
hafen. Oberwasser.
Bedingte Liegemög-
lichkeiten mit
Genehmigung der
Schleusenaufsicht.

km 21,81
RU Einfahrt zum
Hafen Osterholz–
Scharmbeck, 2 km,
Tiefe ca. 1,0-1,2 m.

km	Uferseite	Streckenbeschreibung	Hinweise / Brücken / Schleusen

Streckenbeschreibung Hamme

km	Uferseite	Streckenbeschreibung	Hinweise / Brücken / Schleusen
27,25	RU	Einmündung Lesum	Karten 55 + 56 und Streckenbeschreibung s. Seite 177
27,25	LU	Einmündung Wümme	Karten 56 – 57 und Streckenbeschreibung s. Seite 181
26,55	–	Straßenbrücke, Schloßbrücke	DF 1 / DFH tidenabhängig
26,56	RU	Ritterhude	
25,55	–	Straßenbrücke, Dammbrücke	DF 1 / DFH tidenabhängig
25,37	RU	Schleusenvorhafen	
25,36	RU	Anleger Fahrgastschiffahrt	Bedingte Liegemöglichkeiten. Auf Fahrplan achten
25,35	LU	Schiffahrtspegel	
25,35	–	Sperrwerk Ritterhude	
25,40	RU	Schleuse Ritterhude	K 1 / L 26,00 m / B 6,00 m / HH tidenabhängig / Telefon 04792/43 48 und 12 52.
25,30	RU	Schleusenvorhafen	
25,30	LU	Sportbootanlage	WSV Ritterhuder Ulen e.V.
25,05	LU	Sportbootanlage	WSV Ritterhude e.V.
	RU	Sportbootanlage	WSV Ritterhude e.V. (Nebenstelle)
24,95	LU	Anleger des WWA	Anlegen und Betreten verboten
24,81	RU	Sportbootanlage	Eisenbahner Sport Verein Bremen e.V. Wassersportabteilung Ritterhude
24,50	RU	Einmündung Altwasser	Einfahrt für Motorboote verboten
24,34	LU	Einmündung Altwasser	Einfahrt für Motorboote verboten
23,87	–	Fußgängerbrücke	DF 1 / DFH < 4,07 m
23,79	RU	Einmündung Altwasser	Einfahrt für Motorboote verboten
23,16	RU	Einmündung Altwasser	Einfahrt für Motorboote verboten
22,29	–	Fußgängerbrücke, Linteler Brücke	DF 1 / DFH < 4,06 m
21,95	RU	Einmündung Altwasser	Einfahrt für Motorboote verboten
21,22	LU	Einmündung Altwasser	Einfahrt für Motorboote verboten
20,87	LU	Einmündung Altwasser	Einfahrt für Motorboote verboten
20,81	RU	Einmündung Hafenkanal	Zufahrt zum Osterholzer Hafen
20,80	RU	Tietjens Hütte	Gaststätte. Liegemöglichkeiten. Anmeldung in der Gaststätte
20,79	RU	Bootshaus	RV Osterholz-Scharmbeck
20,78	–	Straßenbrücke	DF 1 / DFH < 4,39 m
20,40	LU	Einmündung Waakhauser Kanal	Einfahrt für Motorboote verboten
19,35	RU	Einmündung Fangstaken	Einfahrt für Motorboote verboten

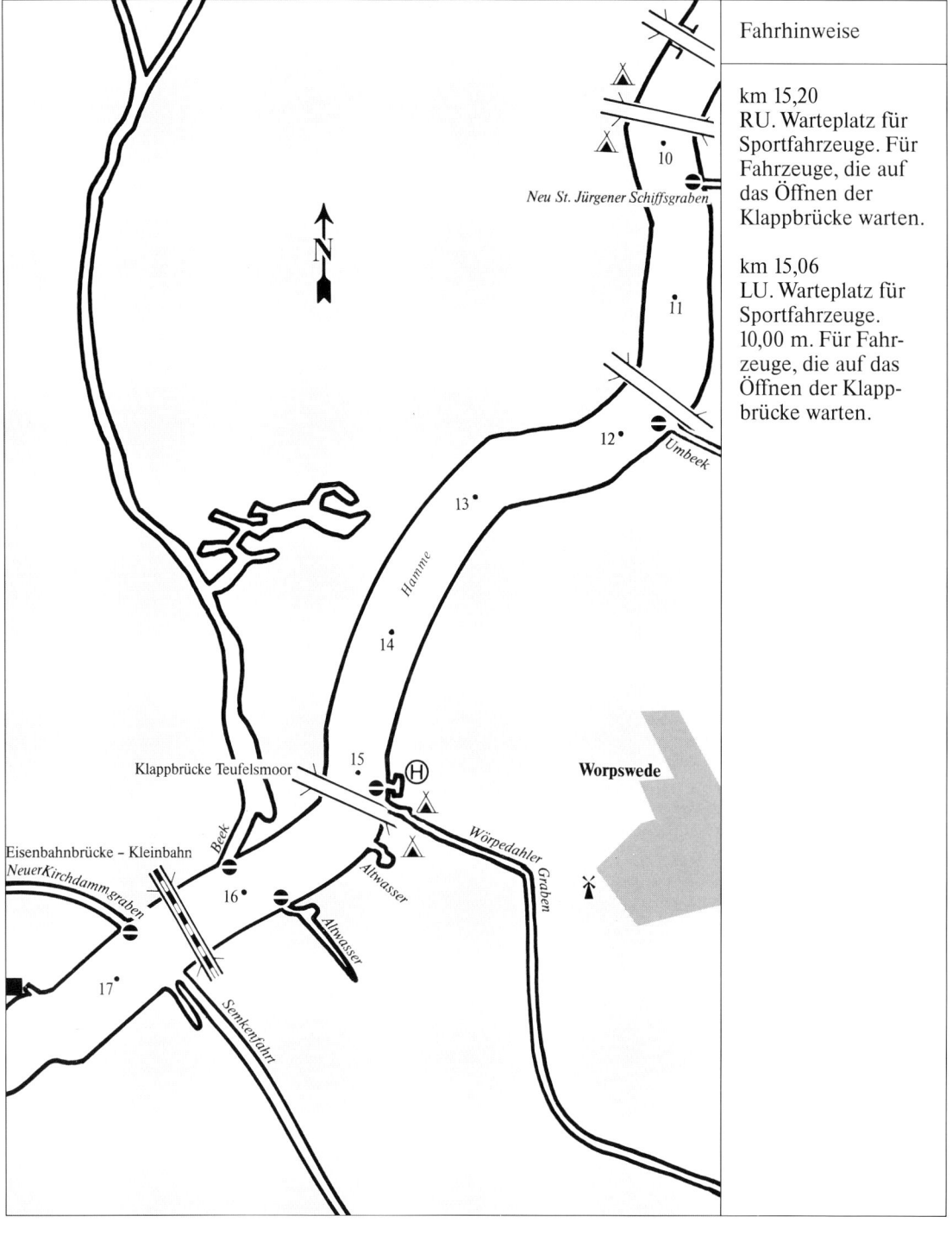

km	Uferseite	Streckenbeschreibung	Hinweise / Brücken / Schleusen
17,60	RU	Neu-Kamerun	Gaststätte Melchers Hütte. Liegemöglichkeiten. Anmeldung in der Gaststätte
16,65	LU	Einmündung Semkenfahrt	Einfahrt nur für Fahrzeuge mit jeglicher Maschinenkraft verboten
16,65	RU	Einmündung Neuer Kirchdammgraben	Einfahrt für Fahrzeuge mit jeglicher Maschinenkraft verboten
16,50	–	Eisenbahnbrücke Kleinbahn	DF 1 / DFH $<$ 4,77 m
16,48	RU	Schiffahrtspegel	
16,10	RU	Einmündung Beek	Einfahrt für Fahrzeuge mit jeglicher Maschinenkraft verboten
15,83	LU	Einmündung Altwasser	Einfahrt für Fahrzeuge mit jeglicher Maschinenkraft verboten
15,24	LU	Einmündung Altwasser	
15,20	RU	Warteplatz für Sportfahrzeuge	
15,10	LU	Neu-Helgoland	Bedingte Liegemöglichkeiten Von hier ist über einen Fußweg von 2,5 Kilometer das Künstlerdorf Worpswede erreichbar.
15,10	LU	Liegeplatz für Fahrgastschiffahrt	32,00 m. Bedingte Liegemöglichkeiten.
15,06	LU	Warteplatz für Sportfahrzeuge	
15,05	–	Klappbrücke Teufelsmoor/Neu-Helgoland Zur Durchfahrt der Brücke im Restaurant Neu-Helgoland melden	Öffnungszeiten: Vom 1.4. – 15.11. täglich: 08.00 – 08.30 Uhr / 12.00 – 12.30 Uhr / 17.00 – 17.30 Uhr.
15,04	LU	Einmündung Wörpedahler Graben	Einfahrt für Fahrzeuge mit jeglicher Maschinenkraft verboten
14,85	LU	Hafen Strommeisterei	Verwaltung Strommeisterei
11,80	LU	Einmündung Umbeek	Einfahrt für Fahrzeuge mit jeglicher Maschinenkraft verboten
11,76	–	Straßenbrücke	DF 1 / DFH $<$ 4,54 m
10,42	LU	Einmündung Neu St. Jürgener Schiffsgraben	Einfahrt für Fahrzeuge mit jeglicher Maschinenkraft verboten
9,87	–	Straßenbrücke	DF 1 / DFH $<$ 2,69 m
9,50		Teufelsmoor-Schleuse	K 1/L 8,50 m/B 6,50 m, Selbstbedienung. Klappbrücke wird durch Brückenwärter bedient, Fam. Meyer wohnt neben dem Gasthaus „Schleusendiele", Telefon 04792/93 12 15
8,87		Straßenbrücke	DF 1/DFH 3,99 m
5,87		Straßenbrücke	DF 1/DFH 4,29 m
5,80	LU	Einmündung Rummeldeisbeek	
4,20		Schleuse Viehspecken	K 1/L 7,42 m/B 2,98 m, Selbstbedienung
3,28		Straßenbrücke	DF 1/DFH 3,06 m, Gastwirtschaft
3,18		Weiterfahrt für Motorboote verboten	Verbotsschild oberhalb Straßenbrücke beachten

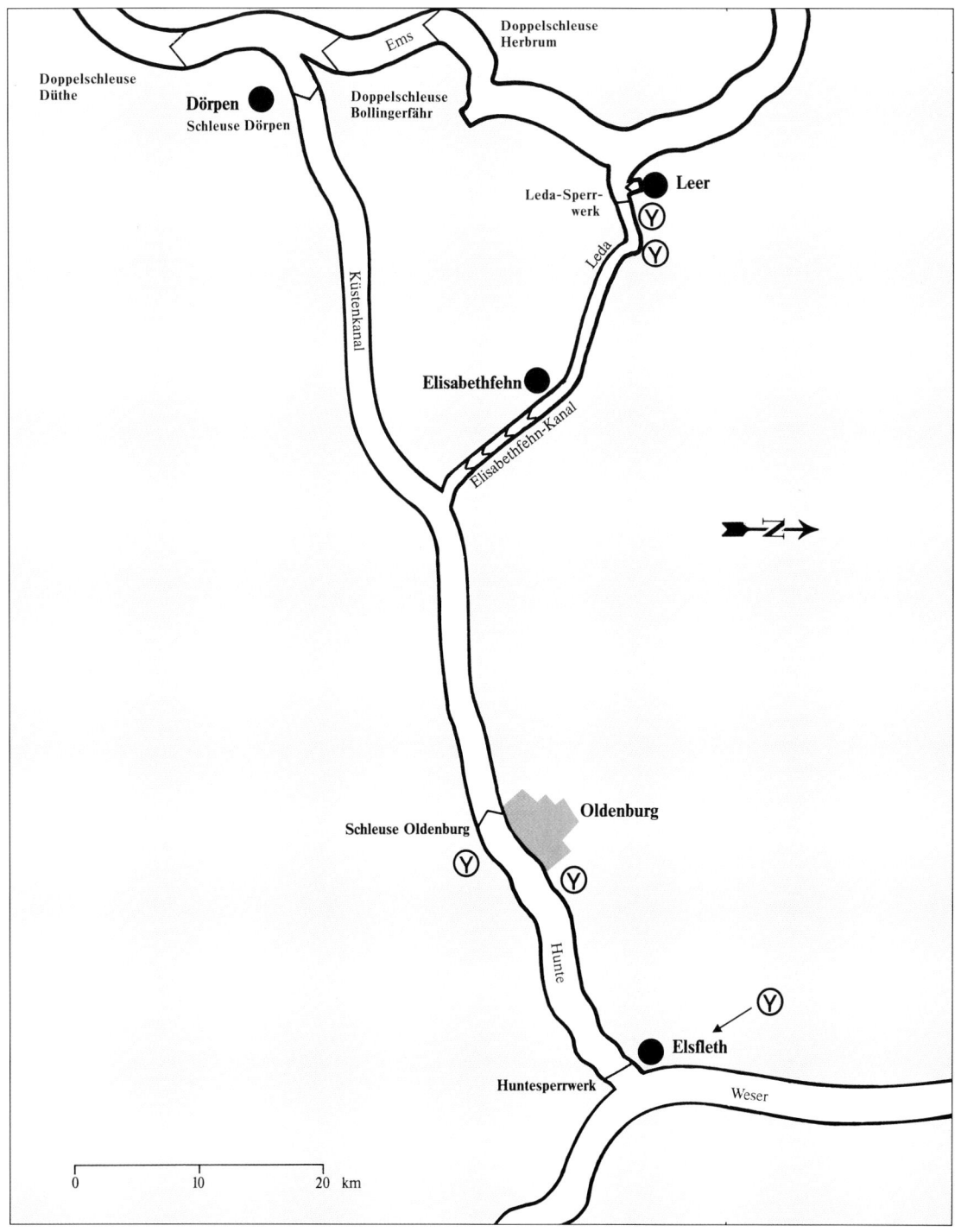

km	Uferseite	Streckenbeschreibung	Hinweise / Brücken / Schleusen

Untere Hunte und Küstenkanal

Streckenlänge
Untere Hunte: Elfleth bis Oldenburg 25,70 km
Küstenkanal: Oldenburg bis Dörpen (Dortmund-Ems-Kanal) 69,61 km

Bergfahrt
Untere Hunte: Richtung Oldenburg
Küstenkanal: Richtung Dortmund-Ems-Kanal

Strömungsgeschwindigkeit
Untere Hunte: Einmündung Weser bis Buttelerhörne 1,5 km/h bis 2,5 km/h
Buttelerhörne bis Reithörne: 1,0 km/h bis 2,5 km/h
Reithörne bis Oldenburg: 1,0 km/h

Höchstgeschwindigkeit für Kleinfahrzeuge
Untere Hunte: 10 km/h
Küstenkanal: 12 km/h

Mindestgeschwindigkeit für Kleinfahrzeuge
Küstenkanal: 5 km/h

Brückendurchfahrtshöhen
Untere Hunte (in geschlossenem Zustand bezogen auf MThw)
Rollklappbrücke Huntesperrwerk   6,00 m
Eisenbahnbrücke Elsfleth-Ohrt   4,40 m
Straßenhubbrücke Huntebrück   4,30 m
Autobahnbrücke Blankenburg   27,00 m
Eisenbahnklappbrücke Oldenburg   2,00 m

Küstenkanal
Oldenburg bis Dörpen   4,50 m

Brückenöffnungszeiten auf der Unteren Hunte
Rollklappbrücke Huntesperrwerk.   Im Normalbetrieb stehen die beiden Brücken über den Schiffahrtsöffnungen offen.
Eisenbahnbrücke Elsfleth-Ohrt.   Die Brücke wird während der Fahrpausen bei Bedarf geöffnet. Die Öffnungszeiten sind vom Fahrplan der Deutschen Bundesbahn abhängig. Diese Zeiten können den Bekanntmachungen für Seefahrer oder den Nautischen Nachrichten der Kreuzer-Abteilung des DSV entnommen werden.

km	Uferseite	Streckenbeschreibung	Hinweise / Brücken / Schleusen

Straßenhubbrücke Huntebrück   Öffnung bei Bedarf von 2 Stunden vor Sonnenaufgang bis 2 Stunden nach Sonnenuntergang. Die Brücke ist über UKW-Kanal 10 „Hunte-Bridge-Radio" ansprechbar. Eisenbahnbrücke Oldenburg   Die Brücke wird während der Fahrpausen bei Bedarf geöffnet. Die Öffnungszeiten sind vom Fahrplan der Deutschen Bundesbahn abhängig. Diese Zeiten können den Bekanntmachungen für Seefahrer oder den Nautischen Nachrichten der Kreuzer-Abteilung des DSV entnommen werden.

Hinweis:
Das Huntesperrwerk wird geschlossen, wenn die Außenwasserstände höher als 1,00 m über dem mittleren Hochwasser zu erwarten sind.
Bei Windstärken von 10 Bft. aufwärts werden die Klappbrücken geschlossen.

Fahrwassertiefe
Untere Hunte: Elsfleth bis Oldenburg   tidenabhängig
Küstenkanal: Oldenburg bis Dörpen   3,50 m

Zugelassene Tauchtiefe
Untere Hunte: Elsfleth bis Oldenburg   tidenabhängig
Küstenkanal: Oldenburg bis Dörpen   2,50 m

Wasserspiegelbreite
Untere Hunte: Bei Elsfleth   95,00 m
Bei Oldenburg: 25,00 m
Küstenkanal: Oldenburg bis Dörpen   36,00 m

Fahrrinnenbreite
Küstenkanal: Oldenburg bis Dörpen
Bei 2,50 m Wassertiefe   26,00 m
Bei 2,80 m Wassertiefe   24,00 m

Schleusen
Küstenkanal
Schleuse Oldenburg   K 1 / L 102,00 m / B 12,00 m / HH tidenabhängig
UKW-Kanal 20 / Telefon 0441/50 39 24
Schleuse Dörpen   K 1 / L 105,00 m / B 12,00 m / HH 1,20 m
UKW-Kanal 82 / Telefon 04963/89 62
Elisabethfehn-Kanal
Für die Verbindung Oldenburg-Leer (Weser-Ems-Delfzijl) bildet der Elisabethfehn-Kanal und die Leda eine deutliche Streckenverkürzung.
Der Elisabethfehn-Kanal zweigt vom Küstenkanal bei km 29,8 nach Norden ab. Für die Bedienung der 4 Schleusen und 8 Brücken ist Voranmeldung am vorhergehenden Werktag bis 15 Uhr unter Tel. 044 05 - 74 37 (WSA-Außenbezirk Edewechterdamm) notwendig.

Schleuse am Küstenkanal in Oldenburg

Bederkesa am Bederkesa-Geeste-Kanal (Elbe-Weser-Schiffahrtsweg)

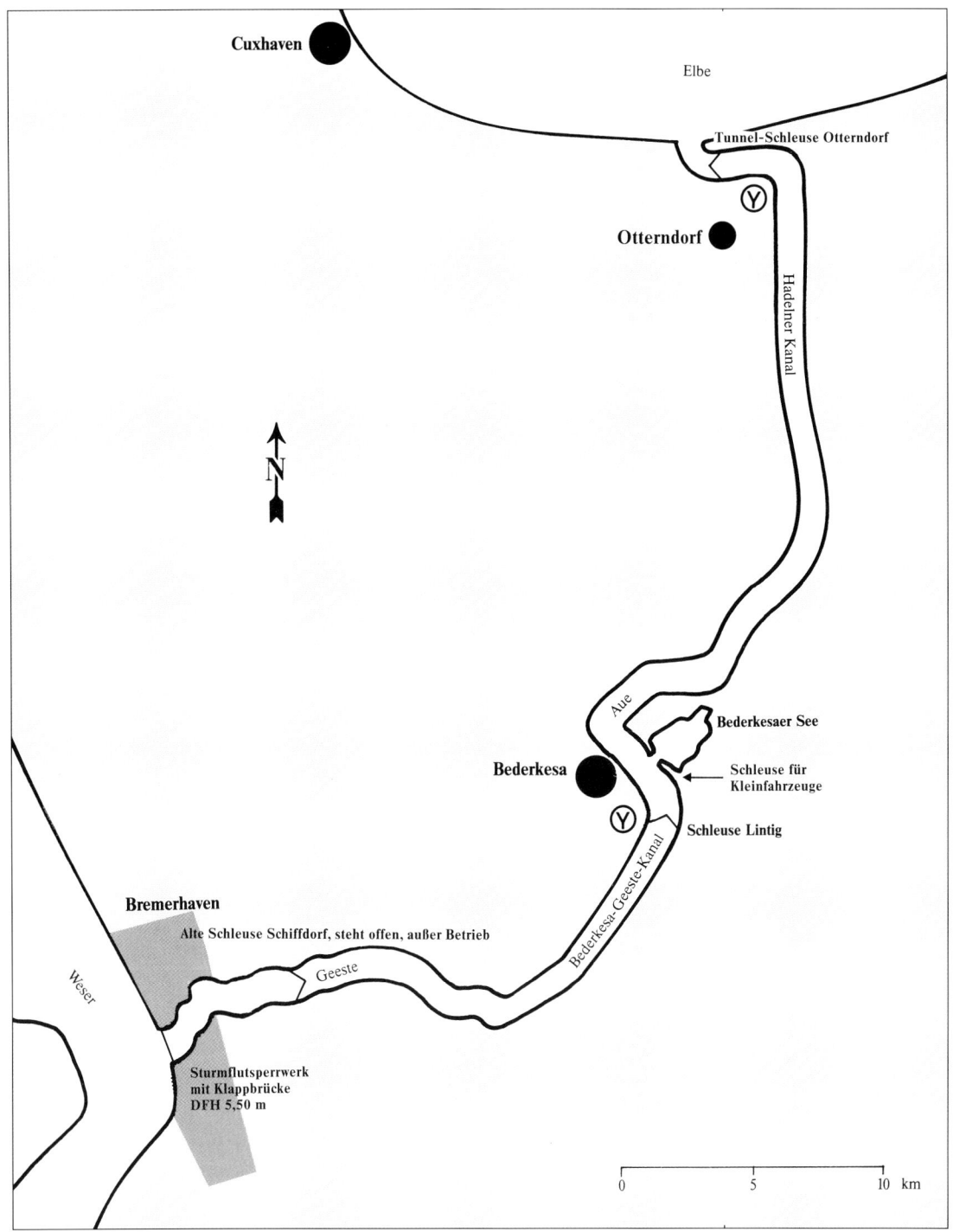

Cuxhaven

Elbe

Tunnel-Schleuse Otterndorf

Ⓨ

Otterndorf

Hadelner Kanal

N

Aue

Bederkesaer See

Bederkesa

Schleuse für
Kleinfahrzeuge

Ⓨ

Schleuse Lintig

Bederkesa-Geeste-Kanal

Bremerhaven

Alte Schleuse Schiffdorf, steht offen, außer Betrieb

Weser

Geeste

Sturmflutsperrwerk
mit Klappbrücke
DFH 5,50 m

0   5   10   km

km	Uferseite	Streckenbeschreibung	Hinweise / Brücken / Schleusen

Schiffahrtsweg Elbe – Weser

Streckenlänge Bremerhaven – Otterndorf   69,30 km
Bergfahrt: Richtung Otterndorf. Talfahrer haben Vorrang.
Höchstgeschwindigkeit für Kleinfahrzeuge   8 km/h

Brückendurchfahrtshöhen
Einmündung Geeste bis Tidesperrwerk   2,70 m (Mhw)
Tidesperrwerk bis Otterndorf   2,70 m (NW)

Zugelassen: Aufbautenhöhe 2,60 m / Tauchtiefe 1,50 m / Breite 5,00 m / Zugelassene Länge 33,50 m

Sohlenbreite
Geeste   10,00 bis 15,00 m
Bederkesa-Geeste-Kanal   6,00 m
Aue   10,00 m
Hadelner Kanal   10,00 bis 14,00 m

Schleusen
Schleuse Tidesperrwerk   K 1 / L 35,00 m / B 5,10 m / HH tidenabhängig
Telefon 0471/216 78 Bedienung nach Voranmeldung: Mo-Sa 8.00-17.00 Uhr,
So von 1. NW und weitere 3 Stunden
Schleuse Schiffdorf   Nicht mehr in Betrieb.
Schleuse Lintig   K 1 / L 60,00 m / B 5,20 m
Telefon 047 45 / 60 37; Bedienung: Mo-Fr 7.30-17.15 Uhr, Sa 8.00-17.15 Uhr, So 10.00-12.00 Uhr, 15.00-
17.00 Uhr; vom 1.10.-31.3. nur nach Voranmeldung
Schleuse Otterndorf   K 1 / L 50,00 m / B 6,00 m / HH tidenabhängig
Telefon 04751/21 90, Bedienung von 7.30-17.00 Uhr.

Hinweis
Die Schleuse Otterndorf steht teilweise bei Niedrigwasser kurzzeitig offen (Sielzug). Bei Elbe-Hoch-wasser wird nicht geschleust. Wegen kurzfristiger Veränderungen der Schleusenbetriebszeiten sind diese hier nicht aufgeführt. Auskunft beim Schleusenwärter, bei dem auch die Gebühr vor Schleusen-benutzung zu zahlen ist.

Gebühren
Das Befahren des Schiffahrtsweges Elbe-Weser ist gebührenpflichtig. Die Gebühr wird an der Schleuse Lintig entrichtet. Träger des Schiffahrtsweges ist das STAWA Stade.

Besonderer Hinweis
Fahrzeuge, deren Breite über Alles 3,00 m und mehr beträgt, müssen bei der Fahrt auf dem Schiff-fahrtsweg Elbe-Weser gut sichtbar am Bug die Flagge „N" des Internationalen Signalbuches setzen. Entgegenkommende Berufsschiffe erfordern bei Sportbooten besondere Aufmerksamkeit.

Wasserschutzpolizei

Wasserschutzpolizeistation Hann. Münden
Tanzwerder 3
34346 Hann. Münden
Telefon 05541/50 57

Verwaltungsbereich Weser:
Hann. Münden bis Veckerhagen
Kilometer 000,00 bis 11,20

Wasserschutzpolizeistation Hameln
Inselstraße 3
31787 Hameln
Telefon 05151/20 31

Verwaltungsbereich Weser:
Veckerhagen bis Rinteln
Kilometer 11,20 bis 166,00

Wasserschutzpolizeirevier Nienburg
Brückenstraße 8
31582 Nienburg
Telefon 05021/80 32 59

Verwaltungsbereich Weser:
Leese-Stolzenau bis Dreye
Kilometer 241,00 bis 357,21

Wasserschutzpolizeistation Langwedel
Schleusenstraße
27299 Langwedel
Telefon 04235/3 10

Verwaltungsbereich Weser:
Schleuse Langwedel, Anleger Badener Berg,
Lade- und Löschstelle Uesen

Präsidium der
Wasserschutzpolizei Nordrhein-Westfalen
Moerser Straße 219
47198 Duisburg / Telefon 02066/20 30

Wasserschutzpolizeistation Minden
Marienstraße 82
32425 Minden
Telefon 0571/8 86 63 92

Verwaltungsbereich Weser:
Fülme bis Leese-Stolzenau
Kilometer 166,00 bis 241,00

Der Kommandeur der Wasserschutzpolizei
Niedersachsen bei der Bezirksregierung
Weser-Ems
Theodor-Tantzen-Platz 8
26122 Oldenburg
Telefon 0441/7 99 22 71

Wasserschutzpolizeiinspektion II
Vahrenwalder Straße 212
30165 Hannover
Telefon 0511/6 70 58 33

Verwaltungsbereich Weser:
Hann. Münden bis Rinteln
Kilometer 000,00 bis 166,00
Leese-Stolzenau bis Dreye
Kilometer 241,00 bis 357,21

Verwaltungsbereich Aller:
Celle bis Einmündung Weser
Kilometer 000,00 bis 117,17

Wasserschutzpolizeiamt Bremen
Hafenkopf II Nr. 2
28217 Bremen
Telefon 0421/38 20 31

Verwaltungsbereich Weser:
Dreye bis Einmündung Nordsee
Kilometer 354,19 bis 125,00

Verwaltungsbereich Wümme:
Borgfeld bis Einmündung Lesum
Kilometer 000,00 bis 18,50

Verwaltungsbereich Lesum:
Ritterhude bis Einmündung Weser
Kilometer 000,00 bis 09,84

Wasserschutzpolizeiabschnitt Bremen
Wasserschutzpolizeistation I
Hafenkopf II Nr. 2
28217 Bremen
Telefon 0421/38 20 31

Verwaltungsbereich Weser:
Dreye bis Warflether Sand
Kilometer 354,19 bis 024,00

Verwaltungsbereich Lesum:
Bremen-Burg bis Einmündung Weser
Kilometer 003,70 bis 009,84

Wasserschutzpolizeiabschnitt Bremen
Wasserschutzpolizeistation II
Beim Industriehafen 59
28237 Bremen
Telefon 0421/38 20 31

Verwaltungsbereich Wümme:
Borgfeld bis Einmündung Lesum
Kilometer 000,00 bis 018,50

Verwaltungsbereich Hamme:
Einmündung Kollbeck/Giehler Bach
bis Einmündung Lesum
Kilometer 3,18 bis 27,15

Verwaltungsbereich Lesum:
Ritterhude bis Bremen-Burg
Kilometer 000,00 bis 003,70

Wasserschutzpolizeiabschnitt
Bremerhaven
Wasserschutzpolizeistation IV
Heinrich-Schnitger-Straße 13
26919 Brake
Telefon 04401/77 35

Verwaltungsbereich Unterweser:
Warflether Sand bis Dedesdorf
Kilometer 024,00 bis 054,00

Wasserschutzpolizeiabschnitt
Bremerhaven
Wasserschutzpolizeistation V
Senator-Borttscheller-Str. 1B
27568 Bremerhaven
Telefon 0471/4 70 11

Verwaltungsbereich Unterweser:
Dedesdorf bis Einmündung Nordsee
Kilometer 054,00 bis 125,00

Wasserschutzpolizeiabschnitt
Bremerhaven
Wasserschutzpolizeistation VI
An der Neuen Schleuse 16
27570 Bremerhaven
Telefon 0471/2 80 41

Verwaltungsbereich Bremerhaven:
Fischerei- und Handelshäfen,
Geeste, Geestevorhafen.
Schiffahrtsweg Elbe-Weser
bis Schleuse Bederkesa.

Register

Autoren und Verlag übernehmen für Irrtümer, Fehler oder Weglassungen keinerlei Gewährleistung oder Haftung. Die Pläne dienen zur Orientierung und nicht zur Navigation; sie ersetzen also keinerlei offizielle Schiffahrtskarten.

Impressum

Die Deutsche Bibliothek – CIP – Einheitsaufnahme
Brundiers, Karin:
Die Weser: Hannoversch-Münden – Bremerhaven mit Aller, Lesum, Wümme, Hamme, Hunte, Küstenkanal, Elbe-Weser-Weg/K. Brundiers; G. Fleischhauer. – 3. Aufl. – Hamburg: Ed. Maritim, 1996
(Deutsche Binnengewässer)
ISBN 3-89225-171-1
NE: Fleischhauer, Gerd:

© Edition Maritim GmbH 1989
Stubbenhuk 10, D-20459 Hamburg

Schutzumschlag: Jan Buchholz und Reni Hinsch, Hamburg
Satz: appelt mediaservice, Hamburg
Lithografie: Winzer, Griebel & Graser, Hamburg
Druck: pdc Paderborner Druck Centrum, Paderborn

Fotos:
Titelfoto: Ulrich Kirmes, Garbsen
Zweckverband Erholungsgebiet Bederkesa: S. 191 u.
Friedrich-Wilhelm Brandt, Syke: S. 40

Gerd Fleischhauer, Köln: S. 38, 56, 105 o. + u., 179 o. + u.
Fremdenverkehrsverband Weserbergland-Mittelweser e.V., Hameln: S. 11, 19, 25, 71
Ulrich Kirmes, Garbsen: S. 13, 17, 18, 21, 23, 24, 26, 28, 69, 79, 87, 91
Edmund von Lührte, Verden: S. 9, 16, 22, 34, 40, 58, 65, 83, 127, 153, 167
Stadt Oldenburg: S. 41, 191 o.
Andreas Saal, Lauenburg: S. 15, 51, 54, 55, 60, 61
Verkehrsamt Verden: S. 33
Das Titelfoto zeigt die Weser bei Drakenburg mit dem „Aalschokker" der seit 1742 tätigen Fischerfamilie aus Nienburg

Printed in Germany 1996
3. Auflage
ISBN 3-89225-171-1

Andrea Horn / Wyn Hoop
Nebenflüsse der Elbe

Pinnau, Krückau, Stör, Ilmenau, Este, Lühe, Schwinge, Oste, mit Eider und Treene

Im Norden Deutschlands liegen reizvolle Binnenreviere, die noch weitgehend unbekannt geblieben sind.

Mit kleinen Kielyachten oder Motorbooten kann man auf der Lühe die Obstanbaugebiete des Alten Landes entdecken oder die historische Stadt Buxtehude von der Este aus erkunden. Durch die Weiten der Elb-Marschen winden sich Stör, Pinnau und Krückau der Elbe entgegen. Das alte Holländerstädtchen Friedrichstadt kann man von Eider und Treene her besuchen. Das Revier der Unterelbe selbst bietet idyllische Liegemöglichkeiten in Glückstadt oder Stade, das gleichzeitig Zugang zur Schwinge ist.

216 Seiten, 90 Pläne, 80 Fotos, Format 24 x 18 cm, farbiger Einband.

Bodo Müller / Jürgen Straßburger
Binnengewässer zwischen Elbe und Oder

Elbe, Mecklenburgische und Märkische Gewässer, Berlin, Oder

Natürliche und künstliche Wasserwege, Labyrinthe von rund hundert miteinander verbundener Seen, unberührte, waldreiche Wassersportreviere und die von wechselnden Geschicken geprägte Landschaft laden den Bootsfahrer zum Törn ein.

Dieser Band stellt auf 170 Kartenseiten ein Revier vor, das noch über weite schilfbewachsene Uferstrecken sowie herrliche Liegemöglichkeiten in idyllischen Landstrichen verfügt. Exakte Beschreibungen der Fahrwasserverläufe sowie touristische Tips ergänzen die Pläne.

296 Seiten, davon 170 Seiten mit Plänen, 140 Fotos, Format 24 x 18 cm, farbiger Einband.

––––––––––––––––––– überall im Buchhandel erhältlich –––––––––––––––––––